Baedeker

Allianz ⑪ Reiseführer

Gran
Canaria

www.baedeker.com

Verlag Karl Baedeker

TOP-REISEZIELE ★ ★

Gran Canaria hat viel zu bieten: Einmalige Naturlandschaften mit einer vielfältigen Flora, sensationelle Wandermöglichkeiten, malerische Städtchen mit typisch kanarischer Architektur und nicht zuletzt die trubelige Inselmetropole Las Palmas – wir haben für Sie zusammengestellt, was Sie auf keinen Fall versäumen dürfen!

1 ★ ★ Gáldar
Vor allem die Hinterlassenschaften der Altkanarier machen das Städtchen zum lohnenden Ziel. ▶ **Seite 154**

2 ★ ★ Cenobio de Valerón
Noch heute wird gerätselt, wozu der in den weichen Tuff getriebene Höhlenkomplex einmal diente. ▶ **Seite 147**

1 Gáldar

2 Cenobio de Valerón

3 Las Palmas

4 Teror

5 Jardín Canario

6 Caldera de Bandama

7 Artenara

©Baedeker

8 Roque Nublo

9 Pozo de las Nieves

11 Playa de Güigüí

10 Barranco de Guayadeque

13 Puerto de Mogán

12 Palmitos Park

14 Dunas/ Playa de Maspalomas

Puerto de Mogán
Beliebtes Ausflugsziel im Inselsüden

Palmitos Park
*Papageien sind die Stars
des Freizeitparks.*

DIE BESTEN BAEDEKER-TIPPS

Von allen Baedeker-Tipps in diesem Buch haben wir hier die interessantesten für Sie zusammengestellt! Erleben und genießen Sie Gran Canaria von seiner schönsten Seite.

🔲 Auf den Spuren der Guanchen
Ausgrabungsstätten, Museen und ein Freizeitpark informieren über die geheimnisvolle Kultur der altkanarischen Bevölkerung. ▶ Seite 40

🔲 Inselhüpfen
In einem Urlaub gleich zwei oder drei der Kanarischen Inseln zu besuchen, das ist für Kanaren-Einsteiger ideal. ▶ Seite 62

🔲 Wassersport einmal anders
Wie wäre es mit einem Banana Boatride, mit Wasserjetski oder einem Gleitschirmflug übers Wasser? ▶ Seite 101

🔲 Ferien auf dem Land
»Turismo rural« ist eine gute Ferienalternative. Wir verraten Ihnen, wo Sie die besten Adressen finden. ▶ Seite 137

🔲 Weihnachtsstimmung
Wunderschöne Weihnachtskrippen sind jedes Jahr in der Vor- und Weihnachtszeit in Ingenio ausgestellt. ▶ Seite 159

🔲 Hafenrundfahrt
Stadtbesichtigung einmal anders: Die »Bahia Cat« startet regelmäßig zu Touren durch den Puerto de la Luz. ▶ Seite 161

🔲 Segeln à la canaria
Im Sommer finden in Las Palmas an jedem Wochenende Regatten der Vela Latina statt. Man muss nicht gleich mitsegeln, auch zuschauen ist schön. ▶ Seite 168

Ausgelassen ...
... und farbenprächtig wird der Karneval in der Inselhauptstadt gefeiert.

🔲 Karneval in Las Palmas
Der Karneval auf den Kanaren steht den »tollen Tagen« am Rhein oder in Rio in keiner Weise nach. ▶ Seite 76

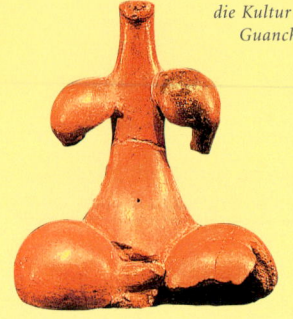

Rätselhaft ...
... ist bis heute die Kultur der Guanchen.

⚠ Farbenprächtige Folklore

Ein eigens für Touristen inszeniertes Spektakel, doch hübsch anzuschauen sind die graziösen Tänzer(innen) in ihren bunten Trachten bei der Folkloreshow im Pueblo Canario allemal. ▶ Seite 170

⚠ Casa de los Músicos

Warum nicht einmal bei Justus Frantz logieren? Im Hinterland von Maspalomas hat sich der bekannte Pianist und Dirigent ein kleines Paradies geschaffen, in dem man Zimmer mieten kann. ▶ Seite 186

⚠ Abstecher ins Landesinnere

Die vielleicht schönste Route auf Gran Canaria beginnt ca. 2 km oberhalb von Mogán ... ▶ Seite 188

⚠ Sightseeing im Minizug

Nicht nur die kleinen Besucher haben Freude daran: Eine Miniatur-Westernbahn fährt regelmäßig durch Playa del Inglés. ▶ Seite 192

⚠ Thalasso & Wellness

Das größte Wellnesszentrum der Insel befindet sich in San Agustín. Hier dreht sich alles um Entspannung und Erholung. ▶ Seite 209

⚠ Gran Canaria aus der Luft

Der Blick von oben auf die grandiose Dünenlandschaft oder hinab auf das zerklüftete Bergland – ein Helikopterflug ist einfach grandios. ▶ Seite 211

⚠ Gaudi im Schlamm

Das lustigste Inselfest feiert San Nicolás de Tolentino, die ganze Ortschaft ist beim »Schlammbad« dabei. ▶ Seite 212

⚠ Unbedingt probieren!

Einen ganz eigenen Geschmack hat der »Queso de flor«, der »Blumenkäse« von Santa María de Guía. ▶ Seite 216

⚠ Süße Sachen

Tejeda ist eine bekannte Anlaufstelle für Leckermäuler. Probieren Sie einmal »Pan de batatas«! ▶ Seite 220

Aromatisch ...
... und sehr lecker ist der Queso de flor aus Guía.

Farbenfroh ...
... sind die Folkloredarbietungen im »Kanarischen Dorf«.

*Abendstimmung in der
Dünenlandschaft von
Maspalomas.*
▶ **Seite 181**

HINTERGRUND

Preiskategorien

Hotel (Doppelzimmer)
Luxus: ab 140 €
Komfortabel: ab 90 €
Günstig: unter 90 €

Restaurant (Hauptgericht)
Fein & teuer: ab 20 €
Erschwinglich: 12 – 20 €
Preiswert: bis 12 €

PRAKTISCHE INFORMATIONEN VON A bis Z

Kunstvolle Holzbalkone zieren die Häuser von Teror.
▶ Seite 223

TOUREN

REISEZIELE VON A bis Z

nachdenken · klimabewusst reisen

Hintergrund

GRAN CANARIA GILT ALS SONNEN-PARADIES SCHLECHTHIN MIT ATTRAKTIVEN UND FEINSANDI-GEN STRÄNDEN – HIER DIE PLAYA DE LAS CANTERAS VON LAS PALMAS. DAS INSEL-INNERE ÜBERRASCHT DURCH URSPRÜNGLICH GEBLIEBENE NATUR.

SONNE, SAND UND MEHR ...

Vier Stunden Flug und die Sonne scheint ... Deswegen wählen Jahr für Jahr viele sonnenentwöhnte Nord- und Mitteleuropäer Gran Canaria als Urlaubsziel. Auf der Insel gibt es keinen Winter, hier herrschen das ganze Jahr über frühlingshafte Temperaturen.

Bei 19 °C lässt es sich selbst im Dezember und Januar noch einigermaßen angenehm im Atlantik baden und auch die Lufttemperatur verhält sich vorschriftsmäßig und bleibt über 20 °C. Übermäßig heiß wird es selbst im Hochsommer nicht, nur selten zeigt das Thermometer mehr als 25 °C. Und wenn doch einmal die Calima aus Nordafrika herüberweht und das Quecksilber in die Höhe treibt, dann sorgt am Strand immer noch eine leichte Brise für Abkühlung. Wen wundert's, dass angesichts dieser Tatsachen der Tourismus von der Sonneninsel im Atlantik Besitz ergriffen hat.

Lächeln ...
für die Kamera
in Las Palmas

Spaß rund um die Uhr

Über viele Kilometer reihen sich im Süden, an der Costa Canaria, die Feriensiedlungen aneinander. Sie bilden das größte Touristenzentrum Spaniens. Mehr als 160 000 Gästebetten soll es hier geben. Aber die Zahlenangaben schwanken, so genau scheint keiner gezählt zu haben. Fast die gesamte Küste ist mittlerweile zubetoniert und noch immer entstehen neue Urbanisationen. Wer möchte, kann hier einen organisierten Urlaub genießen, kann Sport, Spiel und Spaß rund um die Uhr erleben. Für so manche architektonische Fehlleistung entschädigt der mehrere Kilometer lange herrliche Sandstrand, den ein breiter goldgelber Dünengürtel begrenzt.

Das grüne Hinterland

Und schließlich besteht die Insel nicht nur aus Küste. Schon wenige Kilometer hinter den Ferienzentren im Süden beginnt das andere Gran Canaria. Wer sich auf Entdeckungstour ins Inselinnere begibt – am besten mit einem Mietwagen –, gelangt schon bald in eine wilde Bergeinsamkeit. Mit jedem Kilometer, den sich der Wagen die kurvenreiche Straße hinaufwindet, wird es grüner. Palmen wiegen sich

Romantisch …
Abendstimmung in den stillen Gassen von Agüimes

Gigantisch …
die Landschaftseindrücke an der Westküste

Betriebsam …
bei einer der zahlreichen Fiestas

Sportlich …
bei guter »Brise« vor Gran Canarias Südküste

Erholsam …
die Tage am Pool –
hier im Hotel Palm Beach (Maspalomas)

Abwechslungsreich …
das Sonnenbad am Strand von Playa del Inglés

im Wind, stille Kiefernwälder wechseln mit Hängen voller Farne und Blumen ab. Die Pflanzenwelt hat eine einzigartige Vielfalt entwickelt – die sich natürlich am schönsten im Frühjahr präsentiert. Strahlend weiß leuchten einzelne Häuschen zwischen den Felswänden. Um der Natur möglichst nahe zu sein, sollte man sein Auto in irgendeinem romantischen Bergdorf abstellen und eine Wanderung beginnen. Vielleicht auf den »caminos reales«, den alten Pfaden der Hirten. Sie überziehen wie ein Labyrinth die Insel und bringen den Wanderer zu den nahezu unberührten Flecken des Vulkaneilands.

Ferien auf dem Land

Überhaupt heißt das Zauberwort seit einiger Zeit »turismo rural«, also ländlicher Tourismus. Im letzten Jahrzehnt haben verschiedene kleine Hotels ihre Pforten im Inselinneren oder an vom Tourismus weitgehend unberührten Orten er-
öffnet. Ganz individuelle Ferien verspricht der Urlaub in einer hüb-schen Finca oder im eigenen Land-häuschen. Zerfallene Bauernhäuser in den schönsten Regionen wurden restauriert und stehen Urlaubern nun als komfortable Feriendomizi-le zu Verfügung. Hier hat man die duftenden Kiefernwälder gleich vor der Haustür, kann Ruhe und Stille genießen.

Kanarisches Leben pur

Nach so viel Einsamkeit und unbe-rührter Natur steht manchem der Sinn nach Abwechslung. Weltoffen, doch überhaupt nicht touristisch präsentiert sich die Inselmetropole

Kinder ...
on Tour in
Las Palmas

Las Palmas – und das, obgleich sie sich eines wunderschön langen und auch sehr sauberen – Sandstrands rühmen kann. Die alte Hafen- und Handelsstadt zeigt mit ihren breiten Boulevards, den engen Gas-sen in der Altstadt Vegueta, mit exklusiven Villenvierteln und exoti-schen Parks typisch kanarisch-spanisches Flair. Das vielfältige kulina-rische Angebot ist ein Spiegel der bunt zusammengewürfelten Ein-wohnerschaft. Und natürlich ist auch abends für Unterhaltung gesorgt: Rund um den Parque Santa Catalina kann man in unzähli-gen Musikclubs, Discos und Bars die Nacht zum Tage machen.
Trotz Massentourismus gibt es auf Gran Canaria, der Insel der Seli-gen, wie Plutarch sie nannte, auch heute noch ein Stück vom Para-dies zu entdecken. Das wissen die vielen Urlauber, die immer wieder kommen.

Fakten

Gran Canaria – namengebend für den gesamten Kanarischen Archipel – liegt nahezu im Zentrum der Inselgruppe. Die nach Teneriffa und Fuerteventura drittgrößte Kanareninsel ist bei Bundesbürgern besonders beliebt: Rund 760 000 Deutsche verbringen hier Jahr für Jahr ihren Urlaub.

Naturraum

Die Kanarischen Inseln (span. **Islas Canarias**) sind eine Gruppe von sieben Inseln und sechs kleineren Eilanden im Atlantik, ca. 100 – 300 km von der Nordwestküste Afrikas (Marokko/Westsahara) und etwa 1300 km vom spanischen Mutterland (Cádiz) entfernt. Der gesamte Archipel dehnt sich 500 km von Osten nach Westen und 200 km von Norden nach Süden aus. Geografisch gehört die Inselgruppe zu Afrika, politisch und auch gesellschaftlich jedoch zweifellos zu Europa.

Kanarische Inseln

Bis Ende des 20. Jh.s gab es immer wieder neue Theorien um die Entstehung der Kanarischen Inseln. Mal sprach man vom versunkenen Kontinent **Atlantis**, der hier vermutet wurde, mal wurde behauptet, dass die Kanarischen Inseln einst Teile des afrikanischen Kontinents waren. Die heutige Forschung hält die Kanaren für Erhebungen der rund 4000 m tiefen Schollenbruchstücke des Atlantikbodens, der hier zwischen 150 und 180 Mio. Jahre alt ist. Tektonische Kräfte aus dem Zusammenstoß der europäischen und der afrikanischen Platte haben den ostwärts driftenden Ozeanboden gestaucht, zerbrochen und ineinandergeschoben, wobei sich die so entstandenen Schollenbruchstücke wie Keile unterschiedlich nach oben schoben. Entlang den Bruchstellen quoll seit dem mittleren Tertiär (vor ca. 30 – 40 Mio. Jahren) Magma aus dem Erdmantel nach oben. Letzte Zweifel über den vulkanischen Ursprung der Kanaren beseitigte 1999 eine Expedition mit dem Forschungsschiff »Meteor«. Die Wissenschaftler bargen während mehrerer Wochen unzählige Gesteinsproben aus bis zu 2500 m Wassertiefe. Das Ergebnis: Alle Gesteine waren **vulkanischen Ursprungs**. Die Kanarischen Inseln haben sich also tatsächlich in zahlreichen Eruptionen und in mehreren Entstehungsphasen vom Meeresboden her aufgebaut. Die Landmasse oberhalb der Wasserfläche ist nur das »i-Tüpfelchen« dieser Eruptionen. Teneriffa und Gomera tauchten vermutlich vor 8 – 12 Mio. Jahren aus dem Meer auf, Fuerteventura bereits vor 16 – 20 Mio. Jahren und Gran Canaria vor 13 – 14 Mio. Jahren, während La Palma und Hierro erst vor 2 – 3 Mio. Jahren das Licht der Welt erblickten.

Entstehung des Archipels

? WUSSTEN SIE SCHON …?

■ Schon bei Plinius (23 – 79 n. Chr) taucht für das heutige Gran Canaria der Name »Canaria« auf. Er führt die Benennung auf die großen Hunde (lat. canis = Hund) zurück, die angeblich dort lebten. Hunde gab es schon damals auf den Kanaren, von außergewöhnlicher Größe waren sie jedoch nicht. Eine andere Erklärungsvariante verweist auf den Vogel Canora (von lat. canere = singen). Möglicherweise rührt der Name auch von dem an der afrikanischen Küste gelegenen Cabo Caunaria (vermutlich das heutige Cap Bojador) her.

← *Wunderschön ist die Landschaft bei Artenara – nicht nur, wenn im Januar bzw. Februar die Mandelbäume blühen.*

Kanarische Inseln Orientierung

Océano
Atlántico

Provinzgrenze

La Palma

PROVINCIA DE
SANTA CRUZ DE TENERIFE

Lanzarote

Santa Cruz

Arrecife

Tenerife

La Gomera

Teide
▲
3715 m

Santa
Cruz

Fuerteventura

Puerto
del Rosario

El Hierro

San
Sebastián

Los
Cristianos

Valverde

Las Palmas

50 km

Gran Canaria

PROVINCIA DE
LAS PALMAS
DE GRAN CANARIA

©Baedeker

AFRIKA

Zeugen des Vulkanismus

Bis in jüngste Zeit kam es auf den Kanaren immer wieder zu Vulkanausbrüchen. Die Letzten ereigneten sich 1949 und 1971 auf La Palma sowie 1909 auf Teneriffa. In den Jahren 1730–1736 und 1824 wurden große Teile Lanzarotes bei Vulkanausbrüchen fast völlig verwüstet. Gran Canaria und Fuerteventura blieben in historischer Zeit von Eruptionen verschont (auf Gran Canaria soll der letzte Vulkanausbruch vor ca. 3000 Jahren erfolgt sein). Doch sind auch diese beiden Inseln vom Vulkanismus geprägt. Mäßig hohe Vulkankegel bestimmen auf Fuerteventura und Lanzarote das Bild. Gran Canaria wird von zentral gelegenen ehemaligen Vulkanschloten beherrscht, zudem verweisen einige »Calderas« auf die vulkanische Vergangenheit. Der geowissenschaftliche Fachbegriff **Caldera** bezeichnet einen durch Einsturz und spätere Erosion bzw. durch Explosion kesselförmig erweiterten ehemaligen Krater. Eine Entstehungsmöglichkeit ist, dass bei einem Vulkanausbruch soviel Magmamasse an die Oberfläche geschleudert wird, dass sich unterirdisch ein gewaltiger Hohlraum bildet. In diesen bricht das darüber befindliche Gestein schließlich ein. Nur der Kraterrand bleibt stehen. Bekanntestes Beispiel für einen kesselförmig erweiterten Krater auf Gran Canaria ist die **Caldera de Bandama** im Nordosten der Insel. Bei der **Caldera Pinos de Gáldar** im Inselnorden, zwischen Artenara und Valleseco, soll es sich um das jüngste Zeugnis vulkanischer Tätigkeit auf Gran Canaria handeln. Diese Caldera entstand durch Wegsprengen des Vulkangipfels (Explosionscaldera).

Gesteinsarten ▶

Bekanntestes Ergussgestein ist der blauschwarze **Basalt**; aus diesem Gestein ist beispielsweise die Steilküste zwischen Agaete und Mogán

Zahlen und Fakten Gran Canaria

Einwohnerzahl
► 838 400 (Kanaren gesamt: 2,1 Mio.)
► Las Palmas de Gran Canaria ist die größte Stadt der Kanaren mit knapp 382 000 Einw.
► Bevölkerungsdichte: 537 Einw./km² (im Vergleich: Teneriffa 425 Einw./km²)

Sprache
► Spanisch (Castellano)

Religion
► ca. 98 % Katholiken

Hauptort
► Las Palmas de Gran Canaria

Inselgruppe
► Kanarische Inseln (span. Islas Canarias)
► Hauptinseln: Gran Canaria, Lanzarote, Fuerteventura, Teneriffa, La Palma, La Gomera und El Hierro

Lage
► zwischen 27° 92' und 28° 45' nördlicher Breite sowie zwischen 13° 90' und 14° 31' westlicher Länge

Entfernungen
► zum afrikanischen Festland: 300 km
► nach Spanien: 1300 km

Fläche
► 1560 km² (alle Kanaren: 7541 km²)
► Damit ist Gran Canaria die drittgrößte Insel des Archipels.

Ausdehnung
► Länge und Breite: ca. 50 km
► Küstenlänge: ca. 240 km
► Höchste Erhebung: Pozo de las Nieves 1949 m

Verwaltung
► Spanische Provinz Las Palmas de Gran Canaria, Zugehörigkeit zur Autonomen Region Kanarische Inseln (Comunidad Autonóma de Canarias)
► Höchste politische Instanz: Cabildo Insular (Inselrat)

Wirtschaft
► Wichtigste Einnahmequelle ist der Tourismus.
► Wichtigste Exportprodukte: Bananen (noch), Tomaten, Schnittblumen, Pflanzen

Tourismus
► Ca. 2,7 Mio. ausländische Gäste (2008)
► Die Deutschen stellen etwa 25 % der Besucher, etwa ebenso viele Gäste kommen aus Großbritannien.
► Von allen Spanien-Touristen besuchen gut 30 % die Kanaren (ca. 35 % die Balearen).
► Wichtigste Ferienzentren: Maspalomas, Playa del Inglés, Puerto de Mogán und Puerto Rico
► Gästebetten: ca. 160 000

aufgebaut. Der helle **Trachyt** weist eine raue Oberfläche auf, grau-grünlich ist der **Phonolith** (= Klingstein), der vielfach als Schotter oder Baustein Verwendung findet. Ebenfalls als Baustein beliebt ist der leicht zu bearbeitende **Tuff**. In den Tuffsteinschichten der Barrancos haben schon die Altkanarier bereits vorhandene Hohlräume vergrößert bzw. neue Höhlen angelegt. Der dunkle, glasige **Obsidian** wurde nach seinem Entdecker, dem Römer Obsidius, benannt. Die erstaunlichste Eigenschaft des hellen **Bimsstein** ist, dass er auf dem Wasser schwimmt. Es ist ein Gesteinsschaum, der durch Blasenbildung in gasreicher, zähflüssiger Lava entstanden ist. Er kann hervorragend Wasser speichern und wird deshalb auf den Kanaren zum Trockenfeldbau verwendet.

Landschaftsbild Die annähernd kreisförmige Insel Gran Canaria ist nach Teneriffa und Fuerteventura die drittgrößte Insel des Kanarischen Archipels. Sie hat einen Durchmesser von ca. 50 km und einen Umfang von ca. 240 km. Das Zentrum von Gran Canaria nimmt ein Bergmassiv ein, das im **Pozo de las Nieves** (1949 m ü.d.M.) seine höchste Erhebung hat. Da der Pozo de las Nieves jedoch von etlichen, fast gleich hohen Bergen umgeben ist, beherrscht er die Insel weit weniger, als dies

Sonnenuntergang am Roque Nublo und Blick hinüber zum Teide auf Teneriffa

beim Teide auf Teneriffa der Fall ist. Charakteristisch für Gran Canaria sind bizarre Felsen wie der **Roque Nublo** (1813 m ü.d.M.). Dabei handelt es sich um die Reste ehemals ausgedehnter Gesteinsdecken. Während das umliegende Gestein durch Erosion abgetragen wurde, blieben nur die aus härteren Materialien aufgebauten Förderschlote ehemaliger Vulkane bestehen.

Das zentrale Gebirgsmassiv, auch **Cumbre** genannt, teilt die Insel in zwei völlig unterschiedliche Landschaftszonen ein. Die Berghänge im Norden sind üppig bewachsen, dagegen präsentiert sich der Süden (mit Ausnahme einiger fruchtbarer Täler) als wüstenähnliche Region. Von der Cumbre verlaufen tiefe Kerbtäler (**Barrancos**) radial zu den Küsten. Die größten Schluchten befinden sich im Westen und Süden Gran Canarias; besonders eindrucksvoll sind die Barrancos von Agaete, Aldea, Mogán und Fataga.

Das Bergland fällt im Westen steil zur Küste ab, im Norden geht es in ein mittelhohes Hügelland über, das von einer Kliff- und Brandungsküste gesäumt wird. Lediglich im Mündungsbereich der Barrancos gibt es schmale Sand- und Geröllstrände. Im Osten und Süden sind dem Bergland Küstenebenen mit zum Teil größeren Sandstränden vorgelagert. Die schönsten und längsten **Strände** befinden sich bei Maspalomas/Playa del Inglés. Für die ausgedehnten Strände sowie die angrenzende Dünenlandschaft wurden vielfach Staubstürme aus der Sahara verantwortlich gemacht. Da die Sande jedoch überwiegend aus Karbonaten bestehen, haben sie ihren Ursprung im Schelfbereich der Insel selbst. Durch Hebung des Landes bildeten sich unterschiedlich hohe Strandterrassen.

Perennierende Wasserläufe fehlen auf Gran Canaria, allerdings gibt es noch einige ergiebige Quellen (z. B. bei Firgas und Los Berrazales im Barranco de Agaete).

Pflanzen und Tiere

Die Flora auf den Kanarischen Inseln ist in zweierlei Hinsicht einzigartig. Einerseits kommen in einem relativ begrenzten Gebiet Pflanzen vor, die fast allen Vegetationszonen der Erde angehören, andererseits ist der **hohe Prozentsatz endemischer Arten** (nur hier vorkommender Pflanzen) auffallend. Insgesamt umfasst die Kanarische Flora fast 3000 Arten. Ein Großteil davon wurde als Nutz- oder Zierpflanzen eingeführt. Es wird geschätzt, dass ca. 1300 Arten bereits in vorhistorischer Zeit auf den Inseln wuchsen. Davon sind wiederum gut 30 % endemisch. Aufgrund dieser biologischen Vielfalt hat die Unesco 2005 rund 100 000 ha der Insel zum Biosphärenreservat erklärt.

Man fand im Mittelmeerraum, im Alpengebiet und in Südrussland zahlreiche Fossilien (Früchte und Blätter), die beweisen, dass Pflanzen, die heute nur auf den Kanaren wachsen, einst auch in diesen Gegenden verbreitet waren. Die Klimakatastrophen des ausgehenden Tertiärs (Beginn der Eiszeit, Austrocknung der Sahara) verdrängten die subtropische Flora aus ihrem bisherigen Lebensraum. Die isolier-

Vielfältige Flora

INSEL DER KONTRASTE

Sonne satt und kilometerlange Strände, das bietet der Süden Gran Canarias. Ganz anders die Szenerie im nicht selten wolkenverhangenen Norden: Hier grünt und blüht es, wohin man schaut. Spektakulär präsentiert sich das Inselinnere mit bizarren Felsen und hübschen Bergdörfern.

① Pinar de Tamadaba

Ein lichter Kiefernwald bedeckt den 1444 m hohen Tamadaba. Für die Wasserversorgung der Insel sind die Kiefern äußerst wichtig, da sie aus den Passatwolken das Wasser kondensieren.

② Embalse Caidero de la Niña

Einer der Mitte des 20. Jh.s im Inselinneren angelegten Stauseen – sie sollten das Problem des Wassermangels auf Gran Canaria lösen. Heute setzt man verstärkt auf Meerwasserentsalzungsanlagen.

③ Caldera de Bandama

Der Kraterkessel ist einer der sichtbaren Zeugen der vulkanischen Inselvergangenheit. Er entstand vor rund 5000 Jahren bei einer gewaltigen Eruption.

④ Roque Nublo

Der »Wolkenfels« ist eine markante Felsnadel: Er ist der Überrest eines ehemaligen Vulkanschlots.

⑤ Pozo de las Nieves

Höchster Berg der Insel ist mit 1949 m der Pozo oder Pico de las Nieves. Obgleich der Name (Schneebrunnen) anderes vermuten lässt, liegt hier oben nur selten Schnee.

⑥ Barranco de Fataga

Vom Zentrum der Insel verlaufen tief eingeschnittene Schluchten wie der Barranco de Fataga zu den Küsten. Am Grund der Kerbtäler wird meist intensiv Landwirtschaft betrieben.

⑦ Dunas de Maspalomas

Nirgendwo sonst auf den Kanaren gibt es ein derart großes Gebiet mit Wanderdünen. Das Sandgebiet entstand bereits vor einigen Hundertausend Jahren während der Würm-Eiszeit. Damals lag der Meeresspiegel bis zu 90 m niedriger als heute.

Ebenso wie auf den westlichen Kanaren zeigt sich Gran Canarias Norden üppig grün und so manches Idyll ist zu entdecken.

In höheren Lagen werden auf Terrassenfeldern Kartoffeln, Getreide und Mais angebaut.

© Baedeker

Ein bisschen »Sahara-Feeling« vermittelt die Dünenlandschaft von Maspalomas.

Als eines der schönsten Inseltäler gilt der Barranco de Agaete. Die Einheimischen nennen ihn nur kurz »El Valle«.

Das Cruz de Tejeda markiert den höchsten Pass der Insel (1490 m).

te Lage der Kanarischen Inseln ließ sie hier jedoch überleben. Zudem ermöglichten die beträchtlichen Höhenunterschiede auf den westlichen Kanaren und auf Gran Canaria den Pflanzen, sich durch Höhenmigration den wechselnden klimatischen Bedingungen anzupassen.

Vegetations-zonen Entscheidend für das Vorkommen verschiedener Vegetationszonen auf den Kanaren sind sowohl die Höhenstufung als auch der Einfluss des Passats.

Die unterste Stufe ist wüstenhaft trocken. Neben Sukkulenten, wie den Säuleneuphorbien, kommt in diesem Bereich die Kanarische Dattelpalme vor. Die Zone reicht im Süden der Inseln bis in Höhen von 1000 m hinauf, im Norden ist sie dagegen auf den Küstenbereich beschränkt. Hier umfasst die natürliche Vegetation zwischen 200 und 600 m Wacholdergewächse und den Drachenbaum, ab 600 m folgen Lorbeerbäume. An die immergrüne Laubwaldzone grenzt in 1100 m Höhe die Fayal-Brezal-Formation (Faya = Gagelstrauch; Brezo = Baumheide). Bis zu 15 m hoch wird die Baumheide, mitunter ist sie jedoch nur als Strauch oder gar Zwergstrauch ausgebildet. Zusammen mit der Lorbeerwaldregion wird die Fayal-Brezal-Formation auch als »Monte Verde« bezeichnet. In der Nordhälfte der westlicheren Kanaren beginnt ab 1500 m die Kiefernwaldzone, in der Südhälfte wächst die Kanarische Kiefer bereits ab 1000 m.

Drachenbaum Die auffallendste und charakteristischste Pflanze der Kanaren ist der Drachenbaum (Dracaena draco). Er gehört zu der **Gattung der Liliengewächse** und ist mit dem hohen Stamm und der gabelig verzweigten Krone ein naher Verwandter der Yukka-Arten. Drachenbäume wachsen verhältnismäßig schnell: Sie können in 50 Jahren 4–5 m hoch werden. Einige alte Exemplare erreichen eine Höhe von bis zu 20 m. Die Zweigenden des Drachenbaums sind jeweils durch ein Büschel langer, schwertförmiger dunkelgrüner Blätter abgeschlossen. Da der Drachenbaum bis zu seiner ersten Blüte (etwa nach zehn Jahren) unverzweigt wächst, haben die jungen Bäume mit den alten kaum Ähnlichkeit. Drachenbäume besitzen keine Jahresringe. Man kann das Alter nur nach der Anzahl der Verästelungen bestimmen, die allerdings in unregelmäßigen Zeitabständen erfolgen. Für die Urbewohner der Kanarischen Inseln hatte der

Drachenbaum eine besondere Bedeutung. Sie verwendeten das aus dem Stamm quellende und sich an der Luft rot färbende Harz, das »Drachenblut«, als Bestandteil ihrer Heilsalben.

Die Kanarische Dattelpalme (Phoenix canariensis) hat sich von den Kanarischen Inseln über den gesamten Mittelmeerraum verbreitet. Eng verwandt ist sie mit der nordafrikanisch-arabischen Dattelpalme, ihr Stamm ist jedoch gedrungener und sie trägt eine dekorativere und vollere Krone mit größeren, üppigeren Wedeln. Die kleinen Früchte dieser Palmenart sind holzig und nicht essbar. Schöne Exemplare der Phoenix canariensis sieht man vor allem im Süden Gran Canarias, im Barranco de Fataga.

Kanarische Dattelpalme

Die langen, biegsamen Nadeln der Kanarischen Kiefer (Pinus canariensis) sind immer zu dritt gebüschelt. Das harte, rötliche Kernholz dieser Kiefernart (span. = tea) wurde und wird für Holzdecken und Balkone viel verwendet. Die in Höhen von 1000 – 2000 m wachsenden Kiefern sind in der Lage, aus den Passatwolken das Wasser zu kondensieren. Es tropft an ihren Nadeln als Niederschlag ab. Das auf diese Weise gefilterte Wasser reicht nicht nur für den eigenen Verbrauch des Baums, sondern trägt entscheidend zur **Wasserversorgung** der Insel bei.

Kanarische Kiefer

Die Insel des »ewigen Frühlings« wird ihrem Ruf gerecht: Im zentralen Bergland – hier am Roque Nublo – grünt und blüht es.

Kanarischer Lorbeer
Obgleich auch auf den Kanaren die Waldbestände im Lauf der Jahrhunderte erheblich dezimiert wurden, gibt es noch kleine Reste von Lorbeerwald auf Gran Canaria. Das am besten zugängliche Waldstück befindet sich im Inselnorden bei Moya (**Los Tilos**). Kanarischer Lorbeer (Laurus canariensis) trägt ebenso wie die Kanarische Kiefer zur Wassergewinnung der Insel bei. Meist ist er 8 – 10 m hoch, erreicht aber Höhen bis zu 20 m; seine dunkelgrünen Blätter, die als Gewürz verwendet werden können, sind spitz und elliptisch. In dem genannten Waldstück Los Tilos stehen ca. 15 verschiedene Lorbeerbaumarten, die sich allerdings alle sehr ähnlich sind. Nur mit Mühe kann man sie an den Blättern und an der Borke unterscheiden.

Dickblattgewächse
An besonders trockenen Standorten sieht man Dickblattgewächse. Durch Wasserspeicherung sorgen sie für Dürrezeiten vor, Blattrosetten vermindern die Verdunstung. Insgesamt kommen auf den Kanarischen Inseln mehr als 80 verschiedene Arten vor. Sie sind immergrün und können viele Jahre alt werden.

Kandelaberwolfsmilch
Bevorzugt an trockenen Berghängen und Felsen wächst die Kandelaberwolfsmilch. Auf den Kanaren bezeichnet man sie als »**cardón**«. Dieser Kanarenendemit sieht auf den ersten Blick wie ein Kaktus aus, unterscheidet sich von diesem jedoch u. a. durch den giftigen milchigen Saft in Pflanzenarmen, Wurzeln und Früchten und durch die unscheinbaren Blüten. Die Kandelaberwolfsmilch wächst langsam. Die riesigen Exemplare, die man im Süden Gran Canarias mancherorts sieht, dürften einige Hundert Jahre alt sein.

Feigenkaktus
Ein weiterer typischer Vertreter der Sukkulentenformation ist der Feigenkaktus oder **Opuntie** (Opuntia ficus indica). Er wurde im 16. Jh. auf den Kanaren eingeführt. Bis in mittlere Höhen hinauf bedeckt er vielfach die Hänge der Inseln. Seine essbaren Früchte werden zum Verkauf angeboten. Pflücken empfiehlt sich wegen der kleinen, sehr feinen Stacheln nicht. Auf den Feigenkakteen wird die Cochenille-Schildlaus gezüchtet, die einen roten Farbstoff absondert. Größere Bedeutung hat dieser Wirtschaftszweig aber nur noch auf Lanzarote.

Zierpflanzen
Neben dem Feigenkaktus und einigen Agavenarten brachten die spanischen Eroberer etliche üppig blühende Zierpflanzen auf die Inseln. In Parkanlagen und Gärten sieht man heute überall Oleander, Hibiskus und natürlich Bougainvillea. In den Wintermonaten leuchten vielerorts auf Gran Canaria die roten **Weihnachtssterne**. Die dichten Büsche werden 3 – 4 m hoch. Recht exotisch wirken die **Paradiesvogelblumen** oder **Strelitzien** mit ihren eigenartigen Blütenständen.

? WUSSTEN SIE SCHON …?

■ Die zur Gattung der Bananengewächse gehörende Strelitzie (Strelitzia reginae) verdankt ihren Namen Charlotte Sophia von Mecklenburg-Strelitz (1744 – 1818). Diese deutsche Prinzessin war mit dem englischen König Georg III. verheiratet.

Entscheidend verändert wurden die ursprünglichen Vegetationsverhältnisse darüber hinaus durch den Anbau verschiedener Kulturpflanzen. In den unteren und mittleren Höhenlagen bestimmen Bananen, Obstbäume, Gemüsepflanzen und Weinreben die Szenerie. **Kulturpflanzen**

Die mit Abstand **wichtigste Kulturpflanze** ist die Banane. Seit Ende des 19. Jh.s baut man auf den Kanaren eine kleine, wetterunempfindliche, aus Indochina eingeführte Art (Musa cavendishii) an. Der Schaft der Banane besteht aus einer Anzahl langer, steifer und saftiger Blattscheiden. An seinem Ende trägt der Schaft lange, fasrige Blätter. Bei der etwa einjährigen Pflanze bildet sich der große kolbenähnliche Blütenstand, in dessen unterem Teil sich die weiblichen und im oberen Teil die männlichen Blüten befinden. Abhängig von der Sonneneinstrahlung und Anbauhöhe (Bananen gedeihen auf den Kanaren bis in Höhen von 300 bis 400 m) reifen in 4 – 6 Monaten die Bananen heran. Eine Staude wiegt durchschnittlich 25 – 30 kg, in Einzelfällen kann sie ein Gewicht von 60 kg erreichen. Nach der Fruchtbildung stirbt die Pflanze ab, die aber inzwischen schon »Kinder« hervorgebracht hat. Der stärkste dieser Sprosse bleibt erhalten und wird wiederum nach einem Jahr eine armlange Knospe tragen. **Banane**

Bedeutend artenärmer als die Pflanzenwelt ist die Fauna, allerdings sind ebenfalls verhältnismäßig viele endemische Arten vorhanden. Von den 328 in Spanien geschützten Tierarten kommen 63 auf den Kanaren vor. **Artenarme Fauna**

Größere wild lebende Säugetiere sind bis auf Kaninchen, Igel und Fledermaus auf den Kanaren nicht heimisch. **Säugetiere**

Beruhigend ist die Tatsache, dass es weder Skorpione noch giftige Schlangen auf den Kanarischen Inseln gibt. Dagegen sieht man überall **Eidechsen** und mitunter auch Blindschleichen, deren Beine stark zurückgebildet sind. Größte Eidechsenart ist mit 80 cm die Lacerta stehlinii; sie kommt endemisch auf Gran Canaria vor. **Reptilien**

Zahlreich vertreten ist die Vogelwelt. Amseln, Blaumeisen, eine Rotkehlchenart, Buchfinken, Spechte, verschiedene Taubenarten, Bussarde, Turmfalken sowie Möwen und Ibisse leben hier. Mitunter kann man den Gesang des Capirote, der Kanarischen Nachtigall, hören. Vergeblich wird man jedoch in freier Natur nach dem gelblichen, hübsch trillernden **Kanarienvogel** suchen. Es gibt nur eine etwas unscheinbare Wildform, den Kanariengirlitz (s. Special S. 26). **Vögel**

Extrem viele endemische Arten hat die Insektenwelt ausgebildet. Liebhaber von Schmetterlingen kommen auf ihre Kosten. Auffallend sind der Kanarische Admiral sowie der Zitronenfalter, der orangerote Vorderflügel hat. Die größte auf den Kanaren vorkommende Art ist der Monarchfalter, der eine Spannweite von fast 10 cm erreicht. **Insekten**

HARZER ROLLER

Vergeblich wird man in freier Natur nach dem gelblichen, hübsch trillernden Kanarienvogel Ausschau halten. Der Urahn des als »Harzer Roller« bekannten Kanarienvogels ist ein etwas unscheinbarer Girlitz (lat. Serinus canaria).

Er trägt ein graugrünes Gefieder und seine Sangeskunst ist bei Weitem nicht so volltönend wie die seiner domestizierten Verwandten. Der meist in großen Schwärmen auftretende Wildvogel lebt vor allem auf Gran Canaria und den westlicheren Kanaren. Als die Spanier bei der Eroberung der Kanarischen Inseln Ende des 15. Jh.s ins Landesinnere vordrangen, fanden sie bei den Ureinwohnern viele **Kanariengirlitze** in kleinen Käfigen. Die spanischen Eroberer nahmen sie als Kriegsbeute mit in die Heimat. Ihres Werts waren sie sich wohl bewusst, hatten doch bereits die Portugiesen nach der Besiedlung Madeiras und der Azoren in der ersten Hälfte des 15. Jh.s den dort ebenfalls heimischen Kanarienvogel in Europa bekannt gemacht. Der Zucht nahmen sich als Erste spanische Mönche an. Durchaus geschäftstüchtig verkauften sie nur die sangesfreu-

digen Hähne und sicherten sich damit ein Handelsmonopol, das sie fast hundert Jahre erhalten konnten.

Symbol des Reichtums

Doch nur Adlige und gut betuchte Bürger waren in der Lage, für teures Geld einen Kanarienvogel zu erwerben. Der kleine Sänger galt als **Symbol des Reichtums** – bald auch schon in Italien, Frankreich und England. Mitte des 16. Jh.s war es dann für die Mönche vorbei mit dem gewinnträchtigen Monopol. Über die Gründe hierfür gibt es nur Spekulationen: So soll ein spanisches Handelsschiff auf dem Weg nach Livorno vor Elba zerschellt sein. Die an Bord befindlichen männlichen Kanarienvogel hätten daraufhin die Freiheit wiedererlangt, und ein Teil von ihnen habe sich am Festland mit dem südeuropäischen Girlitz (Serinus serinus), mit dem sie eng verwandt sind, gepaart.

So hübsche bunte Kanarienvögel sieht man in der freien Natur auf Gran Canaria nicht. Hier gibt es nur eine etwas unscheinbare Wildform.

Deren Junge »seien eingefangen und weitergezüchtet worden«. Wahrscheinlicher ist es jedoch, das sich unter der großen Anzahl der für den Verkauf bestimmten Hähne hin und wieder ein Weibchen befand – nur ein versierter Züchter kann das Geschlecht des Kanarienvogels zweifelsfrei bestimmen.

Von Tirol in den Harz

Im 17. Jh. verlagerte sich der Schwerpunkt der Zucht nach Tirol und der Kanarienvogel wurde nun auch zum Haustier des kleinen Mannes. Viele Tiroler arbeiteten damals als Bergleute; mit der Zucht und dem Verkauf von Kanarienvögeln besserten sie ihren Lebensunterhalt auf. Als der Bergbau in Tirol keine Gewinne mehr erzielte, suchten die Bergleute mit ihren Familien anderswo Arbeit. Etliche von ihnen fanden eine Anstellung in den Kohlegruben des Harzes. Und damit begann die systematische Zucht der Kanarienvögel. Ein Resultat hiervon ist der gelbe »Harzer Roller«, der wohl beste Sänger unter den Gesangskanarien. Die Kanarienvögel brachten den Bergleuten nicht nur finanzielle Gewinne, die mit in den Stollen genommenen Vögel dienten ihnen auch als **lebende Warnanlage**. Fiel ein Sänger in seinem Käfig plötzlich tot um, dann bedeutete das meist den Austritt von giftigem, aber farb- und geruchlosem Kohlenmonoxyd. Den Bergleuten blieb dann noch wenig Zeit, den Stollen zu verlassen und ihr eigenes Leben zu retten.

Beliebtes Haustier

Der Harzer Roller und andere Zuchtkanarienvögel entwickelten sich zu einem der beliebtesten Haustiere des Menschen. Millionenfach sind sie in alle Welt ausgeführt worden – auch auf die Kanarischen Inseln, in die Heimat ihres Urahns und ihrer noch heute lebenden wilden Artgenossen.

Meeresbewohner Die Gewässer rund um die Kanarischen Inseln sind ausgesprochen fischreich. Salm, Thunfisch, Tintenfisch, Muräne, Barsch, Rochen und Sprotten gehören zu den vielen hier vorkommenden Arten. Rings um die Inseln werden Meeräschen geangelt, und so steht auf vielen Speisekarten Vieja, eine nur in dieser Meeresregion vorkommende Meeräschenart. Felsige Küstenzonen sind das bevorzugte Revier des Conger, eines aalähnlichen Fisches. Gefährliche Haifische wurden in Küstennähe noch nicht gesehen, dagegen begleiten mitunter ganze **Delfinschwärme** und **Wale** die Fährschiffe. Bisher konnten fast 20 verschiedene Walarten vor den Küsten der Kanarischen Inseln nachgewiesen werden, darunter einige bestandsgefährdete Arten. Relativ häufig sieht man Grindwale, erkennbar an ihrem runden Kopf. Sie erreichen eine Länge von 4–5 m und haben ein Gewicht von etwa 1,5 t.

? WUSSTEN SIE SCHON …?

■ Walbeobachtungstourismus in den Gewässern rund um die Kanaren hat in den letzten zehn Jahren dramatisch zugenommen. Viele Skipper fahren rücksichtslos auf die Wale zu, was für die Tiere höchsten Stress bedeutet. Aber auch die zwischen Gran Canaria und Teneriffa verkehrenden Schnellfähren bedrohen die Tiere. Immer wieder kommt es zu Unfällen, da die Meeressäuger den Schiffen nicht rechtzeitig ausweichen können.

Natur- und Umweltschutz

Umwelteinflüsse Der Touristenboom und die damit verbundenen umfangreichen Bauvorhaben führten zu erheblichen Eingriffen in die heimische Flora. Viele endemische Arten sind vom Aussterben bedroht. Im **Jardín Canario** bei Tafira versucht man, gerade diese Arten zu züchten und z. T. in ihrem ursprünglichen Lebensraum wieder anzusiedeln.
Verheerend auf die ökologischen Bedingungen wirkte sich die seit der spanischen Eroberung und in verstärktem Maße seit Ende des 19. Jh.s betriebene Abholzung des Waldes aus. Um die landwirtschaftliche Nutzfläche zu vergrößern, wurden weite Gebiete gerodet. So ist auf Gran Canaria vom einst viel gepriesenen Lorbeerwald weniger als 1 % des ursprünglichen Areals übrig geblieben. Seit einigen Jahrzehnten wird auf Gran Canaria und den westlichen Kanaren der Wald wieder aufgeforstet, da er für die Wasserversorgung der Inseln unersetzlich ist und die Bodenerosion verhindert. Zunächst pflanzte man meist Eukalyptusbäume an, seit einigen Jahrzehnten vorwiegend eine schnellwüchsige, aus Nordamerika stammende Kiefernart (Pinus insignis). Die verheerenden Waldbrände von 2007 waren ein erheblicher Rückschlag für die Wiederaufforstungsbemühungen.

Umweltprobleme durch Tourismus Die **Luftverschmutzung** hält sich auf den Kanaren infolge des geringen Aufwands an Wärmeenergie (mildes Klima!) und des fast ständig wehenden Winds in erfreulichen Grenzen. Umweltprobleme sind in erster Linie auf die direkten Auswirkungen des Tourismus zurückzuführen. Infolge steigender Touristenzahlen entstanden seit den

Maspalomas: Ferienanlagen so weit das Auge reicht.

1970er-Jahren zahllose Bettenburgen und ganze Landstriche wurden gnadenlos zubetoniert. Diese ungehemmte **Bauwut** ist vor allem im Süden Gran Canarias, in Playa del Inglés, Maspalomas, Puerto Rico und anderen Urbanisationen, sichtbar. Zwar werden mittlerweile weniger Baugenehmigungen erteilt – man setzt seit einigen Jahren verstärkt auf Qualitätstourismus und Verbesserung der Infrastruktur –, doch sind zahlreiche Projekte seit Langem genehmigt, nur noch nicht ausgeführt. Auch bisher unverbaute Küstenstriche werden daher in der Zukunft wohl noch dem Tourismus zum Opfer fallen. Bisher konnten Umweltschützer allerdings verhindern, dass beispielsweise an der Playa de Veneguera Anlagen für rund 20 000 Touristenbetten hochgezogen werden. Neben der Zersiedelung der Landschaft bereiten die Touristenmassen Probleme bei der Müllbeseitigung, beim Wasserhaushalt der Inseln und bei der Klärung des Abwassers.

Süßwasser ist auf den Kanaren ein spärliches Gut. Die Bevölkerung ist in den letzten Jahrzehnten stark angewachsen und konsumiert infolge höherer Ansprüche mehr Wasser. Abertausende von Touristen möchten auf ihre tägliche Dusche nicht verzichten. Pro Tag verbraucht ein Tourist mehr als doppelt so viel Wasser wie ein Einheimischer. In der Vergangenheit konnte die ausreichende Wasserversorgung durch Talsperren bzw. Stauseen sichergestellt werden. Inzwischen sind die Talsperren mit bis zu 40 Mio. m³ Inhalt (Presa de Soria), die die Touristenzentren im Süden der Insel versorgen sollen, jedoch häufig ausgetrocknet. So griff man stärker als bisher auf

Wassermangel

Grundwasservorräte zurück. Auf Gran Canaria wird das Wasser durch Brunnen, die meist einen Durchmesser von 3 m haben und in der Regel 150 – 200 m, einige sogar bis 300 m tief sind, zutage gefördert. Als Folge davon sank der Grundwasserspiegel in einem Zeitraum von 25 Jahren um über 100 m. Von den mehr als 2000 Brunnen und Quellen ist mittlerweile über die Hälfte versiegt. Darüber hinaus sickert, je mehr der Grundwasserspiegel absinkt, zunehmend Meerwasser nach. Für Abhilfe der prekären Situation sorgte in den vergangenen Jahren der Bau von **Meerwasserentsalzungsanlagen**. Die erste wurde 1965 auf Lanzarote in Betrieb genommen. Die östliche Nachbarinsel versorgt sich heute fast zu 100 % mit entsalztem Meerwasser. Auf Gran Canaria arbeiten derzeit mehr als 100 kleinere und größere Entsalzungsfabriken, mehr als die Hälfte des auf der Insel verbrauchten Wassers kommt ursprünglich aus dem Atlantik. Die Technik der Gewinnung ist ausgereift, einziges Problem ist, dass die Anlagen wenig umweltfreundlich sind, da sie fast ausschließlich mit fossilen Energieträgern, sprich Erdöl, betrieben werden.

Naturschutz Naturschutz war auf den Kanaren lange Zeit ein Fremdwort. Seit den 1990er-Jahren jedoch hat ein Umdenken eingesetzt. Sichtbares Zeichen dafür ist beispielsweise der Lagunensee von Maspalomas (Charca de Maspalomas). Hier wurde ein nahezu fertiggestellter Hotelrohbau wieder abgerissen und ein 328 ha großes Areal steht mittlerweile unter Naturschutz. Immerhin gibt es ein Umweltschutzgesetz (Wiedergutmachungspflicht, Erwerb von Naturzonen durch die Regierung, härtere Strafen bei ökologischen Delikten u. a.).
Bereits 1994 hat das kanarische Parlament die **Gründung eines** 20 000 ha großen **Nationalparks** im Zentrum der Insel, rund um den Roque Nublo, befürwortet. Da dann jedoch in diesem Gebiet keine Baugenehmigungen mehr erteilt und auch Landwirtschaft nicht mehr betrieben werden dürfte, gab und gibt es erhebliche Widerstände gegen das Projekt. Bisher ist die Regierung bezüglich der Gründung des Nationalparks nicht wesentlich vorangekommen.

Klima

Ewiger Frühling Auf den Kanarischen Inseln herrscht ein warm-gemäßigtes Klima, nicht zu Unrecht spricht man vom »ewigen Frühling«. Das Klima ist milder und angenehmer, als man es in diesen Breiten erwarten würde. Beeinflusst wird es vor allem durch den **Passat**, dann durch das **Azorenhoch** und eine kühle Meeresströmung, den **Kanarenstrom**.
Generell gilt, dass sich die Witterungsverhältnisse auf den Kanaren schnell ändern können. Lang anhaltende Schlechtwetterperioden gibt es nicht. Verdecken wirklich einmal dicke Wolken die Sonne, so braucht man meist nur wenige Kilometer weiter zu fahren, um wieder einen strahlend blauen Himmel zu erleben.

Die Temperaturschwankungen sind im Jahresverlauf außergewöhnlich gering. So liegen die Durchschnittstemperaturen in den Wintermonaten um 19 °C, während im Sommer durchschnittlich nicht mehr als 24 °C erreicht werden (▶Praktische Informationen, Reisezeit). In den Gebirgsregionen besteht natürlich entsprechend der Höhenlage eine Wärmeabstufung, zudem schwanken hier im Jahresverlauf die Temperaturen stärker. Mitunter wird der Einfluss der Sahara auf das Klima spürbar: An den Tagen (vor allem im Juli und August), an denen die **Calima**, ein heißer, trockener Wind, von Nordafrika herüberweht, steigt das Thermometer plötzlich um 10 °C an. Die Sichtweiten betragen dann manchmal nur 100 m, so sehr ist die Luft mit feinem Sand und Staub angefüllt. Nach drei bis vier Tagen ist die Hitzewelle meist wieder vorbei. Die Wassertemperaturen liegen im Winter bei 19 °C, im Sommer bei 22 °C.

Angenehme Temperaturen

Die Niederschläge sind im Wesentlichen auf das Winterhalbjahr beschränkt. Hervorgerufen werden sie dann durch die Zyklonen aus nördlichen Breiten. Auf Fuerteventura und Lanzarote regnet es jedoch mitunter jahrelang nicht und in den südlichen Inselteilen Gran Canarias fällt auch im Winter nur wenig Regen. Im nördlichen Küstenbereich betragen die durchschnittlichen Niederschlagswerte etwa 500 mm. In den mittleren Lagen steigen sie auf 600–800 mm, im Hochgebirge sinken sie wieder ab. Die untere **Schneefallgrenze** liegt bei etwa 1200 m, in der Regel ist jedoch allenfalls der fast 2000 m hohe Pozo oder Pico de las Nieves im Winter für kurze Zeit schneebedeckt.

Niederschläge

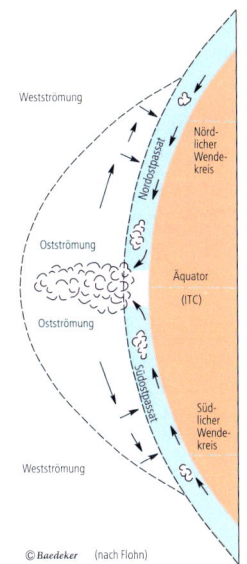

Passat

Weststrómung

Nordöstlicher Wendekreis

Ostströmung

Nordostpassat

Äquator (ITC)

Ostströmung

Südostpassat

Südlicher Wendekreis

Weststrómung

© Baedeker   (nach Flohn)

Über Gran Canaria bildet sich ebenso wie über den westlichen Kanaren in den frühen Vormittagsstunden regelmäßig in mittleren Höhenlagen eine Wolkenschicht, die sich gegen Abend wieder auflöst. Regen bringen die Wolken nur selten, allerdings Feuchtigkeit in Form von Nebel und Tau. Verursacht werden die Wolken fast das ganze Jahr über durch die aus nordöstlicher Richtung meist mit Stärke 4 wehenden Passatwinde.

Passat

Im Gegensatz zu anderen Klimaeinflüssen ist der Passatwind sehr beständig. Die Passatzirkulation nimmt am Äquator, wo die Sonne die Erdoberfläche am stärksten erwärmt (Innertropische Konvergenz, kurz ITC), ihren

Ausgang. Die warmen Luftmassen steigen nach oben. Dabei kühlen sie ab und fließen 12 – 15 km hoch über der Erde polwärts. Nach weiterer Abkühlung sinken sie etwa in einer Breite von 30° wieder auf die Erdoberfläche hinab und strömen bodennah in Richtung Äquator. Wegen der Erddrehung wird die Strömung jedoch aus ihrer eigentlichen Richtung abgelenkt. Auf der Nordhalbkugel entsteht eine Nordost-, auf der Südhalbkugel eine Südost-Strömung. Diese Strömungen bezeichnet man als Passate (von span. »pasar« = »vorbeigehen«). Dabei handelt es sich oberhalb von ca. 1500 m um warme trockene Winde, unterhalb dieser Grenze um etwas kühlere und feuchte. Solange die Schichtung von Ober- und Grundströmung, die **Passatinversion**, erhalten bleibt, kommt es kaum zu Wolkenbildungen. Trifft die Passatströmung jedoch auf einen genügend hohen Berg, so wird die Passatinversion gestört. Die kühlere, feuchte Passatunterströmung staut sich an den von der Sonne beschienenen Berghängen, wird dadurch erwärmt und steigt nach oben. Dabei kühlt sie ab und kondensiert. Es bilden sich zwischen 600 und 1700 m **Wolken** (dementsprechend gibt nachts keine Wolkenbildung!). Da die Passatwinde aus Nordosten wehen, bleiben die Inselsüdseiten von diesem Vorgang ausgespart. Sie liegen lediglich im Einflussbereich warmer, trockener Fallwinde. Im Winter ist der Einfluss des Passats weniger ausgeprägt. Die Sonnenstrahlen treffen erheblich flacher auf die nördliche Erdhalbkugel (am 22. Dezember steht die Sonne senkrecht über dem Südlichen Wendekreis). So verschiebt sich die Passatzone nach Süden und die Kanarischen Inseln können in den Einflussbereich Atlantischer Tiefausläufer geraten.

Tageslänge Wegen der Äquatornähe schwankt auf den Kanaren die Tageslänge zwischen Sommer und Winter weniger stark als in Mitteleuropa. Der längste Tag im Sommer dauert etwa 14 Stunden, der kürzeste im Winter immer noch 11 Stunden. Die **Dämmerung** ist sehr kurz.

Bevölkerung · Wirtschaft

Statistik Die Autonome Region Kanarische Inseln zählt insgesamt 2,1 Mio. Einwohner, davon leben rund 838 400 auf Gran Canaria. Damit ist Gran Canaria mit Abstand die dichtbesiedeltste Kanareninsel. Hier leben etwa 537 Einw./km², auf der größten Kanareninsel Teneriffa sind es dagegen nur 425 Einw./km² (in den Niederlanden, dem dichtbesiedeltsten mitteleuropäischen Land, liegt die Zahl bei 349 Einw./km²). Im 20. Jh. ist die Bevölkerung auf Gran Canaria sprunghaft gewachsen. Lebten hier um 1900 knapp 130 000 Menschen, so waren es 1950 bereits 330 000 und zu Beginn der Achtzigerjahre 630 000. Mit Abstand das größte Ballungsgebiet ist Las Palmas de Gran Canaria: Annähernd die Hälfte aller Einwohner Gran Canarias hat ihren Wohnsitz in der Inselhauptstadt.

Auf Gran Canaria wird gern und ausgelassen gefeiert –
hier bei der Bajada de la Rama in Agaete.

Infolge mangelnder Erwerbsmöglichkeiten waren in der Vergangenheit viele Einwohner zum Auswandern gezwungen. Bevorzugtes Ziel war Südamerika. Allein in Caracas (Venezuela) sollen heute ca. 300 000 Kanarier leben. Mittlerweile nehmen die südamerikanischen Staaten nur noch wenige Auswanderer auf. Auch dies trägt zu einer rasanten demografischen Entwicklung bei.

Wie Anthropologen einwandfrei nachgewiesen haben, unterscheidet sich die kanarische Bevölkerung in mancherlei Hinsicht von den übrigen Spaniern. Viele Merkmale weisen noch auf ihre **Abkunft von den Ureinwohnern hin**.

In der Familie sind **patriarchalische Strukturen** vorherrschend. Der Mann gilt nach wie vor das Familienoberhaupt, die Frau sollte sich in erster Linie um Kinder und

Haushalt kümmern. Infolge der hohen Arbeitslosenrate und des relativ niedrigen Lohnniveaus (im Durchschnitt verdient ein Canario etwa 1750 Euro monatlich), dem relativ hohe Lebenshaltungskosten gegenüberstehen, ist jedoch auch die Frau vielfach gezwungen, das Familienbudget aufzubessern. Obgleich in den Städten heute die Kleinfamilie die vorherrschende Lebensform ist, lebt man auf dem Land vielfach noch in Großfamilien zusammen. Allerdings nimmt auch hier die Kinderzahl ab.

Wirtschaft

»Monokultur« Tourismus

In den vergangenen Jahrzehnten hatten die Kanarischen Inseln einen deutlichen wirtschaftlichen Aufschwung zu verzeichnen. Das Durchschnittseinkommen ist auf den Inseln mittlerweile höher als in manchen anderen spanischen Regionen und erreicht immerhin 88 % des spanischen Durchschnitts. Da die Wirtschaft allerdings vollständig von der »Monokultur« Tourismus abhängig ist, führten die zurückgehenden Besucherzahlen der jüngsten Zeit zu ernsthaften wirtschaftlichen Problemen. Immerhin hat der Dienstleistungssektor einen Anteil von ca. 80 % am Bruttosozialprodukt, etwa 70 % der Arbeitnehmer verdienen ihren Lebensunterhalt im Tourismus.

Landwirtschaft im Wandel

In den vergangenen Jahrhunderten wechselten die auf den Kanaren erzeugten landwirtschaftlichen Exportgüter. Im Altertum war die Orchillaflechte, die auf Lanzarote und Fuerteventura gedieh, ein begehrter Artikel, wurde doch aus ihr der kostbare Purpurfarbstoff gewonnen (daher der Name Purpurarien für die beiden östlichsten Kanarischen Inseln). Nach der spanischen Eroberung der Inseln wurde zunächst **Zuckerrohr** angebaut. Wegen der preisgünstigen mittelamerikanischen Konkurrenz war dieser Wirtschaftszweig bereits im 16. Jh. zum Untergang verurteilt. Haupterzeugnis wurde nun **Wein**. Im 17./18. Jh. war der schwere kanarische Malvasier ein begehrter Artikel an europäischen Fürstenhöfen. Doch der Konsumentengeschmack änderte sich und eingeschleppte Pflanzenseuchen (1852 Faulschimmel, 1878 Mehltau) führten zum vollständigen Aus für diesen Wirtschaftszweig. So versuchte man es im 19. Jh. mit der Züchtung der **Cochenille-Laus**. Dieser Kakteenparasit, aus dem ein roter Farbstoff gewonnen wird, gedieh auf den neu angelegten Opuntienfeldern prächtig. Mit der Entwicklung der Anilinfarben sank die wirtschaftliche Bedeutung des Schmarotzers. Heutzutage braucht man die Cochenille lediglich zur Herstellung von Lippenstiften und zum Färben von Aperitifs, Limonaden und Bonbons. In begrenztem Umfang wird die Cochenille-Zucht heute noch auf Lanzarote betrieben. Als Retter der Wirtschaftsmisere erwies sich diesmal die **Banane**, und zwar eine kleine, wetterunempfindlichere, aus Indochina eingeführte Art (Musa cavendishii). Sie wurde auf Gran Canaria und den westlichen Kanaren bereits um 1890 in größerem Maße angebaut. Doch auch dieser Wirtschaftszweig steckt schon seit Jahrzehnten in der Krise. Da die kleine, wenn auch sehr würzige kanarische Banane im Vergleich zu ihrer Konkurrenz aus Mittel- und Südamerika geradezu mickrig aussieht, ist sie auf dem mitteleuropäischen Markt nur schwer verkäuflich. Zudem liegen die Produktionskosten weit über denen anderer Anbieterländer. Obgleich die spanische Regierung bzw. die EU diesen Wirtschaftszweig subventionierte, war der Bananenanbau für zahlreiche Bauern nicht mehr rentabel. Da die EU-Subventionen für den Bananenanbau praktisch eingestellt wurden, müssen sich vermutlich viele weitere Bauern nach anderen Erwerbsmöglichkeiten umsehen.

Die Bananenkultivierung konzentriert sich auf die Inselnordhälfte Gran Canarias. Bis in Höhen von 400 m gedeiht hier die wohlschmeckende Frucht. In höheren Lagen werden vorrangig Kartoffeln, Getreide, Mais, Zuckerrohr (hauptsächlich in der Gegend um Arucas), Kohl, Feigen und andere Früchte angebaut. Der Südosten und Südwesten wird landwirtschaftlich in erster Linie für den Anbau von **Tomaten** ge-

Bananenstaude

nutzt. Gran Canaria ist für den Europäischen Markt der größte Tomatenproduzent der Kanarischen Inseln. Für den Export wird vorwiegend von November bis Mai produziert. Plastikplanen schützen die Pflanzen vor dem Wind. Die Exportmengen sind schon seit Jahren im Steigen begriffen, davon profitieren die kanarischen Bauern jedoch kaum. Drei Liter Wasser braucht jede Tomatenpflanze pro Tag, was bei den hohen Wasserpreisen auf Gran Canaria ein erheblicher Kostenfaktor ist. Die Produktionskosten für ein Kilo Tomaten sind auf den Kanarischen Inseln mehr als doppelt so hoch wie beispielsweise in Marokko. An Bedeutung für den Export gewinnen dagegen Schnittblumen und Pflanzen
Der **Weinbau** hat auf Gran Canaria kaum Bedeutung, nur in der Gegend um Tafira werden noch einige Hundert Hektar Rebflächen bestellt. Gewinne werden in der Landwirtschaft am ehesten mit »alternativen« landwirtschaftlichen Produkten wie exotischen Früchten (Mangos, Papayas, Avocados etc.) oder Schnittblumen erzielt.
Eine zweitrangige Rolle spielt die **Viehwirtschaft**. Die Rinder- und Schweinezucht deckt nur einen Teil des lokalen Bedarfs. Zentrum der Viehzucht Gran Canarias ist Telde. Die Kühe werden hier jedoch meist nur in Ställen gehalten, weil man davon ausgeht, dass sie sich auf dem unebenen Gelände leicht Verletzungen zuziehen könnten.

Fischerei Die traditionelle kanarische Fischerei ist spätestens seit dem Jahr 2000 im Niedergang begriffen. Damals scheiterten die Verhandlungen bezüglich Fangquoten und Fanggebieten zwischen der Europäischen Union und Marokko. Daher ist die in Stationen vor der Küste betriebene **Fischzucht** um ein Vielfaches gestiegen gestiegen. Schon seit Jahrzehnten wird ein Großteil des auf den Inseln verzehrten Fisches importiert.

Industrie Der Anteil der Industrie am Bruttosozialprodukt macht etwa 17 % aus. Durch hohe Importkosten für Vorprodukte und für Energie sind der weiteren Entwicklung dieses Wirtschaftszweigs enge Grenzen gesetzt. Es gibt lediglich einige kleinere und mittlere Betriebe der Nahrungsmittelverarbeitung, ferner eine Reihe von Unternehmen der Holzverarbeitungs-, Papier- und Kartonagenindustrie, Baustoff-Herstellung sowie Düngemittelfabriken. In kleinen und kleinsten Betrieben werden kunsthandwerkliche Gegenstände (z. B. Stickereiartikel) gefertigt.

Handel Seit 1852 sind die Kanarischen Inseln **Freihandelszone**. Dadurch erlebte der Handel einen enormen Aufschwung. Der Mangel an Wasser, Rohstoffen und an Energie macht die wirtschaftliche Entwicklung dennoch schwierig. So ist die Handelsbilanz seit Langem nega-

Einen guten Fang hat dieser Fischer von Puerto de Mogán gemacht.

tiv. Die Importe, vor allem aus dem spanischen Mutterland, steigen. Wichtige Importwaren sind Rohöl, Konsumgüter und Nahrungsmittel, ferner mechanische und elektrische Geräte sowie Kraftfahrzeuge. Der Export beschränkt sich hauptsächlich auf Agrarprodukte.

Der ständig steigende Energiebedarf wird bis heute zum großen Teil durch fossile Energieträger wie **Erdöl** gedeckt. Alternative Formen der Energiegewinnung finden nur in kleinen privaten oder Versuchsprojekten Verwendung. Solarenergie wird teilweise zur Meerwasseraufbereitung genutzt, aber auch einige größere Betriebe setzen auf Photovoltaikanlagen. Eine Rolle spielt daneben die **Windenergie**. Mit einer Durchschnittsgeschwindigkeit von 40 km/h fegen die trockenen, warmen Winde über die Inseln, insbesondere im Südosten von Gran Canaria. Zum Vergleich: An der deutschen Nordseeküste beträgt die durchschnittliche Windgeschwindigkeit lediglich 26 km/h. Eine der bedeutendsten Windkraftanlagen der Kanaren liegt im Barranco de Tirajana an der Südostküste Gran Canarias. Hier erbringen 67 Windräder eine Leistung von 20 Megawatt.

Energie

Die ersten Touristen, vorwiegend Engländer und Skandinavier, kamen in den 1950er-Jahren nach Gran Canaria. Ihr Ziel war entweder Las Palmas oder der Parador am Cruz de Tejeda (um 1960 gab es gerade 2500 Gästebetten auf der Insel). Ende der Sechziger- bzw. Anfang der Siebzigerjahre erhöhten sich mit dem Aufbau der Hotelstadt Maspalomas / Playa del Inglés die Besucherzahlen drastisch. Ein wahrer Touristenboom war in den 1970er- und 1980er-Jahren zu verzeichnen. In den 1990er-Jahren gab es zwar wiederholt leichte Einbrüche bei den Touristenzahlen, doch insgesamt erhöhten sich die Besucherzahlen stetig. In den Rekordjahren 1999 und 2000 besuchten ca. 10 Mio. Gäste die Kanarischen Inseln. Seit 2001 stagnieren die Besucherzahlen bzw. sind leicht rückläufig. In der letzten Zeit besuchten noch rund 2,7 Mio. ausländische Gäste jährlich Gran Canaria, davon kamen rund 760 000 aus Deutschland.

Tourismus

Geschichte

**Wann erfolgte die erste Besiedlung der Kanaren? Woher kamen die soge-
nannten Guanchen und was geschah mit ihnen nach der spanischen Eroberung der Inselgruppe? Die Forschung hält zu all diesen Fragen mittlerweile
befriedigende Antworten bereit.**

Mythologie

Vom Anbeginn seiner Geschichte woben sich Mythen um den Kanarischen Archipel wie kaum um eine Inselgruppe sonst auf der Erde. Als elysische Gefilde, glückliche Inseln, Inseln der Seligen, Gärten der Hesperiden usw. besangen und beschrieben antike Autoren wie Homer, Hesiod, Platon, Strabon, Vergil, Horaz, Ptolemäus und Plutarch weit entfernte, irgendwo am Westrand der Welt liegende Eilande, wo das Paradies auf Erden herrschen sollte. Auch im Mittelalter schwärmten Weltreisende, Dichter und Gelehrte wie Isidor von Sevilla von blühenden Inseln im fernen Westen.

Glückliche Inseln

Altkanarische Bevölkerung

ab 500 v. Chr.	Besiedlung in mehreren Einwanderungswellen
14./15. Jh.	Hirten- und Bauernkultur

Archäologische Funde und deren Datierung ließen bislang den Schluss zu, dass die Kanaren erst nach in nachchristlicher Zeit besiedelt wurden. Doch neuere Funde von 2009 in der Nähe von Tiagua auf Lanzarote belegen wohl, dass die **Phönizier** bereits etwa 1000 v. Chr. auf den Kanaren gelandet waren und dort auch Häuser errichtet hatten. Die Ausgrabungen und Forschungen dauern noch an. Gleichwohl hat die altkanarische Bevölkerung – darin sind sich die Wissenschaftler mittlerweile einig – ihre Wurzeln in der berberischen Welt von **Nordafrika**. Als Belege hierfür dienen den Forschern Ske-

Berber besiedeln die Inseln

? **WUSSTEN SIE SCHON …?**

■ Der Name »Guanchen« wird häufig für die gesamte Urbevölkerung der Kanarischen Inseln gebraucht. Tatsächlich war dieser Begriff jedoch ursprünglich auf die Bewohner von Teneriffa begrenzt. Das Wort »Guanche« leitet sich aus der altkanarischen Sprache ab und bedeutet so viel wie »Sohn von Teneriffa«.

lettauswertungen, die eine Verwandtschaft zwischen altkanarischen und nordafrikanischen Völkern nahelegen, ferner Übereinstimmungen mit berberischen Kulturen sowie Ähnlichkeiten von Sprachresten mit nordafrikanischen Sprachen, die in Ortsnamen, alten Dokumenten und Inschriften (Petroglyphen) erhalten geblieben sind. Angenommen wird auch, dass die ihre Übersiedlung auf die Kanaren in mehreren Wellen zu unterschiedlichen Zeiten stattfand. Warum sie ihre nordafrikanische Heimat verließen, ist jedoch weiterhin rätsel-

← *Bedeutendste Hinterlassenschaft der Altkanarier: das auf Gran Canaria entdeckte Idol von Tara.*

haft. Als mögliche Ursachen werden die zunehmende Verwüstung des Saharagebiets und der heftige Druck, der von der römischen Besatzung in Nordafrika ausging, angesehen. Spekulation bleibt auch, wie die Ureinwohner auf die Inseln gelangten. Reste von Wasserfahrzeugen sind nicht gefunden worden, was die Vermutung zulässt, die Überfahrt sei in Schilfbooten erfolgt, die später verrotteten.

Leben und Kultur der Guanchen

Als die Europäer sich im 14./15. Jahrhundert der Kanaren bemächtigten, trafen sie auf eine **Hirten- und Bauernkultur**, die ohne jegliche Verbindung zur übrigen Welt zu sein schien. Die Insel war in zwei Herrschaftsgebiete aufgeteilt, die jeweils von einem König, einem **Guanarteme**, regiert wurden. Der eine von ihnen, Herr über die westliche Inselhälfte, hatte seinen Sitz in Gáldar, der andere herrschte über die Osthälfte Gran Canarias von Telde aus. Die Erbfolge war an die weibliche Linie geknüpft. Ein Matriarchat bestand jedoch nicht. Die Frau übte die Königswürde nicht selbst aus, dies musste ihr Ehemann tun, den sie durch ihre Wahl dazu legitimierte. In der Praxis hat die mutterrechtliche Erbfolge sicher zu einer hohen Bewertung der Frau geführt. So gibt es auch etliche Belege dafür, dass

! Baedeker TIPP

Auf den Spuren der Guanchen

Wer sich für die Kultur der Guanchen interessiert, sollte unbedingt das Museo Canario in Las Palmas besuchen. Interessante Einblicke liefern ferner der »Höhlenpalast« Cenobio de Valerón, der Parque Arqueológico de Arteara bei Fataga und die Ausgrabungsstätte von La Guancha. Unterhaltsam ist ein Besuch im Freizeitpark Mundo Aborigen, in dem ein altkanarisches Dorf nachgebaut wurde.

Frauen im Kultus eine große Rolle spielten. Über die Sozialstruktur weiß man nur wenig. Es gab Adlige und Bauern, wobei der Adel nicht erblich war, sondern durch persönliche Tugenden erreicht werden konnte.

Auf kleinen, gerodeten Feldern, allerdings ohne Pflug, bauten die Guanchen Gerste und Weizen sowie Hülsenfrüchte an. Als Haustiere hielten sie vor allem Ziegen. Hauptnahrungsmittel war **Gofio**. Dabei handelt es sich um geröstete Gerstenkörner, die gemahlen mit Honig und Wasser zu einer Masse geknetet und anschließend zu Kugeln gerollt wurden. Wichtige Ernährungsbestandteile waren ferner Ziegenfleisch, Milch und Butter. Auch Meerestiere haben bei der Ernährung eine Rolle gespielt.

Vorwiegend lebte die altkanarische Bevölkerung in **Höhlen**. Sie kamen den klimatischen Gegebenheiten besonders entgegen. Die Innenräume der Höhlen wurden vielfach geglättet, gelegentlich zog man Holzdecken ein. Mitunter wurden auch künstliche Grotten angelegt. So konnte ein, wie das Cenobio de Valerón beweist, kunstvolles Höhlensystem entstehen. Daneben existierten, wenn auch nur vereinzelt, Steinbauwerke, vor allem Grabanlagen (Tumulus von Gáldar) und überdachte Wohngruben sowie strohgedeckte Lehmhütten. Auf die spanischen Eroberer muss die **Kleidung** der altkanarischen

Mumien im Museo Canario von Las Palmas: Nach der Einbalsamierung wurden die Leichen in Binsenmatten bzw. in Leder eingehüllt.

Bevölkerung befremdlich gewirkt haben. Die Guanchen trugen Ziegenfälle, die sie mit Pflanzenstacheln sorgfältig zusammen nähten. Aus Palmfasern und Bast geflochten waren weitere Bekleidungsstücke. Auch die **Werkzeuge und Waffen** wirkten für die Spanier des 15. Jh.s recht primitiv. Die Guanchen konnten sich nur mit Wurfsteinen und mit Holzkeulen verteidigen. Im Nahkampf verwendeten sie spitze, dünne Steinklingen. Diese waren so scharf, dass man sie auch zum Zerschneiden verschiedener Gegenstände verwenden konnte.

Die Altkanarier glaubten an ein einziges allmächtiges höheres Wesen. Auf Gran Canaria wurde es »Acoran« (= das Größte, Höchste) genannt. Eine bedeutende Funktion im religiösen Vorstellungskomplex des Inselvolks hatten, sozusagen als Begegnungsstätte zwischen der göttlichen und der irdischen Welt, heilige Berge. Hier brachten sie ihrem Gott Tier- und Trankopfer dar.

Bemerkenswert ist, dass die Welt der Toten eng mit der der Lebenden verknüpft blieb. Die Wohn- und Begräbnisplätze lassen sich nicht immer deutlich voneinander unterscheiden: Natürliche und künstlich ausgeschachtete Höhlen dienten als Wohn- und Grabstätten. Die ehemals einer gehobenen sozialen Schicht angehörigen Toten wurden mumifiziert. Man rieb die Leichen mit Ziegenbutter ein und konservierte sie durch Hitze und Rauch. Das Gehirn wurde nie entfernt und die Eingeweide wohl nur in manchen Fällen. Diese Technik der Mumifizierung ist im Vergleich zu der altägyptischen primitiv. Die Mumien blieben nicht lange unverweslich. Offenbar

Geheimnisvolle Mumien

wurden die Grabgrotten immer wieder neu belegt. Die Mumien, die man darin fand und die heute im Museo Canario von Las Palmas besichtigt werden können, sind allesamt nicht sehr alt.

Rätsel um Felsinschriften Von der Sprache der Altkanarier sind bis in unsere Tage nur spärliche Überreste, vor allem in der Form von Orts- und Flurnamen, erhalten. Sie lassen **Ähnlichkeiten mit Berbersprachen** erkennen. Auf den einzelnen Inseln wurde keine einheitliche Sprache, sondern verschiedene Dialekte gesprochen. Grundlegende Sachwörter wie »gofio« und »tamarco« (Fellumhang) gab es auf mehreren Inseln.

Als die Spanier den Kanarischen Archipel eroberten, kannte die einheimische Bevölkerung keine Schrift. Dennoch fand man bis in die jüngste Zeit immer wieder Felsinschriften. Die ersten Zeichen wurden 1867 auf La Palma (Cueva Belmaco) entdeckt, 1870 stieß man auf Hierro (Los Letreros) gleich auf ein ganzes Kapitel der Schriftgeschichte: Eine einzige Felswand enthielt sowohl Zeichen einer »Sinnschrift«, die lediglich Vorstellungen und Begriffe vermittelt, die der Betrachter interpretieren muss, als auch grafische Zeichen, die bereits unserer heutigen Alphabetschrift nahekommen. Daneben sind Übergänge zwischen beiden Schriftarten festzustellen. Auf Gran Canaria fand man beim **Barranco de Balos** (Lomo de los Letreros) in den Fels gravierte Spiralen und konzentrische Kreise (megalithische Petroglyphen), nur auf Teneriffa und Gomera wurde bisher nichts Vergleichbares entdeckt. Bis heute ließen sich die Inschriften nicht entziffern, und es ist fraglich, ob das jemals geschehen wird, da Souvenirjäger inzwischen beträchtliche Teile der mit Inschriften versehenen Felsbrocken geraubt haben. Unklar ist z. T. auch noch, ob die Altkanarier die Felsen selbst beschrieben haben oder ob gelegentliche Besucher der Inseln die Felsmalereien hinterließen.

Eroberung und Kolonialzeit

23 – 79 n. Chr.	Erwähnung der Kanaren in der »Naturalis Historia« des Plinius
1312	Lancelotto Malocello landete auf Lanzarote.
1478 – 1483	Eroberung von Gran Canaria
1479	Mit dem Vertrag von Alcáçovas wurden die Kanaren Spanien zugesprochen.
1492	Christoph Kolumbus steuerte bei seiner ersten Entdeckungsfahrt Gran Canaria an.

Erste Kontakte Viel ist in der Wissenschaft darüber diskutiert worden, ob die **Phönizier**, die als kühn und tüchtig bekannten Seefahrer, bei ihren Erkundungsfahrten entlang der westafrikanischen Küste im ersten Jahrtausend vor Christus mit dem Kanarischen Archipel in Berührung kamen. Beweise hierfür gibt es nicht. Der erste für die Nachwelt erhaltene Bericht über einen Besuch auf den Kanaren ist bei **Plinius dem Älteren** (23–79 n. Chr.) nachzulesen, der in seiner »Naturalis Historia« über eine Expedition schrieb, die der König von Mauretanien, Juba II. (gest. 23 n. Chr.), zu den Kanarischen Inseln entsandt hatte. Ob diese Expedition erfolgreich verlaufen ist, ist nicht belegt, doch taucht in Plinius Bericht zum ersten Mal der Name »Canaria« auf. Den ersten eindeutigen Beweis für die Landung römischer Seefahrer auf den Kanaren liefern Gefäße aus dem 3./4. Jh., die auf Lanzarote und La Graciosa gefunden wurden. Bis zu Beginn des 14. Jh.s dürften ab und an Seefahrer und Abenteurer den Kanarischen Archipel angesteuert haben. In zahlreichen europäischen, byzantinischen und arabischen Quellen werden die Inseln am Westrand der damals bekannten Welt erwähnt, doch ein Eroberungsinteresse an den Kanaren, die keine Reichtümer zu versprechen schienen und einfach zu weit entfernt waren, zeigten die Seefahrermächte des Abendlands und Vorderen Orients nicht.

Erst im 14. Jh. wurden die europäischen Seefahrermächte auf die Kanaren aufmerksam. Ausschlaggebend hierfür waren u. a. die Berichte von der Seereise des Genuesen Lancelotto Malocello, der 1312 auf der später nach ihm benannten Insel Lanzarote gelandet war, wo es ihm so gut gefiel, dass er sich hier einige Jahre niederließ. In der Folgezeit suchten viele Seefahrer, Kaufleute und Piraten die Kanarischen Inseln auf. Durch die Versklavung der Bevölkerung erhofften sie sich schnellen Reichtum. In mehreren Dokumenten aus der zweiten Hälfte des 14. Jh.s wird gern auf den Reichtum des Archipels in Bezug auf »menschliche Ware« hingewiesen.

Eroberung der Kanaren

Als Oberhaupt »aller noch zu entdeckender Länder« ernannte Papst Clemens VI. 1344 den aus der spanischen Königsfamilie stammenden Luís de la Cerda zum **König der Kanarischen Inseln**. Mit diesem Titel war ein tatsächlicher Besitzanspruch jedoch nicht verbunden. Nachfolger von Luís de la Cerda wurde Roberto de Bracamonte, der sich allerdings ebenfalls mit dem rein theoretischen Königswürde begnügte und keinen Eroberungsversuch unternahm. Diesen überließ er vielmehr seinem Vetter **Jean de Béthencourt** (1359–1425; ►Berühmte Persönlichkeiten). Gemeinsam mit dem spanischen Adligen **Gadifer de la Salle** (ca. 1340–1422) unternahm der Normanne Jean de Béthencourt den ersten Versuch, die Kanarische Inselwelt für die spanische Krone einzunehmen. Nach der 1402 erfolgten Besetzung von Lanzarote wurde Béthencourt der Titel »König der Kanarischen Inseln« zugesprochen. In den folgenden Jahren gelang es ihm, sich auch der Inseln Fuerteventura und El Hierro zu bemächtigen. Seine Eroberungsversuche auf Gran Canaria und La Palma scheiterten jedoch und 1406 kehrte er auf das europäische Festland zurück. Dafür ernannte er seinen Neffen Maciot de Béthencourt zum Vizekönig der Inseln. Auf Intervention des spanischen Königs musste er das Amt

Kachelbild am Kirchplatz von Ingenio – ganz so idyllisch wird
das Leben der Kanarier nicht immer gewesen sein.

1415 wegen schlechter Ausübung jedoch wieder aufgeben. Aus dieser Situation schlug Maciot de Béthencourt mehrfach Kapital: Er verkaufte das Amt nacheinander an den königlichen Gesandten Diego de Herrera, an den Prinzen Heinrich von Portugal und schließlich an den spanischen Grafen Hernán Peraza den Älteren. Die Besitzverhältnisse auf den Kanaren waren somit völlig ungeklärt. Sowohl Spanier als auch Portugiesen schickten in den folgenden Jahrzehnten Schiffe zur Eroberung der Inseln aus. Erst der 1479 geschlossene **Vertrag von Alcáçovas** klärte die Besitzansprüche: Die Kanarischen Inseln gingen an Spanien, Portugal erhielt dafür ganz Westafrika samt sonstiger vorgelagerter Inseln.

Als die Spanier unter Führung von Juan Rejón 1478 auf Gran Canaria landeten, wurde die Insel von zwei Königen bzw. »Guanartemen«, wie man sie hier nannte, beherrscht. Tenesor Semidan, der Machthaber des westlichen Inselteils, hatte seinen Sitz in Gáldar, Doramas, der die Oberhoheit im Osten führte, in Telde. Noch 1478 gründeten die Spanier die Stadt Las Palmas und leiteten von hier die weitere Eroberung der Insel ein. Einen entscheidenden Erfolg hatten sie zu verzeichnen, als sie Tenesor Semidan gefangen nehmen konnten. Er wurde samt seinem Anhang nach Spanien gebracht, dort getauft und kämpfte in der Folge auf der Seite der spanischen Eroberer. Dennoch konnte die altkanarische Bevölkerung erst nach vielen weiteren erbitterten Kämpfen 1483 unter dem Oberbefehl von Pedro de Vera und Alonso Fernández de Lugo unterworfen werden.

1492/1493 eroberten die Spanier La Palma. Am längsten konnte die altkanarische Bevölkerung von Teneriffa ihre Unabhängigkeit bewahren. Zwischen 1494 und 1496 unterwarf Alonso Fernández de Lugo jedoch auch die größte Kanareninsel.

Ein großer Teil der Altkanarier wurde nach der Inbesitznahme der Inseln versklavt und ins Ausland gebracht. Die überlebenden Guanchen hispanisierten sich erstaunlich schnell. Viele vermischten sich durch Heirat mit den Eroberern, nahmen die Sprache, Religion, die Sitten und Gebräuche der Spanier an und passten sich den neuen wirtschaftlichen Gegebenheiten an. Anthropologischen Forschungsergebnissen zufolge soll die Mehrheit der heutigen kanarischen Bevölkerung von den Altkanariern abstammen.

Señorio-Status

Nach der spanischen Eroberung bestanden auf den Kanaren zwei unterschiedliche Verwaltungssysteme: Während Gran Canaria, La Palma und Teneriffa direkt der spanischen Krone unterstellt wurden, galt für Fuerteventura ebenso wie für Gomera, Hierro und Lanzarote der sogenannte Señorio-Status. Diese Inseln waren als feudalherrschaftliche »señoríos« (**Grafenherrschaften**) im Besitz Adliger, die die Inseln erobert hatten. Die Bevölkerung musste Abgaben an den jeweiligen Herrscher und an das spanische Reich leisten. Erst 1812 beschloss das spanische Parlament die Abschaffung der Señorios.

Zwischenspiel: Kolumbus

Christoph Kolumbus (span. Cristóbal Colón, 1451–1506) lief auf seiner ersten Entdeckungsfahrt 1492 zunächst Gran Canaria und danach Gomera an. Bei seinen späteren Fahrten (1493, 1498 und 1502) legte er wiederholt auf Gomera an.

Piratenangriffe

Mit dem Anbau von Zuckerrohr und später mit Wein erlangten die Inseln wirtschaftliche Bedeutung. Der Reichtum machte Gran Canaria im 16./17. Jh. zum wiederholten Ziel von Piratenangriffen. Immer wieder versuchten Engländer, Holländer und Portugiesen, Las Palmas einzunehmen, doch waren sie jedes Mal erfolglos.

19./20. Jahrhundert

1820	Las Palmas wurde Hauptstadt Gran Canarias.
1822	Santa Cruz wurde Hauptstadt des Kanarischen Archipels.
1852	Die Kanaren wurden Freihandelszone.
1912	Die Inseln erhielten eine örtliche Selbstverwaltung.
1927	Aufteilung des Archipels in eine West- und Ostprovinz
1936–1939	Spanischer Bürgerkrieg
1982	Bildung der Kanarischen Autonomen Region

Franco war Befehlshaber des Militärbereichs Kanarische Inseln, als spanische Militärs gegen die republikanische Regierung putschten.

GALIZIEN GRÜSST FRANKREICH!

Am 15. Juli 1936 landete eine zweimotorige Dragon Rapide auf dem Flughafen Gando bei Las Palmas auf Gran Canaria. An Bord des Flugzeugs befanden sich neben dem Piloten C. W. H. Bebb der pensionierte Major Hugh Pollard, seine Tochter Diana und deren Freundin Dorothy Watson – sie waren in geheimer Mission unterwegs.

Bisher war alles nach Plan verlaufen. Ihre Tarnung als englische Touristen schien geglückt. Pollard setzte mit den beiden Mädchen nach Santa Cruz de Tenerife über. Dort begaben sie sich in die »Clínica costa«, wo sie mit einem gewissen Dr. Gabarda zusammentreffen sollten. Pollard sagte nur einen Satz: »Galicia saluda a Francia!« (Galizien grüßt Frankreich!). Der Doktor sah die drei Besucher erstaunt an. Doch der Major ließ nicht locker und wiederholte den Satz. Nun platzte dem Arzt der Kragen: Er fuhr ihn an, dass Galizien Frankreich grüße, interessiere ihn nicht. Pollard raffte alle seine Spanischkenntnisse zusammen und erwiderte, er habe den Auftrag, ihm mitzuteilen, dass Galizien Frankreich grüße und dass er und seine Begleiterinnen im Hotel Pino de Oro erreichbar seien. Damit hatte die Unterredung ein Ende.

Treffen an geheimem Ort

Bebb, der Pilot des Flugzeugs, war im Hotel in Las Palmas zurückgeblieben. Auch er hatte merkwürdige Begegnungen. Ein Besucher, der sich als Hauptmann Lucena vorstellte, überschüttete ihn mit Fragen: In wessen Auftrag er reise, weshalb er sich auf Gran Canaria aufhalte, wer seine Passagiere seien, wohin er weiterfliegen wolle. Bebb war misstrauisch. Er hatte einen Geheimauftrag durchzuführen. Konnte er dem Offizier trauen? Vielleicht gehörte dieser der Gegenseite an! Er wollte jedenfalls kein Risiko eingehen, also beantwortete er die ihm gestellten Fragen völlig unbefangen. Der spanische Offizier trug dem Piloten schließlich auf, sich zu einer bestimmten Zeit an einem bestimmten Ort einzufinden. In einer Villa im Gebirge der Insel traf Bebb mit einem General namens Orgaz und dessen Dolmetscher, einem gewissen Don Bonny, zusammen. Doch das minutiöse Verhör, dem sich Bebb unterziehen musste, erwies sich als ebenso fruchtlos wie die Unterredung mit Hauptmann Lucena im Hotel. Die beiden spanischen Gastgeber – fest davon überzeugt, den falschen Mann vor sich zu haben – verab-

schiedeten ihn mit den Worten, er solle doch einfach alles vergessen, was hier vorgefallen sei.

Der unbekannte Passagier

Am Morgen des 18. Juli wurde Bebb von drei spanischen Offizieren aus dem Schlaf gerissen und zur Militärkommandatur gebracht. Nach stundenlangem Warten sagte man ihm um 12.00 Uhr, dass es an der Zeit sei, aufzubrechen. Draußen sah Bebb bekannte Gesichter – General Orgaz und Don Bonny. Von einer bewaffneten Eskorte begleitet, begaben sich zum Flughafen Gando, wo mitten auf der Rollbahn Bebbs Dragon Rapide stand. Die Maschine war startklar. Und dann kamen auch die Passagiere – drei spanische Offiziere. Einer von ihnen, ein Mittvierziger, in dessen schwarzem Haar sich schon einige silberne Strähnen zeigten, trat auf Bebb zu und stellte sich vor: »Ich bin **General Franco**.« Bebb sah ihn erstaunt an. Das also war der geheimnisvolle Passagier, den er nach Spanisch-Marokko bringen sollte. Bebb wusste nicht, wen er vor sich hatte. Um 14.10 Uhr bestieg General Franco die Dragon Rapide. Er vertauschte seine Militäruniform gegen einen einfachen grauen Zivilanzug, rasierte sich den Schnurrbart ab und setzte sich eine Sonnenbrille auf. Ein Mitverschworener gab ihm seinen Diplomatenpass – für den Fall, dass es bei einer Zwischenlandung in Französisch-Marokko Komplikationen geben sollte. Am 19. Juli um 7.00 Uhr morgens landete Bebb seine Maschine sicher in Tetuan, der Hauptstadt Spanisch-Marokkos. Luís Bolín klopfte dem Engländer auf die Schulter und sagte: »Eines Tages werden Sie begreifen, was Sie für uns getan haben.« Bebb lachte. Er fand das Ganze noch immer sehr sportlich.

Auftakt zum Bürgerkrieg

Als Franco am 19. Juli in Tetuan den Oberbefehl über das Afrikaheer, die marokkanischen Söldner und die Fremdenlegion, übernahm, hatte der Aufstand gegen die 1936 an die Macht gelangte Volksfrontregierung in Madrid bereits begonnen. Francos Soldaten wurden von italienischen und deutschen Flugzeugen auf das spanische Festland geflogen, wo sie bald mit Unterstützung regulärer italienischer Truppen und der deutschen »**Legion Condor**« große Gebiete eroberten. Im September 1936 ernannte eine Junta der Aufständischen Franco zum »Generalissimo« und zum »Haupt des Staats«. Nach dreijährigen Kämpfen, die von beiden Seiten mit äußerster Brutalität geführt wurden, fiel im März 1939 Madrid in die Hände der Franco-Trupppen. Der Spanische Bürgerkrieg war beendet.

Freihandelszone Um die Wirtschaftskraft der Kanaren zu erhöhen, erklärte die spanische Königin Isabella II. die Inselgruppe 1852 zur Freihandelszone.
1912 wurden auf den Kanarischen Inseln die »cabildos insulares« eingerichtet, jede Insel hatte damit eine örtliche **Selbstverwaltung**. 1927 wurde der Kanarische Archipel in eine West- und eine Ostprovinz aufgeteilt. Seither gehört Teneriffa zusammen mit La Gomera, La Palma und El Hierro zur Provinz Santa Cruz de Tenerife. Die beiden kanarischen Provinzen wiederum wurden 1982 zur »Kanarischen Autonomen Region« zusammengefasst. Wie die übrigen 16 Autonomen Regionen Spaniens erhielten die Kanarischen Inseln eine Regionalverfassung (**Autonomiestatut**) sowie gewählte Vertretungskörperschaften. Das Inselparlament tagt seither abwechselnd in Santa Cruz de Tenerife und Las Palmas de Gran Canaria.

Spanischer Bürgerkrieg Im Juli 1936 putschten spanische Militärs, darunter **General Francisco Franco** (1892 – 1975), der damalige Befehlshaber des Militärbereichs Kanarische Inseln, gegen die demokratisch gewählte republikanische Regierung. Vorbereitungen für den Putsch, der sich schließlich zum Spanischen Bürgerkrieg (1936 – 1939) ausweitete, erfolgten auf Teneriffa. Nahe der Ortschaft Esperanza versammelte Franco am 17. Juni 1936 die Garnison der Insel, um sich ihre Hilfe zu sichern.

Autonomiebestrebungen In den 1970er-Jahren war eine weitreichende Autonomie der Kanaren vom spanischen Mutterland ein Hauptthema der lokalen Politik. Die Separatisten machten die Festlandspanier (und Ausländer) für wirtschaftliche Schwierigkeiten verantwortlich. An Mauern und Felswänden wurde gefordert: »Fuera Godos« (= »Goten raus«; ursprünglich wurden mit »Godos« Angehörige der spanischen Adelsschicht bezeichnet, die ihre Abkunft auf westgotische Adelsfamilien zurückführten, später betitelte man damit alle Nichtkanarier). Ihren Höhepunkt erlebten die **Separatismusbestrebungen** in den Jahren 1976 bis 1978, als man mit Bombenterror versuchte, die Parole »Fuera Godos« durchzusetzen. Bei diesen von der Regierung Algeriens unterstützten Aktionen kam jedoch niemand ernstlich zu Schaden.
Die Situation entspannte sich, als die Kanaren 1982 im Rahmen der spanischen Dezentralisierungspolitik eine gewisse Autonomie erhielten. Doch ist eine weitergehende Unabhängigkeit – beispielsweise eine weitreichende Autonomie innerhalb eines spanischen Bundesstaates – ist immer mal wieder ein Thema in der Inselpolitik.

Wirtschaftsanbindung an die EU Mit dem Beitritt Spaniens in die Europäische Union (1986), das nach dem Tod Francos (1975) in eine konstitutionelle Monarchie umgewandelt wurde, ergaben sich für Teneriffa zunächst keine wirtschaftlichen Konsequenzen, da die Kanarischen Inseln zur Sicherung ihres Status als Freihandelszone die Mitgliedschaft verweigerten. Aufgrund der spezifischen Insellage wurde deshalb für die Kanaren ein Sonderabkommen geschlossen. 1989 entschloss sich das kanarische Parlament dann doch zum Beitritt in die Europäische Gemeinschaft, um vor allem von den EU-Subventionen und Strukturhilfen zu profitieren und den kanarischen Exportprodukten einen freien Zugang zum europäischen Binnenmarkt zu ermöglichen. Seit 1993 sind die Kanarischen Inseln voll in die EU integriert.

Entwicklung der letzten Jahre

1990	Las Palmas erhielt eine Universität.
2005	Fast die Hälfte der Insel wurde Biosphärenreservat.
2006	Beispiellose Immigrantenwelle aus Afrika
2007	Verheerende Waldbrände aufgrund von Brandstiftung vernichteten rund ein Viertel der Waldbestände.

Universitäts-stadt

Jahrzehntelang andauernde Streitigkeiten auf dem Kultursektor zwischen den beiden kanarischen Provinzen Santa Cruz de Tenerife und Las Palmas de Gran Canaria fanden 1990 ihren Abschluss: Las Palmas ist seither Sitz einer Universität.

Politische Macht-verhältnisse

Aus den **Wahlen** zum Kanarischen Parlament im Mai 2007 gingen die Sozialisten (PSOE) als Sieger hervor. Sie errangen 26 von insgesamt 60 Sitzen im Kanarischen Parlament. Die konservativ-nationalistische Coalición Canaria (CC) erlitt erhebliche Einbußen und erhielt nur noch 15 Sitze (vorher 22). Die konservative Volkspartei PP kam wie schon zuvor auf 17 Sitze. CC und PP konnten ihre Regierungskoalition trotz der Verluste fortsetzen. Präsident ist seit Juli 2007 Paulino Rivero Baute von der CC.

Biosphären-reservat

Die Unesco erklärte 43 % des Territoriums von Gran Canaria zum Biosphärenreservat.

Illegale Einwanderung

Die Kanarischen Inseln erlebten 2006 einen beispiellosen Zustrom illegaler Einwanderer aus Afrika. Fast täglich strandeten ein oder mehrere Flüchtlingsschiffe mit Dutzenden von Menschen an Bord an ihren Küsten. Viele wurden im Anschluss auf das spanische Festland ausgeflogen, andere direkt in die Ursprungsländer zurückgebracht. Inzwischen ist v. a. aufgrund von stärkeren Patrouillen vor den Kanaren der Zustrom **deutlich zurückgegangen**.

Waldbrände

Bei den größten Waldbränden in der Geschichte Gran Canarias Ende Juli/Anfang August 2007 wurde rund **ein Viertel des Inselwalds** vernichtet. Ein Forstarbeiter, dessen Entlassung bevorstand, hatte aus Wut darüber das Feuer gelegt und der heiße Wüstenwind fachte die Flammen immer wieder an. Tausende Urlauber mussten evakuiert werden, viele Einheimische verloren ihr Hab und Gut.

Kunst und Kultur

Welche künstlerischen Spuren haben die Guanchen hinterlassen? Wie sieht ein typisch kanarisches Haus aus? Wo stehen die bedeutendsten Bauwerke der Insel? Und was ist eigentlich »lucha canaria«?

Altkanarische Kunst

Aus vorspanischer Zeit sind einige Keramikgegenstände erhalten. Sie wurden freihändig und nicht mithilfe der Töpferscheibe geformt. Vielfach sind die Gefäße mit Hohlgriffen versehen, die zugleich als Ausgusstüllen dienen konnten. Vorherrschend sind einfache, glatte Gegenstände, doch gibt es aber auch welche, die mit ornamentalen Kerben dekoriert sind. Je nach Insel weicht die Gestaltung voneinander ab. So zeichnen sich die Tongefäße von La Palma durch Präge- oder Impresso-Dekor aus, die von Gran Canaria wirken besonders kunstvoll. Im Zusammenhang mit altkanarischer Keramik sind die **Pintaderas** bedeutsam. Das sind »Stempel« mit vielfältig ornamentierten Siegelflächen. Sie wurden meist aus Keramik und nur selten aus Holz hergestellt. Vermutlich verwendete man sie dazu, um Gegenstände mit einer Signatur zu versehen. Noch nie wurden zwei Pintaderas gefunden, deren Abdrücke einander völlig gleichen. Die **Idolfiguren** waren wohl Elemente bestimmter Riten und Kulte. Sie sind fast ausnahmslos nur bruchstückhaft erhalten. Einen künstlerischen Rang besitzt lediglich das Idol von Tara. Dieses vermutlich berühmteste altkanarische Fundstück wurde auf Gran Canaria entdeckt und ist heute im Museo Canario in Las Palmas zu sehen. Die Tonstatue wirkt mit ihren grotesk verdickten Gliedmaßen weiblich, obwohl Andeutungen der Brüste fehlen (Abb. S. 38). **Höhlenmalereien** fand man nur in der Cueva Pintada im Inselnorden (Gáldar). Die Innenwände der Höhle sind mit farbigen geometrischen Mustern verziert. Insgesamt sind die Zeugnisse auf dem Gebiet der Kunst spärlich. Das Erhaltene wirkt ausnahmslos schlicht.

Architektur

Bei Fahrten durch das Inselinnere sieht man noch vereinzelt einstöckige **Bauernhäuser**. Der Wohnraum ist meist zwischen 30 und 40 m² groß. Ein Großteil des Familienlebens spielt sich jedoch im zumindest teilweise überdachten und mit Pflanzen üppig begrünten Hof ab. In der Regel sind die Häuser nach Süden hin ausgerichtet und bedürfen so keiner Fensterläden zum Schutz vor Wind und Regen. Die einstöckigen **Häuser in der Stadt** haben meist schmale, äußerst enge Grundrisse, die zweistöckigen Häuser besitzen eine Außentreppe aus Holz oder Stein, einen kleinen Balkon oder – in seltenen Fällen – einen Eingangsvorraum. Selbst die Herrenhäuser sind von wenigen Ausnahmen abgesehen relativ klein und unterscheiden sich in ihrem Aufbau kaum von den bescheidenen zweistöckigen Häusern in den Städten. Den Mittelpunkt des Hauses bildet der schattige, oft prächtig bepflanzte Innenhof, von dem aus eine Treppe (in der Regel auf der linken Seite) zu den Wohnräumen im Obergeschoss führt. Gemeinsam ist fast allen Häusern, dass sie weiß gestri-

Wohnen in der Stadt und auf dem Land

← Kunstvolles Eingangsportal der Casa de Colón in Las Palmas

chen oder gekalkt sind. Dadurch werden die Sonnenstrahlen reflektiert, d. h. die Hitze kann schlechter eindringen, außerdem lassen sich so Insekten fernhalten. Diese sind auf hellen glatten Flächen ungetarnt und meiden sie daher instinktiv.

Herausragendste Elemente kanarischer Architektur sind die kunstvoll geschnitzten, grün, weiß oder zimtfarben gestrichenen Balkone, Galerien, Fenster und Türen, die hier schon immer als Zeichen des Wohlstands galten. Die **Balkone** lassen sich in zwei Gruppen einteilen: in solche mit gedrechselten Geländern, die zwischen Brüstung und Dach offen sind, und in solche mit einem Flechtgitter oft bis unters Vordach, die nach arabischem Vorbild einen Sichtschutz gegen die Straße hin bieten. Daneben gibt es diverse Mischformen.

Architekturgeschichte

Nach der spanischen Eroberung entstanden im Lauf der Jahrhunderte in Anlehnung an europäische und vor allem spanische Traditionen Kirchen und bescheidene Repräsentationsbauten. Dabei handelt es sich zwar nicht um außerordentliche Kunstschätze, doch verdienen einige Bauten, die den unterschiedlichsten Stilrichtungen zuzuschreiben sind, durchaus Beachtung. Zunächst wurden Einflüsse der **Gotik** (z. B. Rippengewölbe in der Catedral de Santa Ana in Las Palmas de Gran Canaria) spürbar. Mitunter waren die gotischen Bauformen mit Stilelementen der **Renaissance** (Casa de Colón in Las Palmas) versetzt. Eine Vermischung maurischer mit gotischen bzw. Renais-

Als schönster Ort der Insel gilt Teror. Hier zieren prächtige Holzbalkone die Häuser.

sanceformen stellt der **Mudejarstil** dar. Er wurde in Spanien von den Mudejaren, d. h. den »zum Bleiben ermächtigten« Mauren, aber auch von maurisch beeinflussten christlichen Baumeistern entwickelt. Seine wichtigsten Kennzeichen sind Hufeisenbögen, Stalaktitengewölbe und Stuckornamentik. Seine Weiterentwicklung erfuhr der Mudejarstil durch den **plateresken Stil**, der in Spanien Ende des 15. Jh.s aufkam. Die Fassaden der Bauwerke wurden mit kleinformatigen Details verziert. Eine besondere Variante dieses Stils bildete sich auf den Kanaren heraus. In vielen Bauwerken wurden aus dem Holz der Kanarischen Kiefer gefertigte Decken eingezogen. Sie sind reich gegliedert und teilweise mehrfarbig. Im 17. Jh. hielt der **Barock** Einzug, fand aber als Baustil weniger Verbreitung als Gotik oder Renaissance. Viele Kirchen wurden jedoch im Innern mit barocken Kunstgegenständen geschmückt. Der **Klassizismus** hinterließ seine Spuren seit der zweiten Hälfte des 18. Jh.s in erster Linie in der Fassadengestaltung. Die strenge Gliederung und im Vergleich zum Barock sparsame bauplastische Ausstattung kommt in der Fassade der Catedral de Santa Ana in Las Palmas zum Ausdruck. Die Architektur des 19. Jh.s ist eine Mischung verschiedenster historischer Stile.

Seit den 1960er-Jahren ist auf Gran Canaria ein wahrer Bauboom zu verzeichnen. Vor allem im Süden der Insel entstanden unzählige riesige Hotelbauten. Touristenorte wie Maspalomas · Playa del Inglés wurden planmäßig angelegt. Diese ästhetisch äußerst fragwürdigen Lösungen sind auch auf den Inseln nicht unumstritten. Als gelungenes Beispiel einer Feriensiedlung gilt gemeinhin Puerto de Mogán. Die zweistöckigen weißen Häuschen snd mit bunten Tür- und Fensterumrahmungen sowie schmiedeeisernen Balkonen geschmückt.

Folklore

Aus dem Leben der Kanarier nicht wegzudenken sind Fiestas. Sie haben meist einen religiösen Ursprung und gelten einem der Inselheiligen. In der Regel beginnen sie mit einer Prozession, an die sich dann weltliche Vergnügungen anschließen.

Fiestas

Eine große Rolle spielt bei derartigen Feierlichkeiten die Musik. Rhythmus und Melodie der Lieder sind leidenschaftlich. Bevorzugt begleitet werden sie von der **Timple**, einem kleinen Saiteninstrument.

In fast jeder größeren Ortschaft gibt es Kampfplätze, auf denen **»lucha canaria«** (Kanarischer Ringkampf) ausgetragen wird. Auf der kreisförmigen Kampffläche (Durchmesser 9 – 10 m) stehen sich zwei Kämpfer gegenüber, die jeweils einer zwölfköpfigen Mannschaft angehören. Gekämpft wird maximal drei Runden à drei Minuten. Sieger ist, wer in dieser Zeit den Gegner zweimal zu Fall gebracht hat. Große Geschicklichkeit erfordert das **»juego del palo«** (Kanarisches Stockspiel). Nach festen Regeln greift man den Gegner mit zwei Stöcken an bzw. versucht, den Schlägen auszuweichen, soll sich dabei aber so wenig wie möglich bewegen (▶Baedeker Special, S. 102).

Traditionelle Sportarten

Berühmte Persönlichkeiten

Warum steuerte Christoph Kolumbus bei seinen Entdeckungsfahrten Gran Canaria an? Wer war der berühmteste Schriftsteller der Kanaren und wie kam der bekannte spanische Tenor Alfredo Kraus zu seinem deutsch klingenden Namen?

Jean de Béthencourt (1359 – 1425)

Der aus der Normandie stammende Jean de Béthencourt wird von Heinrich III. von Kastilien mit der Eroberung der Kanarischen Inseln beauftragt. Zur Seite steht Béthencourt **Gadifer de la Salle**, mit dem er bereits 1390 an einem »Kreuzzug« gegen Tunis teilgenommen hat. Beide stellen eine Expeditionsflotte zusammen, die 1402 von La Rochelle aus lossegelt. Als Béthencourt endlich die ersten Inseln des Archipels sichtet, gibt er ihnen aus seiner freudigen Stimmung heraus die Namen Alegranza (= Freude) und La Graciosa (= die Anmutige), obwohl es sich um kahle, felsige Eilande handelt. Wenig später legen die Abenteurer auf Lanzarote an, in relativ kurzer Zeit können sie die Insel einnehmen. Um Verstärkung zu holen, reist Béthencourt noch 1402 nach Spanien. Bei diesem Besuch verleiht ihm Heinrich III. den Titel »König der Kanarischen Inseln« – zu Unrecht, wie Gadifer de la Salle meint, der sich daraufhin an den weiteren Eroberungsversuchen nicht mehr beteiligt. So zeichnet Jean de Béthencourt für die 1405 erfolgte Unterwerfung von Fuerteventura allein verantwortlich. Er gründet dort die nach ihm benannte Hauptstadt Betancuria. Wenig

später glückt auch die Einnahme von Hierro. Die Inseln lässt der französische Adlige mit Bauern aus der Normandie und Spanien besiedeln, die Urbevölkerung wird rigoros zum Christentum bekehrt. Daraufhin versucht Béthencourt sich auch der Inseln Gran Canaria und La Palma zu bemächtigen, muss jedoch vor dem Widerstand der einheimischen Bevölkerung kapitulieren. Im Jahr 1406 ernennt Béthencourt seinen Neffen **Maciot de Béthencourt** zum Vizekönig der Inseln. Er selbst kehrt nach Frankreich zurück und stirbt dort 1425 auf seiner Burg in Granville.

Französischer Eroberer

Néstor Martín Fernández de la Torre (1887 – 1938)

Dem Maler Néstor Martín Fernández de la Torre, der am 7. Februar 1887 auf Gran Canaria geboren wird, ist das Néstor-Museum in Las Palmas gewidmet.
Nach einem Studium an der Kunstschule in Madrid unternimmt Néstor de la Torre Reisen durch ganz Europa und studiert in London insbesondere die Präraffaeliten. Erste eigene künstlerische Erfolge stellen sich 1908 ein. In den folgenden Jahren schafft Néstor de la Torre zahlreiche vom Symbolismus inspirierte Gemälde, die bei internationalen Ausstellungen gezeigt werden. Zu den Werken des Künstlers gehören auch etliche Wandbilder, so die Gemälde im

Maler

← *Justus Frantz – der Gründer der Philharmoniker der Nationen hat seine Wahlheimat auf Gran Canaria gefunden.*

Theater Pérez Galdós in Las Palmas oder im Casino von Santa Cruz de Tenerife. Die großformatigen Darstellungen zeigen das kanarische Volk vielfach in idealisierendem Stil. Im Jahr 1934 startet Néstor de la Torre eine große Kampagne zur Wiederbelebung der kanarischen Folklore und Architektur. So hat er auch die Idee, das Pueblo Canario, das Kanarische Dorf, zu errichten. Verwirklicht wird der Komplex jedoch erst 1939 in Las Palmas – ein Jahr nach dem Tod des Künstlers. Als Vorlage für die architektonische Gestaltung dienen Aquarelle von Néstor de la Torre. Im Jahr 1956 kann im Pueblo Canario dank der Stiftungen von den Brüdern Néstor de la Torres das Néstor-Museum eröffnet werden.

Justus Frantz (geb. 1944)

Pianist und Dirigent

Ein klangvoller Name im wahrsten Sinne des Wortes! Der international erfolgreiche Pianist und Dirigent gehört zu den bekanntesten zeitgenössischen Interpreten der Wiener Klassik und Romantik. Die Karriere des außergewöhnlichen Musikers beginnt 1967, als Frantz einen Musikwettbewerb der ARD gewinnt. Der internationale Erfolg als Pianist stellt sich ab 1970 ein: Frantz spielt unter der Leitung von **Herbert Karajan** bei den Berliner Philharmonikern, 1975 gibt er sein Debüt in den USA bei den New Yorker Philharmonikern, damals von Leonard Bernstein dirigiert. Von 1986 bis 1994 zeichnet der Musiker als Organisator für das Schleswig-Holstein-Musikfestival verantwortlich. In jener Zeit zieht es ihn immer wieder nach Gran Canaria, bis er sich schließlich auf dem Monte León, dem Prominentenhügel im Hinterland von Maspalomas, häuslich niederlässt. Die »**Casa de los Músicos**« wird bald zu einem Refugium von Promis, u. a. genossen hier schon Steffi Graf und Altbundeskanzler Helmut Schmidt die Ruhe und Abgeschiedenheit des Landsitzes, den Justus Frantz nach und nach zu einer Bio-Finca mit allerlei Haustieren und einem großen Obstgarten ausbaut. In einem kleinen Weinberg reift der eigene Wein heran. 1995 gründet Justus Frantz die Philharmonie der Nationen, ein in seiner Art einzigartiges Orchester mit 196 Musikern aus 39 Nationen und fünf Kontinenten. Mit Frantz als Chefdirigent geben die Musiker Konzerte in der ganzen Welt, darunter auch auf nicht ganz alltäglichen Bühnen, etwa unter der Kuppel des Berliner Reichstags, im Sommersitz des Papstes oder im antiken Theater von Ephesus. Und natürlich gastiert das Orchester gelegentlich auch auf Gran Canaria, der Wahlheimat des Dirigenten.

Christoph Kolumbus (1451 – 1506)

Entdecker

Der in Genua geborene Christoph Kolumbus (italienisch Cristoforo Colombo, spanisch Cristóbal Colón) besucht die Kanarischen Inseln wiederholt auf seinen Entdeckungsreisen. Um sein Vorhaben, eine Westfahrt nach Indien zu erkunden, verwirklichen zu können, geht Kolumbus 1476 nach Lissabon. Als ihm dort die erforderlichen Mittel nicht zur Verfügung gestellt werden, wendet er sich 1485 an Spanien. Allerdings unterzeichnen die Herrscher Ferdinand von Aragón und seine Frau Isabella von Kastilien erst 1492 ein Abkommen mit Kolumbus, das ihn zum Vizekönig der zu entdeckenden Länder macht und ihm 10 % der zu erwartenden Gewinne zusagt.

Bis heute konnte nicht eindeutig nachgewiesen werden, ob Kolumbus bei seiner ersten Entdeckungsfahrt (1492/1493) zunächst die Insel Gran Canaria ansteuert. Wenn ja, so geschah es zumindest nicht freiwillig, sondern nur um Reparaturen am Ruder der »Pinta« vornehmen zu lassen. Während dieses kurzen Zwangsaufenthalts soll er in einem Vorgängerbau der heute nach ihm benannten Casa de Colón in Las Palmas gewohnt haben. Ende August 1492 bricht Kolumbus nach Gomera auf. Aus seinem Bordbuch geht hervor, dass er bei der Vorbeifahrt an Teneriffa einen Ausbruch des Teide erlebt. Auf Gomera nimmt er nochmals Wasser und Verpflegung an Bord und trifft mit **Beatriz de Bobadilla** zusammen. Gern sagen ihm die Einwohner der kleinen Kanareninsel ein heftiges Techtelmechtel mit der hübschen spanischen Hofdame nach – historisch belegt ist es jedoch nicht. Auch bei seiner zweiten (1493–1496), dritten (1498–1500) und vierten Ozeanüberquerung (1502–1504) versorgt sich der Entdecker Amerikas auf Gomera und einmal auch auf Hierro mit Lebensmitteln, Gran Canaria beehrt er jedoch nicht noch einmal. Von seiner letzten Entdeckungsreise kehrt Kolumbus bereits als kranker Mann nach Spanien zurück, wo er 1506 in Valladolid stirbt.

Alfredo Kraus (1927 – 1999)

Der vertraut klingende Name hat österreichische Wurzeln: Der Vater des berühmten spanischen Tenors wandert im Ersten Weltkrieg von Österreich nach Gran Canaria aus. Alfredo Kraus hat die Ehre, im berühmtesten Stadthaus von Las Palmas, in der **Casa de Colón**, das Licht der Welt zu erblicken. Er beginnt zunächst ein Studium zum Ingenieur, folgt jedoch bald seinem Talent zum Gesang und absolviert in Mailand eine Ausbildung zum Tenor. 1956 debütiert er in Kairo in der Rolle des Herzogs von Mantua. Seinen internationalen Durchbruch schafft er 1958, als er neben Maria Callas in seinem Heimatland Spanien auf der Bühne steht. Es folgten Auftritte in allen großen Opernhäusern der Welt, u. a. in der Mailänder Scala, der New Yorker Metropolitan Opera und der Opéra Bastille in Paris. Kraus galt als einer der führenden lyrischen Tenöre; berühmt war er vor allem als Mozart-Interpret.

Opernsänger

Die aktive Laufbahn dauert bis kurz vor seinem Tod: 1998 gibt er in der Deutschen Oper Berlin sein letztes großes Gastspiel in der Titelrolle von Jules Massenets »Werther«. Noch zu seinen Lebzeiten widmet die Heimatstadt Las Palmas ihrem großen Sohn das nach ihm benannte **Auditorio Alfredo Kraus**, heute eines der renommiertesten Kulturforen der Kanarischen Inseln.

James Krüss (1926 – 1997)

Kinderbuchautor »Haltet die Uhren an. Vergesst die Zeit. Ich will Euch Geschichten erzählen.« James Krüss war ein von Groß und Klein in aller Welt gelesener, begnadeter Geschichtenerzähler und Reimkünstler. Dabei will der gebürtige Helgoländer zunächst etwas ganz anderes machen. Als 18-Jähriger schaffte er den »Sprung aufs Festland« und beginnt wenig später ein Lehrerstudium an der Pädagogischen Hochschule Lüneburg. Doch schon nach dem Examen hat er neue Pläne: Zunächst gründet er die Zeitschrift »Helgoland« – seine Heimatinsel ist durch

einen britischen Bombenangriff im April 1945 unbewohnbar geworden, nach dem Krieg wird die Bevölkerung ausgewiesen. 1950 trifft Krüss erstmals mit **Erich Kästner** zusammen, der sein großes Vorbild werden soll und Krüss anregt, es doch einmal mit dem Schreiben von Kinderbüchern zu versuchen. Das tut der Ex-Helgoländer dann auch. Als erstes Buch erscheint »Der Leuchtturm auf den Hummerklippen« (1956). Für »Mein Urgroßvater und ich« (1957) erhält der Autor den Deutschen Jugendbuchpreis. Seine berühmteste Geschichte, »Timm Thaler oder Das verkaufte Lachen« (1962), wird fürs Fernsehen (ZDF) verfilmt, viel Popularität bringt Krüss auch die Fernsehserie »James' Tierleben« ein (u. a. mit Hans Clarin). 1966 schafft Krüss »den Sprung an die afrikanische Küste«. Er lässt sich, vom milden Klima angezogen, auf Gran Canaria nieder. In dem Weiler La Calzada nahe Tafira Alta entsteht u. a. die 17-bändige Taschenbuchausgabe »Die Geschichten der 1001 Tage« (ab 1986). Insgesamt schreibt Krüss etwa 160 Bücher, dazu Gedichte, Theaterstücke, Hörspiele und Schlagertexte. Sein Werk ist von viel Menschlichkeit geprägt, wie ein roter Faden zieht sich die Vision einer heilen Welt durch seine Storys. Etliche deutsche Schulen tragen heute den Namen James Krüss. Für sein Lebenswerk wird der Schriftsteller 1996 mit dem Bundesverdienstorden 1. Klasse ausgezeichnet. Ein Jahr später stirbt James Krüss auf Gran Canaria. Bestattet wird er auf See vor Helgoland.

Fernando León y Castillo (1842 – 1918)

Politiker Einen entscheidenden Anteil am wirtschaftlichen Aufschwung Gran Canarias hat der aus Telde stammende Fernando León y Castillo. Bereits in den Siebzigerjahren des 19. Jh.s erwirbt er sich auf Gran Canaria Ansehen als Politiker. Seine große Stunde kommt 1881, als er als Außenminister nach Madrid berufen wird. Hier kann er seiner Heimatinsel wirtschaftliche Vorteile gegenüber den anderen Kanareninseln sichern, indem er sich erfolgreich für den Ausbau des Hafens von Las Palmas einsetzt. Dieser avanciert innerhalb kurzer Zeit zum bedeutendsten Hafen des Archipels. Für die Planung und Leitung des Hafenausbaus zeichnet Fernandos Bruder, **Juan León y Castillo**, verantwortlich. Beiden ist dafür in Telde ein kleines Museum gewidmet.

José Luján Pérez (1756 – 1815)

Nicht nur in den bedeutenden Kirchen Gran Canarias, sondern in denen des gesamten Kanarischen Archipels findet man die Heiligenstatuen von José Luján Pérez. Geboren wird er in der kleinen Stadt Santa María de Guía im Norden Gran Canarias. Hier erinnern eine Büste und zahlreiche barocke Holzskulpturen in der Kirche an den berühmten Sohn der Stadt. Auf seiner Heimatinsel ist Luján Pérez nicht nur als Bildhauer tätig. Als Architekt wirkt er auch an der Fertigstellung der Kathedrale Santa Ana mit. Von ihm stammt u. a. der Entwurf für die klassizistische Hauptfassade.

Bildhauer und Architekt

Benito Pérez Galdós (1843 – 1920)

Benito Pérez Galdós ist wohl der berühmteste auf den Kanarischen Inseln geborene Schriftsteller. Das Haus in Las Palmas, in dem er am 10. Mai 1843 das Licht der Welt erblickt und seine Jugend verbringt, ist heute als Museum ausgebaut. Von seinen Kinder- und Jugendjahren auf Gran Canaria ist wenig bekannt. Pérez Galdós ist das letzte von zahlreichen Kindern einer in mäßigem Wohlstand lebenden Offiziersfamilie. Nachdem er seine Schulausbildung 1863 in Las Palmas beendet hat, wird er zum Jurastudium nach Madrid geschickt. Dort lebt er, von zahlreichen Reisen durch ganz Europa abgesehen, bis zu seinem Tod. Auf die Kanarischen Inseln kehrt Pérez Galdós nur ein einziges Mal zurück. Auch in seinen Werken – die wichtigsten sind die »Episodios nacionales«, in denen die Geschichte Spaniens im 19. Jh. romanhaft in 46 Einzelbänden dargestellt wird – spielt der Kanarische Archipel keine Rolle. Die Stadt Madrid ist es, die Pérez Galdós immer wieder fasziniert. So schreibt er denn auch in seinen »Erinnerungen eines Gedächtnislosen«: »Ich übergehe meine Kindheit, weil sie ohne Interesse ist oder sich wenigstens kaum abhebt von den Erlebnissen mehr oder weniger fleißiger Studienjahre ...« Pérez Galdós, der zu seinen Lebzeiten als Vertreter des spanischen Liberalismus durchaus umstritten war, gilt in Spanien heute als bedeutendster Romancier der neueren Zeit. Im deutschsprachigen Raum ist er in erster Linie als Autor des Romans »Nazarin« (1895) bekannt, der in den 1960er-Jahren von Buñuel verfilmt wurde.

Schriftsteller

Praktische Informationen

MÖCHTEN SIE WISSEN, WO DIE
CANARIOS AM LIEBSTEN ESSEN,
WANDERN ODER SCHWIMMEN?
DIE BESTEN ADRESSEN UND TIPPS
HABEN WIR FÜR SIE ZUSAMMENGESTELLT.

Anreise · Reiseplanung

Anreisemöglichkeiten

Mit dem Flugzeug Von allen großen europäischen Flughäfen aus ist Gran Canaria im Direktflug (Flugzeit ca. 4 Stunden) mit **Charterflügen** (u. a. Condor, LTU TUIfly, Germanwings oder Air Berlin) zu erreichen. Mehrmals wöchentlich gibt es direkte **Linienflugverbindungen** von Frankfurt am Main, Zürich und Wien, mehrmals täglich zudem Verbindungen via Madrid oder Barcelona.

Einmal wöchentlich (Abfahrt am Samstagabend) verkehren **Fährschiffe** der spanischen Schiffahrtsgesellschaft **Trasmediterránea** auf der Route Cádiz–Santa Cruz de Tenerife–Las Palmas de Gran Canaria. Die Überfahrt von Cádiz nach Gran Canaria dauert ca. zwei Tage. Die Schiffspassage kann über Reisebüros gebucht werden.

> **! Baedeker TIPP**
>
> **Inselhüpfen**
>
> In einem Urlaub gleich zwei oder drei Kanareninseln zu besuchen, das ist vor allem für Kanaren-Einsteiger ideal. Viele Reiseveranstalter bieten Ferien auf mehreren Kanarischen Inseln an. Für alle, die den Urlaub selbst organisieren wollen, gibt es eine Fülle von Flug- und Fährverbindungen (s. S. 110).

Ein- und Ausreisebestimmungen

Personalpapiere Reisende aus Deutschland, aus Österreich und der Schweiz benötigen für die Einreise einen gültigen Personalausweis oder einen Reisepass. Kinder unter 16 Jahren müssen einen Kinderausweis besitzen oder im Pass der Eltern eingetragen sein.

Fahrzeugpapiere Nationaler Führerschein und Kraftfahrzeugschein werden anerkannt und sind mitzuführen; bei Schadensfällen wird die Internationale Grüne Versicherungskarte verlangt. Fahrzeuge müssen das Nationalitätskennzeichen tragen, sofern sie kein Euro-Kennzeichen haben.

Haustiere Der EU-Heimtierausweis ist das verbindliche Einreisedokument für Katzen und Hunde. Angegeben sein muss u. a. das Datum der letzten Tollwutimpfung, die mindestens 30 Tage vor Grenzübertritt erfolgen muss und längstens zwölf Monate her sein darf, sowie der Kenncode des Mikrochips oder die Tätowierungsnummer.

Zollbestimmungen
Einreise auf die Kanaren ▶ Spanien gehört ebenso wie Deutschland und Österreich zur Europäischen Union. Der Warenverkehr für private Zwecke ist weitgehend zollfrei. Es gelten (dies trifft auch für die Einreise auf die Kanarischen Inseln zu) lediglich noch gewisse obere Richtmengen (z. B. für Reisende über 17 Jahren 800 Zigaretten, 10 l Spirituosen und 90 l Wein).

INFO ANREISE

FLUGHAFEN

▶ **Aeropuerto de Gando**
22 km südlich von Las Palmas
Tel. 928 57 91 30
Taxi: ca. 25 Euro nach Las Palmas
oder Maspalomas
Bus: Die Linie 60 der Global-Busse
verkehrt zwischen 6.00 und 19.00
Uhr alle 30 Minuten, zwischen
20.00 und 1.30 Uhr nur noch in
stündlichem Turnus zum Parque
San Telmo in Las Palmas.

FÄHRVERKEHR

▶ **Trasmediterránea**
Estación Marítima
Muelle de Ribera
Santa Cruz de Tenerife
Tel. 922 84 22 44
www.trasmediterranea.es

▶ **Generalagent in Deutschland**
Deutsches Reisebüro
Emil-von-Behring-Str. 6
60439 Frankfurt a. M.
Tel. 069/95 88-00
Fax 069/95 88-1010
www.deutsches-reisebuero.de

Da die Kanarischen Inseln nach wie vor innerhalb der EU einen gewissen **Sonderstatus** einnehmen und hier verschiedene Zölle und Steuern nicht bestehen, gelten bei der Wiedereinreise nach Deutschland und Österreich die Höchstmengen für den Warenverkehr mit Nicht-EU-Ländern: Zollfrei sind für Personen über 15 Jahre 500 g Kaffee und 100 g Tee, 50 g Parfüm und 0,25 l Toilettenwasser sowie für Personen über 17 Jahre 1 l Spirituosen über 22 % oder 2 l Spirituosen unter 22 % oder 2 l Schaumwein und 2 l Wein sowie 200 Zigaretten oder 50 Zigarren oder 250 g Tabak. Waren dürfen bis zur Höchstgrenze von 430 Euro eingeführt werden. Für die Schweiz gelten folgende Freimengengrenzen: 250 g Kaffee, 100 g Tee, 200 Zigaretten oder 50 Zigarren oder 250 g Tabak, 2 l Wein oder andere Getränke bis 22 % Alkoholgehalt sowie 1 l Spirituosen mit mehr als 22 % Alkoholgehalt. Souvenirs dürfen in die Schweiz bis zu einem Wert von 300 sfr zollfrei eingeführt werden.

◀ Wiedereinreise
nach Deutschland
und Österreich

◀ Wiedereinreise in
die Schweiz

Krankenversicherung

Auch im EU-Ausland müssen die gesetzlichen Krankenkassen die Kosten für ärztliche Leistungen erstatten. Voraussetzung ist, dass dem behandelnden Arzt die **Krankenversicherungskarte** vorgelegt wird. Ist man nicht im Besitz einer solchen Karte, muss eine Ersatzbescheinigung ausgestellt werden. Auch mit dieser Karte sind in vielen Fällen ein Teil der Behandlungskosten bzw. Ausgaben für spezielle Medikamente selbst zu bezahlen. Gegen Vorlagen der Quittungen übernimmt die Krankenkasse im Heimatland dann ggf. die Erstattung der Kosten.

Gesetzliche
Krankenkassen

Private Reisekrankenversicherung Da die Kosten für ärztliche Behandlung und Medikamente in der Regel teilweise vom Patienten zu tragen sind und die Kosten für einen evtl. Rücktransport von den Krankenkassen grundsätzlich nicht übernommen werden, empfiehlt sich der Abschluss einer zusätzlichen Reisekrankenversicherung.

Ausflüge

Mit dem Bus Zu den beliebtesten Ausflugsfahrten gehören neben der Inselrundfahrt Touren in das zentrale Bergmassiv, nach Agaete, Tejeda oder in den Palmitos Park sowie Einkaufsfahrten nach Las Palmas bzw. an Sonntagen zu einigen Märkten in kleineren Orten. Wer einen Busausflug selbst organisieren möchte, braucht etwas Zeit und Geduld, doch sind alle größeren Orte an das öffentliche Busnetz angeschlossen (▶Verkehr).

Mit dem Auto Am besten lässt sich Gran Canaria mit einem Mietwagen erkunden (▶Touren). Eine besondere Variante, die Insel kennenzulernen, sind organisierte Jeep-Safaris. Sie führen in weitgehend unberührte Landschaften, die sich mit einem normalen Pkw mitunter nicht erreichen lassen.

Mit dem Schiff Das Angebot an Schiffsausflügen reicht von kurzen Bootsfahrten über Tagesausflüge bis zu mehrtägigen Kreuzfahrten. Hervorzuheben sind Schiffsfahrten zum Haifischfang oder aber der Segeltörn mit dem Windjammer »San Miguel« (von Puerto Rico). Die »Yellow Submarine« startet von Puerto de Mogán zu Ausflügen in die Unterwasserwelt. Ein regelmäßiger Bootsverkehr verbindet Puerto Rico mit Puerto de Mogán und Arguineguín. Ebenfalls für einen Tagesausflug eignet sich die Fahrt mit dem Schnellboot, das zwischen Las Palmas (Gran Canaria) und Santa Cruz (Teneriffa) verkehrt. Die Entfernung zwischen Santa Cruz und Puerto de las Nieves legt die Fähre in einer Stunde zurück. Auch ein Abstecher nach Fuerteventura ist möglich. Eintägige Schiffsfahrten zu den anderen Inseln lohnen wegen der großen Entfernungen nicht (▶Verkehr).

Da jede der Kanarischen Inseln einen ganz eigenen Charakter hat, sind Tagestrips auf eine der anderen Inseln ein abwechslungsreiches und auch erschwingliches Urlaubsvergnügen (▶Verkehr). Zum festen Programm der Veranstalter gehören ferner Kurz-**Flugreisen** nach

ⓘ Verkaufsfahrten

■ Auf Gran Canaria kann man sich vor Einladungen zu »kostenlosen Werbeausflügen« kaum retten – das Geschäft mit dem kaufwilligen Touristen muss sich lohnen! Bei derartigen Fahrten darf man sich allerdings nicht an dem Hinweis der Veranstalter stören, dass sie ausschließlich Deutschen, Österreichern und Schweizern vorbehalten sind.

Gambia oder nach Marrakesch in Marokko. Wer Gran Canaria per Rundflug kennenlernen möchte, wende sich an **Blue Canarias Helicopters** (►Baedeker-Tipp S. 211).

Ausgehen

Auf Gran Canaria gibt es drei Spielkasinos: 2005 wurde das Gran Casino Costa Meloneras mit 17 Spieltischen und 100 Slotmaschinen an der Costa Meloneras eröffnet. Ein weiteres Casino befindet sich im Hotel Tamarindos (San Agustín), das dritte im Hotel Santa Catalina (Las Palmas). Gespielt wird u. a. Französisches und Amerikanisches Roulette, Baccara und Black Jack.
Spielkasinos

In den Touristikzentren von Gran Canaria, vor allem in **Playa del Inglés**, gibt es eine Vielzahl von Diskotheken und Nachtclubs. Flamenco-Shows bekommt man ab und an im Nachtclub Aladinos in Playa del Inglés zu sehen. Gut gemacht ist die m Casino Palace (gehört zum Hotel Tamarindos; San Agustín) gezeigte Revue (Reservierung empfehlenswert, Tel. 928 76 27 24)
Diskotheken, Nachtclubs

Im Auditorio Alfredo Kraus in Las Palmas treten international bekannte Musiker auf.

Auskunft

 INFOADRESSEN

SPANISCHE FREMDENVER-KEHRSÄMTER

▶ **Auskunft in Deutschland**
Kurfürstendamm 63
10707 Berlin
Tel. 030/882 65 43
Fax 030/882 66 61
berlin@tourspain.es

Grafenberger Allee 100
40237 Düsseldorf
Tel. 02 11/6 80 39 81
Fax 02 11/680 39 85
dusseldorf@tourspain.es

Myliusstr. 14
60323 Frankfurt
Tel. 069/72 50 38
Fax 069/72 53 13
frankfurt@tourspain.es

Schubertstr. 10
80336 München
Tel. 089/530 74 60
Fax 089/532 86 80
munich@tourspain.es

▶ **Auskunft in Österreich**
Walfischgasse 8
1010 Wien
Tel. 01/512 95 80
Fax 01/512 95 81
viena@tourspain.es

▶ **Auskunft in der Schweiz**
Seefeldstr. 19
8008 Zürich
Tel. 044/253 60 50
Fax 044/252 62 04
zurich@tourspain.es

▶ **Auskunft auf Gran Canaria**
Patronato Insular de Turismo
Calle León y Castillo 17
Las Palmas
Tel. 928 36 22 22,
Fax 928 36 28 22

Centro Insular de Turismo
Avenida España, Yumbo Center
Playa del Inglés
Tel. 928 76 25 91
Geöffnet: Mo. – Fr. 9.00 – 21.00,
Sa. bis 13.00 Uhr

Die Adressen der Fremdenver-kehrsämter in den Touristikzent-ren sind bei den Reisezielen von A bis Z unter dem jeweiligen Stich-wort aufgeführt.

KONSULATE

▶ **Bundesrepublik Deutschland**
Calle Albareda 3
Las Palmas de Gran Canaria
Tel. 928 49 18 80, Fax 928 26 27 31
www.las-palmas.diplo.de

▶ **Republik Österreich**
Hotel Eugenia Victoria
Avenida de Gran Canaria 26
Playa del Inglés
Tel. 928 76 25 00, Fax 928 76 22 60

▶ **Schweizerische Eidgenossenschaft**
Edificio Juan XXIII
Calle Domingo Rivero
Las Palmas de Gran Canaria
Tel. 928 29 34 50, Fax 928 29 00 70
vertretung@las.rep.admin.ch

INTERNET

▶ **www.spain.info**
Internetadresse der spanischen Fremdenverkehrsbehörde; unter anderem Informationen und Wissenswertes über die Kanarischen Inseln.

▶ **www.grancanaria.com**
Die offizielle Webseite der Fremdenverkehrswerbung Gran Canarias hält viele nützliche Informationen und Tipps in diversen Sprachen, darunter auch in Deutsch, bereit.

▶ **www.kanarenexpress.de**
Hier bekommt man Nachrichten in deutscher Sprache zu kanarischer Politik, Wirtschaft, Umwelt und Kultur.

▶ **www.abcanarias.com**
Sehr allgemeine Informationen zu allen Kanarischen Inseln. Suchmaschine für die Vermittlung von Hotel- und Appartementadressen.

▶ **www.wochenspiegel-kanaren.com**
Online-Auftritt der kanarischen, auf Teneriffa herausgegebenen Inselzeitung »Wochenspiegel«.

▶ **www.spain-grancanaria.com**
Dieser Online-Reiseführer bietet ebenfalls Informationen und Wissenswertes rund um die Insel.

▶ **www.canarias-turismo.com**
Seite der kanarischen Regierung mit diversen Infos und Buchungsmöglichkeiten.

Badestände

Die schönsten Strände von Gran Canaria liegen im Süden der Insel bei Maspalomas bzw. Playa del Inglés. Die Wasserqualität ist hier überall hervorragend.
In den Touristikzentren der Inseln ist es üblich, sich »oben ohne« zu sonnen. Nur an Stränden, die überwiegend von Einheimischen besucht werden, zieht man dabei unfreiwillig die Aufmerksamkeit auf sich. Auch das Nacktbaden wird an den meisten abgelegenen Stränden toleriert. FKK-Anhänger suchen auf Gran Canaria am besten die Dünenlandschaft bei Maspalomas bzw. Playa del Inglés auf.

Ein Badeparadies

Die Gäste der Hotelanlagen, die bei dem ehemals kleinen Fischerort Arguineguín entstanden, müssen sich mit einem winzigen Sandstrand begnügen; weit ansprechender nehmen sich da schon die gepflegten Swimmingpool-Anlagen aus.

Arguineguin

Im Nordwesten von Las Palmas erstreckt sich die etwa 2 km lange, helle **Playa de las Canteras**, einer der längsten Großstadtsandstrände der Welt. Felsriffe schützen vor der Brandung, sodass ein gefahrloses Baden möglich ist. Zwar ist der Strand mitsamt der Promenade relativ gepflegt, dennoch kann man kaum vergessen, dass man sich direkt in einer Großstadt befindet: An den Wochenenden herrscht eine

Las Palmas

drangvolle Enge – und am südlichen Ende der Playa de las Canteras beginnt das Industriegebiet.

Playa del Inglés/ Maspalomas

Ein etwa 8 km langer gepflegter weißer Sandstrand zieht sich vom Leuchtturm bei El Oasis bis nach Playa del Inglés. An den Strand grenzt eine beeindruckende Dünenlandschaft, die unter Naturschutz steht. Diese faszinierende Küstenszenerie ist die **Hauptattraktion von Gran Canaria**. In den Wintermonaten kommen Scharen von sonnenhungrigen Europäern (vor allem Deutsche) hierher. Den ganzen Tag über strömt dann ein nicht endender Zug von Strandwanderern am Wasser entlang. Liegestühle, Sonnenschirme, Tretboote, Surfbretter u. a. werden vielerorts vermietet; es gibt zahlreiche einfache Snack-Bars direkt am Strand.

---

i Die schönsten Strände

- Playa del Inglés: der berühmteste Strand der Kanarischen Inseln
- Playa de las Canteras: Der Stadtstrand von Las Palmas wird oftmals mit der Copacabana von Rio verglichen.
- Playa de los Amadores: künstlich angelegt, doch traumhaft

Puerto de las Nieves ist der einzige Ort, der im Nordwesten von Gran Canaria mit einem akzeptablen Badestrand aufwarten kann. Der dunkle Sandstreifen ist 100 m lang, etwa 25 m breit und wird überwiegend von Einheimischen besucht.

Puerto de Mogán

Puerto de Mogán bietet nur einen relativ bescheidenen, kleinen, hellen Sandstrand. Wellenbrecher sorgen dafür, dass hier auch Kinder gefahrlos baden können. Alternativen sind die östlich gelegene **Playa del Taurito**, die mittlerweile allerdings von Touristikanlagen umgeben ist, oder die **Playa de Veneguera**. An diesem dunklen und mit Steinen durchsetzten Sandstrand soll eine weitere Urbanisation entstehen. Das absolute Stranderlebnis bietet die nur zu Fuß oder per Boot erreichbare **Playa de Güigüí** (►Baedeker Special, S. 204).

Puerto Rico

Einen Vorteil hat der Strand von Puerto Rico unbedingt: Hier scheint meist noch die Sonne, wenn in Maspalomas bzw. Playa del Inglés schon dicke Wolken aufgezogen sind. Da dieses in den Wintermonaten gar nicht so selten der Fall ist, wird es häufig recht eng. Und auch sonst reiht sich an dem 400 m langen, künstlich aufgeschütteten Strand eine Liege an die andere. Die Badenden müssen sich die Meeresbucht mit zahlreichen Surfern, Seglern und Jachten teilen. Felsriffe verhindern eine allzu starke Brandung. Für Entlastung sorgt die **Playa de los Amadores** westlich von Puerto Rico. Der künstlich aufgeschüttete Strand gehört zu den schönsten der Insel.

San Agustín

Im Vergleich zu der angrenzenden Playa del Inglés nimmt sich der Strand von San Agustín eher bescheiden aus. Bademöglichkeiten gewähren mehrere kleine Buchten. Am schönsten ist der weiße Sandstrand vor dem Sun Club, an anderen Abschnitten gibt es nur dunklen Sand.

Strand von Puerto Rico: die besten Sonnenplätze sind schon früh belegt.

Elektrizität

Das Stromnetz führt in der Regel 220 Volt. In den großen Hotels sind meist Europanorm-Gerätestecker verwendbar. Ansonsten werden vielfach Zwischenstecker benötigt, die man im Fachhandel auf der Insel erhält (span. »adaptador« oder »ladrón«).

Essen und Trinken

In den großen Hotels und auch den meisten Restaurants der Insel wird **internationale Küche** serviert, allenfalls kommen hier einmal »papas arrugadas con mojo«, jene kleinen Runzelkartöffelchen mit pikanter Sauce, auf den Tisch. Abseits der Touristenzentren hat die kanarische Küche eine gewisse Renaissance erlebt. Allzu hoch darf man seine Erwartungen jedoch auch hier nicht schrauben, raffiniert

Keine kulinarischen Höhenflüge ...

zubereitete Gerichte fehlen. Hegt man diesbezüglich keine falschen Erwartungen, so wird man immer wieder überrascht sein, wie gut die ganz frisch zubereiteten Meeresfrüchte oder auch die deftigen Fleischgerichte schmecken. Deutlich beeinflusst ist die kanarische Kochweise von der auf dem spanischen Festland üblichen: Es wird mit viel Olivenöl, Knoblauch und zahlreichen Gewürzen gekocht.

Kanarische Speisen

Suppen: häufig eine Hauptmahlzeit

Gerade in den Küstenorten empfiehlt es sich, die Fischsuppe (cazuela de pescado) zu kosten; die besseren Varianten enthalten neben den unterschiedlichsten Fischarten noch Muscheln, andere Schalentiere und Gemüse. Bei »escaldón« handelt es sich um eine breiige Suppe mit Gofio und bei »potaje de verduras« um eine dickliche Gemüsesuppe. Wer gerne Knoblauch mag, kann eine »sopa de ajos«, eine Knoblauchsuppe, zu sich nehmen.

Tapas

Was die Spanier auf dem Festland gerne mögen, hat schließlich auch auf den Kanaren Anklang gefunden: Tapas, kleine **Appetithäppchen**, die als Vorspeise oder Zwischenmahlzeit gegessen werden. In regelrechten Tapas-Bars gibt es eine große Auswahl dieser Häppchen in den unterschiedlichsten Variationen, mal ist es nur ein bisschen luftgetrockneter Schinken, etwas Salami oder ein Löffelchen Kartoffelsalat, mal ein äußerst feiner Meeresfrüchtecocktail oder ein mariniertes Fischstück.

Im Mittelpunkt der einheimischen Küche steht **Fisch** (pescado). Er wird meist gegrillt oder gebraten. Ein karpfenähnlicher, sehr wohlschmeckender Fisch ist »vieja« (Papageienfisch). Man bereitet ihn frisch oder auch luftgetrocknet zu. Auch »dorada« (Goldbrasse) oder »mero« (Zackenbarsch) findet sich häufig im Angebot. Grundsätzlich ist der fangfrische Tagesfisch auch in den einfachsten Restaurants (oder gerade dort) eine gute, aber häufig nicht ganz billige Wahl.

Fleischgerichte

Wer Fleisch (carne) bevorzugt, findet auf den Speisekarten vor allem Schwein (cerdo), Lamm (cordero), Ziege (cabrito) sowie Kaninchen (conejo). Wie Fisch wird auch Fleisch vielfach gegrillt oder gebraten serviert. Daneben gibt es aber noch typische Fleischgerichte mit einer ungewöhnlichen Zusammenstellung. Hierzu gehört »puchero«. Für dieses Eintopfgericht verwendet man die unterschiedlichsten Gemüse und möglichst viele Fleischsorten. Gewürzt wird mit Salz, Pfeffer, Lorbeer und Kräutern. Ein weiteres beliebtes Eintopfgericht ist »ran-

cho canario«. Es besteht aus Kichererbsen, Kartoffeln, Nudeln, Rind-
und Hühnerfleisch, meist kommen noch Speckwürfel dazu.

Die Beilage schlechthin sind »**papas arrugadas**«, in stark salzhaltigem
Wasser mit Schale gekochte Kartoffeln. Man isst sie samt der Schale,
an der sich das Salz als weiße Kruste abgesetzt hat.

Das Beste sind die Kartoffeln

Die Kartöffelchen werden mit einer pikanten roten und grünen Tun-
ke serviert. Sie bestehen aus heimischen Kräutern und Gewürzen,
Knoblauch, Essig und Öl. Werden darüber hinaus Safran und rote
Chilischoten verwendet, entsteht »mojo rojo«, die grüne Variante
»mojo verde« enthält stattdessen Petersilie und Korianderkraut.

Mojo darf nicht fehlen

Das Hauptnahrungsmittel der Ureinwohner gehört auch heute noch
zum festen Ernährungsbestandteil der Bevölkerung, wenngleich man
es auf Speisekarten kaum findet. Gofio wird aus geröstetem Weizen-,
Mais- oder Gerstenmehl hergestellt und anstelle von Brot zu Gerich-
ten gereicht. Er kann süß oder salzig zubereitet werden.

Gofio: das Hauptnahrungs-mittel der Altka-narier

*Die Highlights der kanarischen Küche sind papas arrugadas,
kleine Runzelkartöffelchen, und Mojo-Saucen.*

Desserts: süß müssen sie sein Da die kanarische Bevölkerung süße Speisen liebt, gehören Desserts zum festen Bestandteil der Hauptmahlzeiten. Ebenso verführerisch wie kalorienreich sind beispielsweise »bienmesabe« (geschlagene Mandelcreme mit Ei und Honig), »turrones« (Mandelkuchen), »flan« (Karamelpudding), »frangollo« (eine Süßspeise aus Milch und Mais) und natürlich »helados« (Eis) sowie frische Früchte.

Getränke Von ausgezeichneter Qualität ist das aus kanarischen Quellen stammende **Mineralwasser** (agua mineral). Man erhält es mit Kohlensäure (con gas) oder ohne (sin gas).

Zum Essen wird gerne **Bier** (cerveza) getrunken. Es sind zahlreiche importierte Biersorten erhältlich, in vielen Restaurants wird deutsches oder dänisches Bier vom Fass gezapft. Daneben sind jedoch auch die auf den Kanaren gebrauten Biere von guter Qualität. Die Brauerei »Tropical« hat ihren Sitz auf Gran Canaria, die Brauerei »Dorada« produziert auf Teneriffa.

Bei den Kanariern steht **Wein** an zweiter Stelle der Beliebtheitsliste von alkoholischen Getränken. Auf Gran Canaria gibt es nur noch in der Nähe von Tafira einige Hundert Hektar Rebflächen. Der Wein ist von durchschnittlicher Qualität. In den Supermärkten bekommt man Weine von Lanzarote und Teneriffa, meist einfache Tafelweine.

Den Abschluss einer Mahlzeit bildet häufig **Kaffee**. Er wird als »café solo« (schwarz), »café cortado« (mit wenig Milch) oder »café con leche« (Milchkaffee) getrunken. Eine weitere Variante ist »carajillo« (schwarzer Kaffee mit einem Schuss Weinbrand oder Rum).

? WUSSTEN SIE SCHON …?

■ Den Canarios reicht zum Frühstück meist ein café con leche, also ein Milchkaffee, üppiger fällt dann natürlich das Mittagessen aus. Es beginnt meist zwischen 13.00 und 14.00 Uhr und kann sich insbesondere am Wochenende weit in den Nachmittag hineinziehen. Entsprechend spät wird dann natürlich auch abends gegessen. Vor 20.00 Uhr sieht man Canarios nur selten im Restaurant. In den Hotels und Restaurants hat man sich auf die Gäste aus Deutschland und Großbritannien eingestellt und serviert das Abendessen ab 18.00 Uhr.

Essen im Restaurant

Restaurante, Bar oder Bar-Restaurante? Wer auf Gran Canaria essen gehen möchte, hat in den Touristikzentren eine große Auswahl an Restaurants; besondere Empfehlungen werden bei den Reisezielen von A bis Z unter dem jeweiligen Stichwort gegeben.

Die Restaurants in Spanien sind nicht nach Sternen, sondern nach Gabeln (1–3) kategorisiert. Über die Qualität der Speisen sagen diese Gabeln nichts aus – Kriterien für die **Klassifikation** sind die Breite des Angebots, die Art der Restauranteinrichtung etc. Man isst unter Umständen in einem einfacheren Lokal mit nur einer Gabel genauso gut oder besser als in einem Restaurant mit drei Gabeln. Im Übrigen schmücken sich nur wenige Restaurants mit den Amtsgabeln.

Für Paella hat jedes Restaurant sein eigenes Rezept.

Neben den **Restaurants** (span. restaurantes), die fein, aber auch teuer sein können (vor allem in den Touristenzentren), gibt es noch andere Möglichkeiten, seinen Hunger zu stillen. In der **Bar** – nichts anderes als eine heimische Kneipe – kann man etwas für den kleinen Hunger tun. Meist gibt es eine große Auswahl an Tapas. Diese appetitlichen Häppchen nimmt man im Stehen am Tresen zu sich oder an einem der kleinen Tische, wenn es welche gibt. Ein »**Bar-Restaurante**« verfügt über mehr Tische und ein größeres Angebot – am Tresen werden Getränke und Tapas serviert, an den Tischen Gerichte und Menüs. Oft gibt es auch »raciones«, das ist ungefähr eine doppelte Tapa-Portion. Größere Restaurants ab 100 m² müssen abgetrennte Raucherbereiche ausweisen (►Knigge).

i Preiskategorien

■ Die in diesem Reiseführer im Kapitel »Reiseziele von A bis Z« genannten Restaurants sind in folgende Preiskategorien eingeteilt (Preise für eine Hauptmahlzeit):

Fein und teuer: ab 20 €
Erschwinglich: 12 – 20 €
Preiswert: bis 12 €

Die Bestellung bereitet kaum Probleme: Speisekarten sind fast immer zwei- oder dreisprachig. Einzelabrechnungen sind unüblich: Entweder man weist das Personal schon bei der Bestellung darauf hin, dass man getrennt zu zahlen wünscht, oder man dividiert den Rechnungsbetrag anschließend auseinander (► Knigge). Im Gesamtpreis sind zwar Bedienung, Gedeck und Steuern inbegriffen, doch sollte man guten Service mit 5 bis 10 % des Rechnungsbetrags honorieren.

Speisekarte,
Rechnung

Feiertage, Feste und Events

Auf Gran Canaria wird gern gefeiert — Jeder Ort hat seine eigene Fiesta – ein Fest zu Ehren des oder der jeweiligen Schutzheiligen. Vor allem in den Sommermonaten wird immer irgendwo gefeiert. Diese Fiestas laufen mehr oder weniger stets nach dem gleichen Schema ab. Begonnen wird mit dem religiösen Teil, einem Gottesdienst und einer anschließenden Wallfahrt (**romería**, auf feierlich geschmückten Straßen und mit Dorfbewohnern in prachtvollen Trachten. Dann folgen weltliche Veranstaltungen und Vergnügungen: Folkloregruppen mit Tanz und Gesang, Jahrmarkt, Sportveranstaltungen wie die »lucha canaria«. Den Höhepunkt bildet die »verbena«, ein nächtlicher Tanzball, der meist bis in die frühen Morgenstunden dauert. Nicht selten endet das Fest mit einem Feuerwerk. Fällt der Tag des Heiligen mitten in die Woche, dann wird die Fiesta in der Regel am vorausgehenden oder nachfolgenden Wochenende begangen, um so mindestens zwei Nächte feiern zu können; mitunter dauert ein solches Volksfest mehrere Tage.

> **! Baedeker TIPP**
>
> **Feste und Termine**
>
> Einen aktuellen Veranstaltungskalender mit den schönsten Inselfesten, aber auch einen Überblick über Ausstellungen, Sportveranstaltungen, Konzerte, Theateraufführungen und vieles mehr erhält man in drei Sprachen unter www.turismo decanarias.com.

FESTE UND VERANSTALTUNGEN

GESETZLICHE FEIERTAGE

► **1. Januar**
Año Nuevo (Neujahr)

► **5. und 6. Januar**
Los Reyes
(Dreikönigstag)

► **19. März**
San José (Josephstag)

► **1. Mai**
Día del Trabajo
(Tag der Arbeit)

► **30. Mai**
Día de las Islas Canarias
(Tag der Kanaren)

► **25. Juli**
Santiago Apóstol
(Apostel Jakobus)

► **15. August**
Asunción
(Mariä Himmelfahrt)

► **12. Oktober**
Día de la Hispanidad (Entdeckung Amerikas; Nationalfeiertag)

► **1. November**
Todos los Santos (Allerheiligen)

► **6. Dezember**
Día de la Constitución
(Tag der Verfassung)

► **8. Dezember**
Inmaculada Concepción
(Mariä Empfängnis)

► **25. Dezember**
Navidad (Weihnachten)

► **Bewegliche Feiertage**
Viernes Santo (Karfreitag)
Día del Corpus (Fronleichnam)

JANUAR

► **Cabalgada de los Reyes**
Mit einem großen Umzug feiert
man am Abend des 5. Januar die
Ankunft der Heiligen Drei Könige
in Las Palmas. Noch am Abend
oder am Dreikönigstag ist für
Kinder dann Bescherung, nicht
wie bei uns am Heiligabend.

JANUAR/FEBRUAR

► **Festival de Música de Canarias**
International bekannte Orchester
und Solisten nehmen an dem

---

i Hier müssen Sie hin!

- Karneval: Ausgelassener wird nur in Rio gefeiert.
- Musikfestival: Hochkarätige Solisten und Orchester gastieren in Las Palmas.
- Bajada de la Rama: Eines der typischen Volksfeste auf der Insel.
- Fiesta del Charco: Fröhlicher geht nicht …

Festival Klassischer Musik teil.
Aufführungsort ist das Auditorio
Alfredo Kraus in Las Palmas.

FEBRUAR/MÄRZ

► **Carnaval**
Karneval wird vielerorts ausgiebig
gefeiert. Unumstrittenes Zentrum
ist Las Palmas (s. Baedeker-Tipp
auf S. 76).

► **Fiestas del Almendro en Flor**
Mandelblütenfeste in Tejeda und
Valsequillo

Rio lässt grüßen auf der Gran Cabalgata, dem großen Karnevalsumzug in Las Palmas.

! *Baedeker* TIPP

Karneval in Las Palmas

Kein anderes Fest auf Gran Canaria wird so aufwendig gefeiert, und dazu mit mindestens genau so viel Begeisterung wie in Mainz oder Rio. Die großen Veranstaltungen, wie etwa die Wahl der Karnevalskönigin, finden auf einer riesigen Open-Air-Bühne im Santa-Catalina-Park statt. Zum absoluten Highlight der tollen Tage avancierte die Gala der Drag Queen, eine skurrile Show aus der Homo- und Heterosexuellenszene. Die genauen Termine erfahren Sie in den Tourismusbüros oder unter www.lpacarnaval.com.

▶ **Festival de Opera**
Gleich im Anschluss an das Musikfestival finden die Opernfestspiele in der Inselhauptstadt statt.

MÄRZ/APRIL

▶ **Semana Santa**
Die Osterwoche begleiten zahlreiche Prozessionen und andere religiöse sowie weltliche Feierlichkeiten.

▶ **Fiesta de Ansite**
Am 29. April erinnert man in Santa Lucia mit diesem Fest an die letzten Aufstände der Altkanarier gegen die spanischen Eroberer an der Fortaleza de Ansite.

MAI

▶ **Fiesta del Albaricoque**
Das Aprikosenfest Anfang Mai leitet mit Tanz, Feuerwerk und einer Kunsthandwerksausstellung alljährlich die Aprikosenernte ein.

MAI/JUNI

▶ **Corpus Christi**
Fronleichnam wird mit Prozessionen über prachtvolle Teppiche aus Blumen und Vulkanerde gefeiert, besonders eindrucksvoll in Las Palmas und Arucas. Und damit auch jeder daran teilnehmen kann, wird es eine Woche nach dem kalendarischen Fronleichnam begangen.

JUNI

▶ **El Día de San Juan**
Der 24. Juni, der Johannistag, ist der Gründungstag von Las Palmas. Alljährlich wird er mit zahlreichen Feierlichkeiten begangen.

JULI

▶ **Internationales Jazzfestival**
im Auditorio Alfredo Kraus in Las Palmas

▶ **Fiesta de Nuestra Señora del Carmen**
Patronatsfest am 16. Juli mit Bootsprozessionen zu Ehren der Schutzheiligen in Las Palmas, Gáldar und San Nicolás de Tolentino.

▶ **Fiesta de Santiago Apóstol**
Vom 15. bis 30. Juli feiert man in San Bartolomé de Tirajana den hl. Jakobus.

AUGUST

▶ **Bajada de la Rama**
Dieses Fest, in Agaete vom 4. bis 7. August begangen, ist eines der volkstümlichsten des Archipels. Die »Niederführung des Zweigs« geht auf einen Brauch der Altkanarier zurück, die so ihren Gott um ausreichend Wasser für die Ernte baten. Noch heute ist es üblich, in die nahe gelegenen Berge aufzusteigen, einen Kiefernzweig zu holen, wieder abzusteigen und mit dem Zweig das Wasser des Meers zu peitschen.

Umzüge und Straßenfeste begleiten die Bajada de la Rama in Agaete.

SEPTEMBER

▶ **Fiesta de la Virgen del Pino**
am 8. September in Teror. Typische Wallfahrt, das Inselereignis überhaupt. Viele Ortschaften der Insel haben den Tag zum Feiertag erklärt.

▶ **Fiesta del Charco**
Das »Tümpelfest« findet am 10. September in San Nicolás de Tolentino statt. Eine Mordsgaudi ist garantiert (s. Baedeker-Tipp S. 212).

OKTOBER

▶ **Fiesta de la Naval**
Im Hafenviertel von Las Palmas wird am 6. Oktober der Sieg der Spanier über die Flotte von Sir Francis Drake im Jahr 1595 gefeiert.

▶ **Fiesta de Nuestra Señora de la Luz**
Wallfahrt und Meeresprozession in Las Palmas am 2. Samstag im Oktober

NOVEMBER

▶ **Womad Festival**
Jeweils für vier Tage geben sich die Stars der Weltmusik ein Stelldichein im Parque Santa Catalina in Las Palmas.

DEZEMBER

▶ **Fiestas de Navidad**
Vor allem in Las Palmas gibt es ein abwechslungsreiches vorweihnachtliches und weihnachtliches Programm mit Ausstellungen und Aufführungen. Sehenswert ist die Krippenausstellung in Ingenio (s. Baedeker-Tipp S. 159).

Geld

Euro Der Euro ist in Spanien ebenso wie in Deutschland, Österreich und weiteren Staaten der Europäischen Union das offizielle Zahlungsmittel. Die spanischen Münzen zeigen Juan Carlos I. (1 €, 2 €), Miguel de Cervantes (50, 20, 10 Cent) und die Kathedrale von Santiago de Compostela (5, 2, 1 Cent).

Banken Die Banken sind Mo.–Fr. 9.00–14.00, Sa. 9.00–13.00 Uhr geöffnet (in den Monaten Juni bis September sind die meisten Banken samstags geschlossen).

ℹ Karte verloren?

■ Seit einiger Zeit gibt es in Deutschland eine einheitliche Notrufnummer. Unter **Tel. 116 116** (aus dem Ausland mit Vorwahl 0049) kann man Bank- und Kreditkarten, Handys und Krankenkassenkarten sperren lassen.

Bancomaten gibt es in allen größeren Orten. Sie sind mit mehrsprachigen Bedienungshinweisen ausgestattet. An ihnen kann man mit der jeweiligen Bankkarte bzw. mit Kreditkarten jeweils in Verbindung mit der Geheimnummer Geld abheben.

Kreditkarten Banken, größere Hotels, Restaurants, Autovermieter sowie viele Einzelhändler akzeptieren die meisten internationalen Kreditkarten wie Visa, Eurocard und American Express.

Gesundheit

Ärztliche Hilfe Eine ausreichende medizinische Versorgung ist auf Gran Canaria gewährleistet. Die meisten Ärzte sprechen zumindest eine Fremdsprache. Im Notfall wendet man sich an eines der im Folgenden aufgeführten Gesundheitszentren, in denen viele deutsche Ärzte tätig sind, oder ans Universitätskrankenhaus..

Kranken-versicherung Versicherte deutscher Krankenkassen haben im Krankheitsfall in Spanien Anspruch auf eine Behandlung nach den in Spanien gültigen Vorschriften (▶Anreise • Reiseplanung).

Apotheken Apotheken (span. »farmacias«) gibt es auf Gran Canaria in allen größeren Ortschaften. Die Apotheken – man erkennt sie an einem grünen oder roten Malteserkreuz – sind Mo.–Fr. 9.00–13.00 und 16.00 bis 20.00 Uhr sowie Sa. 9.00–13.00 Uhr geöffnet. Zu allen anderen Zeiten versieht eine Apotheke Notdienst. Die Anschrift der jeweils Dienst habenden Apotheke ist dem Anschlag »Farmacia de Guardia«, der in jeder Apotheke aushängt, zu entnehmen. Nach 22.00 Uhr werden Arzneimittel jedoch nur noch auf Rezept ausgehändigt.

EINIGE ANLAUFSTELLEN

NOTRUF
Tel. 112

KRANKENHÄUSER UND MEDIZINISCHE ZENTREN

► **Hospital Universitária de Gran Canaria Dr. Negrín**
Calle Barranco de la Ballena
Las Palmas
Tel. 928 45 00 00

► **Clínica Roca**
Calle Buganvillas 1
San Agustín
Tel. 928 76 90 04
www.clinicaroca.com
24-St.-Bereitschaft

► **Clínica Salus**
Avenida de Tenerife 24
Centro Comercial Kasbah
Playa del Inglés
Tel. 928 76 29 92
www.gruposalus.com

Weitere Kliniken befinden sich in Maspalomas, Playa Taurito, Playa del Cura und Puerto Rico

DEUTSCHSPRACHIGE ÄRZTE

► **Deutsches Ärztezentrum**
C. C. Varadero A 180 (nahe Leuchtturm), Maspalomas
Tel. 928 14 15 38

► **Zahnarzt**
Dr. Jürgen Pertack
Calle Plácido Domingo 12 b
San Fernando, Maspalomas
Tel. 928 77 64 31

► **Weitere Adressen**
Eine Liste mit deutschen Ärzten findet man auf der Homepage des deutschen Konsulats in Las Palmas unter www.las-palmas.
diplo.de/de/04/Konsularischer_Service/Konsularhilfe.html

Gottesdienste

 ADRESSEN

EVANGELISCH

► **Evangelisches Tourismus-pfarramt der EKD**
Calle Roma 4B
Playa del Inglés
Pfarrer Walter Baßler
Tel. 928 77 65 02, Fax 928 77 64 23
kirche.gc@terra.esín
Gottesdienste im Templo Ecuménico beim Centro Kasbah, Maspalomas

KATHOLISCH

► **Katholische Gemeinde deutscher Sprache**
Avda. de Bonn 15
Playa del Inglés
Pfarrer Fran Josef Michaely
Tel. und Fax 928 77 74 80
kath-gemeinde@infocanarias.com
Gottesdienste im Templo Ecuménico und Kapelle San Agustin im Centro San Agustin

Mit Kindern unterwegs

Sehr kinder-freundlich Viele Hoteliers und Reiseveranstalter haben sich auf Gran Canaria besonders auf Kinder eingestellt: Kinderermäßigungen, Kindermenüs, Ganztagesbetreuung und vieles mehr sind in etlichen Hotels und Appartementanlagen an der Tagesordnung. Viele Strände sind durch Wellenbrecher geschützt, sodass sich die Brandung in Grenzen hält und die Wasserfläche fast spiegelglatt ist. Gut geeignet für Kinder sind etwa Playa de Mogán, Playa Taurito und Playa de los Amadores, die alle recht flach ins Meer abfallen.

i Top-Tipps für Kinder

- Aqua Sur: ein Wasserpark der Superlative in Maspalomas
- Palmitos Park bei Maspalomas: Haifischbecken, Greifvögel- und Papageienshows
- Kleine Kamelsafari gefällig? Start ist in Arteara.
- Sioux City: Wilder Westen auf Gran Canaria bei San Agustín
- Yellow Submarine: Tauchen mit dem U-Boot

Beliebt beim Nachwuchs sind fast immer **Bootsausflüge** (▶ Ausflüge); in Puerto de Mogán kann man mit der »Yellow Submarine« in stündlichem Turnus auf Tauchstation gehen. Es gibt mehrere Möglichkeiten, die Welt vom Rücken eines Vierbeiners aus zu erkunden: In bzw. bei ▶ Fataga bieten zwei **Kamelsafaris** ihre Dienste an, ferner starten Kamelsafaris regelmäßig vom Dünensee nahe dem Leuchtturm von Maspalomas. **Ausritte mit**

Begeistert größere und kleinere Kinder: Sioux City bei San Agustín

⊙ ATTRAKTIONEN FÜR KINDER

TIERPARKS
BOTANISCHE GÄRTEN

▶ Cactualdea
▶ San Nicolás de Tolentino
Kakteenpark – ein Dorado für
Liebhaber der stachligen Gesellen

▶ Palmitos Park
▶ Maspalomas
Subtropischer Park mit über 1000
Vögeln, Papageienshow

▶ Parque de Cocodrilos
▶ Agüimes
Kleiner Zoo mit Krokodil- und
Papageienshow

▶ Jardín Canario
▶ Tafira
Großer Botanischer Garten mit
kanarischer Flora. Hier kann man
viele endemische Pflanzen sehen,
die man sonst nicht zu Gesicht
bekäme.

FREILICHTMUSEUM

▶ Mundo Aborigen
▶Playa del Inglés
Auf den Spuren der Altkanarier

VERGNÜGUNGS- UND
THEMENPARKS

▶ Holiday World
▶ Maspalomas
Riesenrad, Karussells, viele weitere
Attraktionen und Shows

▶ Sioux City
▶ San Agustín
Imitation einer Wildweststadt mit
entsprechenden Shows

BADELANDSCHAFTEN

▶ Ocean Park
Campo Internacional
Maspalomas

Autobahnausfahrt Nr. 47
Diverse Wasserrutschbahnen,
Wellenbad, Restaurants
Geöffnet: tgl. 10.00 – 18.00 Uhr

▶ Aqua Sur
bei Maspalomas
an der Straße zum Palmitos Park
Auf 130 000 m² Fläche finden sich
diverse nasse Attraktionen, z. B.
29 Wasserrutschbahnen, hinzu
kommt eine Minigolfanlage.
Geöffnet: tgl. 10.00 – 18.00 Uhr

▶ Aguapark
Avenida Tomás Roca, Puerto Rico
Badeland mit vielen
Wasserrutschen
Geöffnet: tgl. 10.00 – 18.00 Uhr.

GO-KART

▶ Go-Kart-Racing
2 km nordwestlich von
Maspalomas (Richtung El Tablero)
Vermietet werden Juniorkarts,
Specialkarts, Rennkarts und
Doppelkarts; für Kinder sind
auch »Bumber-Boats« (motor-
getriebene Boote) eine besondere
Attraktion; Zuschauerterrasse mit
Restaurant.
Geöffnet: tgl. 10.00 – 23.00 Uhr

▶ Gran Karting Club
Tarajalillo, San Agustín
Go-Kart für alle Altersgruppen:
Auf dem Kinder-Track können
Kinder ab 5 Jahren mit Mini-Karts
fahren, ab 10 Jahre gibt es
»Mini-Bikes«, für 12- bis 16-
Jährige eine »Juniorenpiste« und
für die älteren eine 1650 m lange
Rennstrecke.
Geöffnet: tgl. 11.00 – 22.00, im
Winter bis 21.00 Uhr.

Pferden veranstaltet der Rancho Park (▶ Playa del Inglés). Bei der »**Burro-Safari**« trottet man auf einem Esel durch den Barranco de Guayadeque; im Preis ist ein Mittagessen eingeschlossen.

Freizeitparks Für ausreichend Unterhaltung sorgen diverse Freizeitparks. An erster Stelle seien die Wasserparks genannt, die vor allem bei bewegter See eine sichere Alternative zum Strand sind. Hoch im Kurs stehen außerdem der Palmitos Park und Sioux City. Auf recht hohe Eintrittsgebühren muss man sich dort allerdings einstellen (ca. 8–20 € für Erwachsene). Die meisten Parks sind im Inselsüden.

Minigolf Minigolf kann man im San Valentin Park in Playa del Inglés spielen (in der Calle Timple, nahe der Kreuzung von Avenida de Tirajana und Avenida de Gran Canaria; geöffnet: tgl. 9.00–23.00 Uhr).

Knigge

Höfliche Spanier Spanier sind in der Regel höfliche Menschen und diese Höflichkeit durchzieht auch ihr alltägliches Handeln. Sie diskutieren gerne und ausgiebig, hören sich geduldig andere Meinungen an und versuchen natürlich auch zu überzeugen. Wort- und gestenreich, aber nie besserwisserisch. Wenn beispielsweise im Büro jemand behauptet: »Unser neuer Kollege heißt Pedro.« Dann würde niemand direkt widersprechen und sagen: »Nein, nein, er heißt José.« Die spanisch-elegantere Antwort wäre: »José oder Pedro?« Wenn einer Bitte, einem Wunsch oder einer Forderung widersprochen werden muss, wird es für den höflichen Spanier schwierig. Ein schroffes »Nein!« wird man auch dann niemals hören. Ein Beispiel: Ein Fremder fragt in irgendeinem kleinen Ort seinen Pensionswirt nach der nächsten Autovermietung. Dieser weiß, dass es weit und breit keine gibt, wird das aber niemals so sagen, stattdessen äußert er: »Das wird schwierig werden.« Im Klartext heißt das: »Das kannst Du vergessen!«

Die Bar als Wohnzimmer **Einladungen** werden schnell und gerne ausgesprochen, aber man lädt selten nach Hause ein. Als Ersatz fungieren Bars oder Restaurants. Meist bleibt man jedoch nicht allzu lange, sondern zieht lieber rasch weiter. Spanier gehen nicht gerne allein aus, lieber in kleinen oder auch größeren Gruppen. Bringt jemand einen Freund zum abendlichen Treff mit, so wird dieser schnell integriert und gehört sofort dazu. Das gilt auch für Ausländer, da gibt es kaum Berührungsängste. Aber eine tiefere Freundschaft darf niemand erwarten, der mit einem

Puerto de las Nieves: am Wochenende Treffpunkt kanarischer Familien

lockeren »Ruf mich doch mal an« verabschiedet wird. Man muss der
Aufforderung auch nicht gleich am nächsten Tag nachkommen.

Ganz anders geht man in Spanien mit dem Bezahlen der Rechnung
in einer Bar oder Restaurant um. Hier zahlt immer einer für alle.
Zieht eine Gruppe durch mehrere Lokale, ist jeder einmal dran. Pe-
nibel auseinander gerechnet wird nicht, **Großzügigkeit** ist gefragt. Als
Ausländer in einer spanischen Gruppe wird es da schon einmal
schwierig, beim Bezahlen an die Reihe zu kommen. Immer ist ir-
gendjemand schneller gewesen.

Einer für alle

Im Restaurant gilt noch eine andere Regel: Niemals zu Fremden an
einen Tisch setzen! Eine Frage wie »Ist hier noch frei?« wird nicht gestellt. Aber auch an einen freien Tisch setzt man sich nie einfach so
(im Süden Gran Canarias mit seinen überwiegend deutschen Gästen
gilt diese Regel in einfacheren Restaurants nicht). Grundsätzlich
bleibt man zunächst im Eingangsbereich des Restaurants stehen. Binnen Sekunden kommt der Oberkellner, fragt nach der Personenzahl
und unterbreitet Tischvorschläge. Dann werden die Gäste zum ge-
wählten Platz geleitet und die Speisekarte gereicht.

»Ist hier noch frei?«

So ganz nebenbei wird im Restaurant nach der **Rechnung** gefragt.
Die kommt auf einem kleinen Tellerchen platziert, der Kellner entfernt sich wieder. Irgendwer greift beiläufig zur Rechnung, wirft einen kurzen Blick darauf und legt Kreditkarte oder ein paar Scheine

Rituale auch beim Bezahlen

auf den Teller. Genauso beiläufig wird der Kellner zurückkommen und mit einem gemurmelten »Gracias« das Tellerchen mitnehmen. Nach einiger Zeit kommt er erneut, schiebt mit einem abermaligen »Gracias« das Tellerchen samt Wechselgeld zum Bezahler. Der ignoriert dieses noch für einige Sekunden, steckt dann das Wechselgeld ein und lässt eine bestimmte Summe als Trinkgeld auf dem Teller liegen. Erst wenn die gesamte Tischrunde das Lokal verlassen hat, holt der Kellner das Trinkgeld-Tellerchen ein letztes Mal.

Literaturempfehlungen

Unterhaltungsliteratur

Lisa Blome: Die schönsten Sagen und Legenden der Kanarischen Inseln. Teneriffa 2001. Nur vor Ort erhältlich.

Gregor Gumpert (Hrsg.): Kanarische Inseln. Frankfurt/Leipzig 2004. Ein literarischer Reisebegleiter mit Texten von Tomás Morales bis Agatha Christie.

Tessa Hennig: Mutti steigt aus. Berlin 2010.
Drei Freundinnen machen sich auf den Weg ins »Rentnerparadies« Gran Canaria. Der Wunsch: ein eigenes Haus und keine Männer. Doch auf der Insel läuft so manches anders als gedacht.

Bettina I. Rocha: Tango mit Inés. Berlin 2010.
Eine Tangolehrerin sucht auf Gran Canaria nach den Spuren ihrer verstorbenen Tante, einer begabten Malerin.

Mark Werner: Hölle, all inclusive. Hamburg 2009.
Jungreporter Kretsche soll auf Gran Canaria über Pauschalurlauber recherchieren. Spritziges Lesevergnügen.

Historische Reiseberichte

Hermann Christ: Eine Frühlingsfahrt nach den Kanarischen Inseln. Basel 1886. Frühe Reiseeindrücke eines Schweizer Botanikers.

Gerhard Nebel: Phäakische Inseln. Eine Reise zum Kanarischen Archipel. Stuttgart 1954.
Der deutsche Reiseschriftsteller bereiste die Inseln wenige Jahre bevor der erste Ferienflieger auf Gran Canaria landete, und kann so ein authentisches Bild der früheren Insel zeichnen.

Sachbücher

Hans Biedermann: Die Spur der Altkanarier. Hallein 1983.

Manfred Rogner: Naturreiseführer Kanarische Inseln. Münster 2002.

Günther Kunkel: Die Kanarischen Inseln und ihre Pflanzenwelt. 3. Auflage, Stuttgart, Jena, New York 1993.

Peter und Ingrid Schönfelder: Die Kosmos-Kanarenflora. Stuttgart 1997. Das gut bebilderte und ausführliche Bestimmungsbuch listet über 850 Arten auf.

Izabella Gawin: Gran Canaria. Wandern auf einem Miniaturkontinent. 4. aktualisierte Auflage. Oberhaching 2010.

Peter Mertz: Kompass Wanderführer Gran Canaria. 2010. Mit Tourenkarten und Höhenprofilen.

Michael Reimer: Rennrad fahren auf Gran Canaria. Bielefeld 2004. 18 Touren inkl. Höhendiagramme.

Dieter Schulze: Wandern auf Gran Canaria. Dumont aktiv. 3. Auflage 2007. 35 Touren erschließen die schönsten Regionen.

Kompass »Gran Canaria« (Nr. 237). Wander- und Radtourenkarte im   **Wanderkarten** Maßstab 1 : 50 000 von 2009.
Noch detaillierter ist der vom Nationalen Geografischen Institut **IGN**) auf Gran Canaria herausgegebene Kartensatz mit 20 Blättern im Maßstab 1:25 000.

Dumont Bildatlas Kanarische Inseln (Nr. 65). März 2010. Eine Reise durch den gesamten Archipel mit Bildern von Hans Zaglitsch und Texten von Rolf Goetz.

Medien

Die führenden deutschen Tageszeitungen und Magazine sowie viele   **Ausländische** deutschsprachige Zeitschriften aus der Schweiz und aus Österreich   **Zeitungen** sind auf den Kanarischen Inseln spätestens einen Tag nach Erscheinen erhältlich.

Einige lokale Blätter informieren auf Deutsch über aktuelle Ereignis-   **Lokale Anzeiger** se und Veranstaltungen. Hierzu gehören insbesondere das Wochenmagazin »Info Canarias« mit aktuellen Veranstaltungshinweisen zu Gran Canaria sowie der mehrsprachige »Canarias Tourist«. Alle vierzehn Tage erscheint der »Wochenspiegel«, der sich allerdings schwerpunktmäßig mit Teneriffa und den kleineren westlichen Kanareninseln beschäftigt. In englischer Sprache wird die »Island Gazette« herausgegeben.

Auf Gran Canaria können fünf spanische TV-Programme empfangen   **Fernsehen** werden sowie, je nach Standort, einige Satellitensender, darunter auch deutschsprachige.

Notrufe

 WICHTIGE TELEFONNUMMERN

ZENTRALER NOTRUF
▶ **Feuerwehr, Polizei, Arzt**
Tel. 112

NOTRUFE IN DEUTSCHLAND
▶ **ACE-Notrufzentrale Stuttgart**
Tel. 0049/1802/34 35 36

▶ **ADAC-Notrufzentrale München**
Tel. 0049/89/76 76 76 (Ambulanz-
dienst und Telefonarzt)

Tel. 0049/89/22 22 22 (Beratung
nach Unfällen o. Ä.)

▶ **DRK-Flugdienst Bonn**
Tel. 0049/228/23 00 23

▶ **Deutsche Rettungsflugwacht
Stuttgart**
Tel. 0049/711/70 10 70

Post · Telekommunikation

Postsendungen Postkarten und Briefe werden automatisch per **Luftpost** befördert und sind nach Mitteleuropa normalerweise ca. fünf Tage unterwegs. Das Porto beträgt für Karten (postales) und Briefe (cartas) bis 20 Gramm innerhalb Europas 0,53 €. Postkarten mit Übergröße kosten 1,03 €. Briefmarken (sellos) erhält man beim Kartenkauf in Anden-kenläden oder bei der Post. Die Briefkästen sind gelb.

Postämter In den Postämtern (Correos) können Telefaxe aufgegeben werden, außerdem erhält man hier **Telefonkarten** für Kartentelefone, man kann jedoch von den Postämtern aus nicht telefonieren. Geöffnet sind die Postämter Mo. – Fr. 9.00 – 14.00, Sa. 9.00 – 13.00 Uhr.

VORWAHLEN

NACH SPANIEN
▶ **Von Deutschland, Österreich
und der Schweiz**
0034

VON SPANIEN
▶ **nach Deutschland**
0049

▶ **nach Österreich**
00 43

▶ **in die Schweiz**
00 41

Telefongespräche ins Ausland können von den meist offenen Telefonzellen aus mit Münzen oder Telefonkarten (tarjeta telefónica) geführt werden. Man erhält die Telefonkarten in Tabakläden, an Kiosken und bei der Post. Telefonate aus Hotels und aus dem eigenen Ferienappartement können mitunter um das Dreifache teurer sein als Gespräche von öffentlichen Fernsprechern. Samstagnachmittags, sonntags und nachts sind die Telefontarife deutlich billiger. **Telefon**

Jeder, der ein Handy mit deutschem Kartenvertrag besitzt, ist damit auf den Kanaren erreichbar. Das ist allerdings nicht billig. Ein ankommendes Gespräch kostet pauschal ungefähr 0,75 €, hinzu kommen ca. 0,85 € pro Gesprächsminute. ◄ **Mobiltelefon**

Spanische Telefonnummern sind neunstellig. Sie beginnen mit der Regionalvorwahl (für Gran Canaria, Fuerteventura und Lanzarote: **928**), die auch bei Ortsgesprächen mitgewählt werden muss. Die westlichen Kanareninseln (Teneriffa, La Gomera, La Palma und El Hierro) haben die Vorwahl 922. **Telefonnummern**

Preise

Im Allgemeinen ist in den Rechnungen ein Bedienungsgeld inbegriffen (Inklusivpreise); dennoch erwarten Hotelangestellte, Kellner, Taxifahrer u. a. ein zusätzliches Trinkgeld von etwa 5 – 10 % des Rechnungsbetrags. Es ist empfehlenswert, Zimmermädchen das erste Trinkgeld einen Tag nach Ankunft und in der Folgezeit eines pro Woche zu geben; sie erhalten 3 – 5 € pro Woche. **Trinkgeld**

 WAS KOSTET WIE VIEL?

3-Gang-Menü
ab 25 €

Einfache Mahlzeit
ab 6 €

Eine Tasse Kaffee
2 €

Busfahrt Kurzstrecke
ab 1,50 €

Einfaches Doppelzimmer
ab 50 €

Ein Bier
2,50 €

Reisezeit

Von den Kanaren wird vielfach als den »Inseln des Ewigen Frühlings« gesprochen. Dieses Klischee verdanken sie ihrem jahreszeitlich weitgehend ausgeglichenen Klima (▶ S. 30). Die Temperaturschwankungen zwischen dem kältesten und wärmsten Monat betragen nur knapp 6 °C, baden kann man das ganze Jahr hindurch. Diese Tatsache macht die Inseln im **Winter** zu einem beliebten Reiseziel für sonnenhungrige Mittel- und Nordeuropäer.

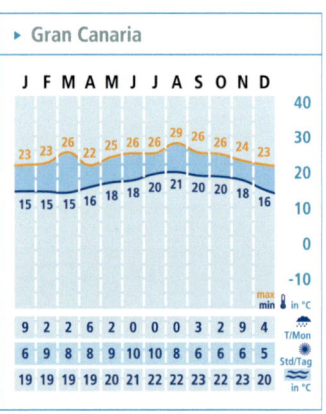

▶ Gran Canaria

Hinsichtlich der Vegetation ist der März besonders geeignet für eine Reise auf den Archipel. Die Pflanzenwelt zeigt sich nun in ihrer ganzen Pracht. Während im Winter nur bei rechtzeitiger Reservierung ein Zimmer auf den Kanaren zu bekommen ist, sind in den **Sommermonaten** viele der Hotels nicht ausgelastet. Angenehm ist der Aufenthalt auf Gran Canaria jedoch auch zu dieser Jahreszeit: Schwül-heiße Tage sind ausgesprochen selten.

Shopping

Freihandelszone Seit 1852 sind die Kanarischen Inseln Freihandelszone. Der Verzicht auf Zoll bedingt jedoch nicht zwangsläufig niedrige Preise. Günstiger als im Heimatland kauft man auf den Kanaren aber Tabakwaren, Spirituosen und Parfümerieartikel ein.

Einkaufszentren In den Touristenzentren des Südens gibt es riesige Einkaufszentren mit Supermärkten, Boutiquen und vielen kleinen Geschäften. Das bei Weitem größte Warenangebot findet man in **Las Palmas**. Während sich in der zur Fußgängerzone erklärten Calle Triana im gleichnamigen Stadtviertel viele kleine Geschäfte aneinanderreihen, laden in der Avenida Mesa y López mehrere große Warenhäuser zum Einkaufsbummel ein.

Öffnungszeiten Die meisten Geschäfte sind Mo.–Fr. 9.00–13.00 und 16.00–20.00, Sa. 9.00–13.00 Uhr geöffnet. In den Touristikzentren findet man jedoch Supermärkte und andere Geschäfte, die außerhalb der genannten Geschäftszeiten und teilweise auch am Sonntag geöffnet haben.

Typisch kanarisch sind **Timples** (kleine Saiteninstrumente). Die besten **Stickereien** kommen aus Ingenio, wo in einer Stickereischule (mit Verkauf) Hohlsaumstickereien (»calados«) – Tischdecken, Blusen, Schürzen etc. – angefertigt werden. Die hübschen **Töpfer- und Keramikwaren** werden teilweise noch auf althergebrachte Weise ohne Töpferscheibe geformt. Überall sieht man aus Palmblättern, Rohr und Weiden gefertigte **Korbwaren**. Samen und Setzlinge einheimischer Pflanzen oder ein Strauß **Strelitzien**, die von den Blumenhandlungen gleich flugfertig verpackt werden, erinnern zuhause noch lange an die kanarische Flora. Sucht man ein typisches alkoholisches Mitbringsel, dann sind beispielsweise kanarischer Wein und **Bananenlikör** zu empfehlen.

Kunsthandwerk und Souvenirs

i Die interessantesten Märkte

- **Puerto de Mogán:** Anziehungspunkt für Touristen ist der Freitagsmarkt rund um den Hafen.
- **Teror:** frische Lebensmittel aller Art und Kunsthandwerk am Wochenende. Unbedingt probieren: das Bauernbrot.
- **Mercado de las Palmas in der Vegueta:** riesiges Angebot an frischem Obst und Gemüse, Fisch, Fleisch, Käse (tgl. außer So.)
- **Las Palmas:** großer Sonntagsflohmarkt am Mercado del Puerto

Sicherheit

Diebstähle sind in den großen Touristikzentren an der Tagesordnung. Es ist daher sinnvoll, Wertsachen und Ausweispapiere in den in vielen Hotelzimmern vorhandenen Safes aufzubewahren. Im Mietwagen sollte man grundsätzlich keinerlei Gegenstände zurücklassen. Zudem empfahl es sich, auch bei Fahrten Kofferraum und Türen verschlossen zu halten. In Las Palmas hatten sich meist Jugendliche darauf spezialisiert, bei Stopps vor Ampeln ihre Dienste als »Scheibenputzer« anzubieten. Bei derartigen Gelegenheiten wurden hin und wieder Gegenstände aus dem Wagen entwendet. Das hat sich mit der Verstärkung der Policia local aber sehr gebessert.

Sprache

Das Personal in den größeren Hotels und Restaurants spricht meist relativ gut Deutsch oder auch Englisch. Nur in kleineren Orten im Landesinnern könnte es Verständigungsprobleme geben.

Die Vokale a, e, i, o, u, werden im Spanischen kurz und offen ausgesprochen. Lange Vokale (Boot, lieb) existieren nicht, ebensowenig ein geschlossenes e und o (Weg, groß).

Aussprache des Spanischen

SPRACHFÜHRER SPANISCH

Auf einen Blick

Ja./Nein.	Sí./No.
Vielleicht.	Quizás./Tal vez.
In Ordnung./Einverstanden!	¡De acuerdo!/¡Está bien!
Bitte./Danke.	Por favor./Gracias.
Vielen Dank!	Muchas gracias.
Gern geschehen.	No hay de qué./De nada.
Entschuldigung!	¡Perdón!
Wie bitte?	¿Cómo dice/dices?
Ich verstehe Sie/dich nicht.	No le/la/te entiendo.
Ich spreche nur wenig …	Hablo sólo un poco de …
Können Sie mir bitte helfen?	¿Puede usted ayudarme, por favor?
Ich möchte …	Quiero …/Quisiera …
Das gefällt mir (nicht).	(No) me gusta.
Haben Sie …?	¿Tiene usted …?
Wie viel kostet es?	¿Cuánto cuesta?
Wie viel Uhr ist es?	¿Qué hora es?

Kennen lernen

Guten Morgen	¡Buenos días!
Guten Tag!	¡Buenos días!/¡Buenas tardes!
Guten Abend!	¡Buenas tardes!/¡Buenas noches!
Hallo! Grüß dich!	¡Hola! ¿Qué tal?
Ich heiße …	Me llamo …
Wie ist Ihr Name, bitte?	¿Cómo se llama usted, por favor?
Wie geht es Ihnen/dir?	¿Qué tal está usted?/¿Qué tal?
Gut, danke. Und Ihnen/dir?	Bien, gracias. ¿Y usted/tú?
Auf Wiedersehen!	¡Hasta la vista!/¡Adiós!
Tschüss!	¡Adiós!/¡Hasta luego!
Bis bald!	¡Hasta pronto!
Bis morgen!	¡Hasta mañana!

Unterwegs

links/rechts	a la izquierda/a la derecha
geradeaus	todo seguido/derecho
nah/weit	cerca/lejos
Wie weit ist das?	¿A qué distancia está?
Ich möchte … mieten.	Quisiera alquilar …
… ein Auto	…un coche.
… ein Boot	…una barca/un bote/un barco.

Manchmal helfen schon ein paar Brocken Spanisch, um ins Gespräch zu kommen.

Bitte, wo ist …?	Perdón, ¿dónde está …
…der Bahnhof	…la estación (de trenes)?
…der Busbahnhof	…la estación de autobuses/ la terminal?
…der Flughafen	…el aeropuerto?

Panne

Ich habe eine Panne.	Tengo una avería.
Würden Sie mir bitte einen Abschleppwagen schicken?	¿Pueden ustedes enviarme un cochegrúa, por favor?
Gibt es hier in der Nähe eine Werkstatt?	¿Hay algún taller por aquí cerca?
Wo ist bitte die nächste Tankstelle?	¿Dónde está la estación de servicio/a gasolinera más cercana, por favor?
Ich möchte … Liter …	Quisiera … litros de …
… Normalbenzin.	… gasolina normal.
… Super./ …Diesel.	… súper./ … diesel.
… bleifrei./ …verbleit.	… sin plomo./ … con plomo.
Voll tanken, bitte.	Lleno, por favor.

Unfall

Hilfe!	¡Ayuda!, ¡Socorro!
Achtung!	¡Atención!

Vorsicht!	¡Cuidado!
Rufen Sie bitte schnell …	Llame enseguida …
… einen Krankenwagen.	… una ambulancia.
… die Polizei.	… a la policía.
… die Feuerwehr.	… a los bomberos.
Haben Sie Verbandszeug?	¿Tiene usted botiquín de urgencia?
Es war meine (Ihre) Schuld.	Ha sido por mi (su) culpa.
Geben Sie mir bitte Ihren Namen und Ihre Anschrift.	¿Puede usted darme su nombre y dirección?

Essen

Wo gibt es hier …	¿Dónde hay por aquí cerca …
… ein gutes Restaurant?	… un buen restaurante?
… ein nicht zu teures Restaurant?	… un restaurante no demasiado caro?
Reservieren Sie uns bitte für heute abend einen Tisch für 4 Personen.	¿Puede reservarnos para esta noche una mesa para cuatro personas?
Auf Ihr Wohl!	¡Salud!
Bezahlen, bitte!	¡La cuenta, por favor!

Keine Verständigungsprobleme: Speisekarten und Menütafeln sind meist in Deutsch abgefasst.

Hat es geschmeckt? .... ¿Le/Les ha gustado la comida?
Das Essen war ausgezeichnet. .... La comida estaba écelente.

Einkaufen

Wo finde ich ... einen Markt? .... Por favor, ¿dónde hay ... un mercado?
... eine Apotheke .... una farmacia
... ein Einkaufszentrum .... un centro comercial

Übernachtung

Können Sie mir bitte ... empfehlen? ..... Perdón, señor/señora/señorita.
                                          ¿Podría usted recomendarme ...
... ein Hotel .... un hotel?
... eine Pension .... una pensión?
Ich habe ein Zimmer reserviert. .... He reservado una habitación.
Haben Sie noch ... . ¿Tienen ustedes ...?
... ein Einzelzimmer? .... una habitación individual?
... ein Zweibettzimmer? .... una habitación doble?
... mit Dusche/Bad? .... con ducha/baño?
... für eine Nacht? .... para una noche?
... für eine Woche? .... para una semana?
Was kostet das Zimmer mit ...Frühstück? ¿Cuánto cuesta la habitación con desayuno?
... Halbpension? .... media pensión?

Arzt

Können Sie mir einen guten Arzt .... ¿Puede usted indicarme
   empfehlen? .... un buen médico?
Ich habe ... Tengo ...
... Durchfall. .... diarrea.
... Fieber. .... fiebre.
... Kopfschmerzen. .... dolor de cabeza.
... Zahnschmerzen. .... dolor de muelas.
... Halschmerzen. .... dolor de garganta.

Bank

Wo ist hier bitte ... . Por favor, ¿dónde hay por aquí...?
... eine Bank? .... un banco?

... eine Wechselstube? .... una oficina/casa de cambio?
Ich möchte Schweizer Franken .... Quisiera cambiar ...
    in Euro wechseln. .... francos suizos en euros.

Post

Was kostet	¿Cuánto cuesta ...
... ein Brief	... una carta ...
... eine Postkarte	... una postal ...
nach Deutschland?	para Alemania?
Briefmarken	sellos
Telefonkarten	tarjetas para el teléfono

Zahlen

0	cero	19	diecinueve
1	un, uno, una	20	veinte
2	dos	21	veintiuno(a)
3	tres	22	veintidós
4	cuatro	30	treinta
5	cinco	40	cuarenta
6	seis	50	cincuenta
7	siete	60	sesenta
8	ocho	70	setenta
9	nueve	80	ochenta
10	diez	90	noventa
11	once	100	cien, ciento
12	doce	200	doscientos, -as
13	trece	1000	mil
14	catorce	2000	dos mil
15	quince	10 000	diez mil
16	dieciséis		
17	diecisiete	1/2	medio
18	dieciocho	1/4	un cuatro

Restaurant/Restaurante

desayuno	Frühstück
almuerzo	Mittagessen
cena	Abendessen
camarero	Kellner
cubierto	Gedeck, Besteck
cuchara	Löffel

cucharita	Teelöffel
cuchillo	Messer
lista de comida	Speisekarte
plato	Teller
tenedor	Gabel
vaso / taza	Glas / Tasse

Tapas

albóndigas	Fleischbällchen
boquerones en vinagre	kleine Heringe in Essigmarinade
caracoles	Schnecken
chipirones	kleine Tintenfische
chorizo	Paprikawurst
jamón serrano	getrockneter Schinken
morcilla	Blutwurst
pulpo	Tintenfisch
tortilla	Kartoffelomelette

Entremeses/Vorspeisen

aceitunas	Oliven
anchoas	Sardellen
ensalada	Salat
jamón	Schinken
mantequilla	Butter
pan	Brot
panecillo	Brötchen
sardinas	Sardinen

Sopas/Suppen

caldo	Fleischbrühe
gazpacho	kalte Gemüsesuppe
puchero canario	Eintopf
sopa de pescado	Fischsuppe
sopa de verduras	Gemüsesuppe

Platos de huevos/Eierspeisen

huevo	Ei
duro	hartgekocht
pasado por agua	weichgekocht
huevos a la flamenca	Eier mit Bohnen

Auf den Wochenmärkten ist das Angebot vielfältig.

huevos fritos	Spiegeleier
huevos revueltos	Rühreier
tortilla	Omelette

Pescado/Fisch

ahumado	geräuchert
a la plancha	auf heißer Eisenplatte gebraten
asado	gebraten
cocido	gekocht
frito	gebacken
anguila	Aal
atún	Thunfisch
bacalao	Stockfisch
besugo	Brasse
lenguado	Seezunge
merluza	Seehecht
salmón	Lachs
trucha	Forelle
almeja	Flussmuschel
bogavante	Hummer
calamar	Tintenfisch
camarón	Garnele

cangrejo	Krebs
gamba	Garnele
langosta	Languste
ostras	Austern

Carne/Fleisch

buey	Rind, Ochse
carnero	Hammel
cerdo	Schwein
chuleta	Kotelett
cochinillo, lechón	Spanferkel
conejo	Kaninchen
cordero	Lamm
ternera	Kalb
vaca	Rind
asado	Braten
bistec	Beefsteak
carne ahumada	Rauchfleisch
carne estofada	Schmorbraten
carne salada	Pökelfleisch
fiambre	Aufschnitt
jamón	Schinken
lomo	Lenden- oder Rückenstück
salchichón	Hartwurst
tocino	Speck
pato	Ente
pollo	Huhn

Verduras/Gemüse

aceitunas	Oliven
cebollas	Zwiebeln
col de Bruselas	Rosenkohl
coliflor	Blumenkohl
espárragos	Spargel
espinacas	Spinat
garbanzos	Kichererbsen
guisantes	Erbsen
habas, judías	Bohnen
lechuga	Kopfsalat
patatas	Kartoffeln
patatas fritas	Pommes Frites
pepinos	Gurken

tomates	Tomaten
zanahorias	Karotten

Condimentos/Gewürze

vinagre / aceite	Essig / Öl
ajo	Knoblauch
azafrán	Safran
mostaza	Senf
sal/salado / pimienta	Salz/gesalzen / Pfeffer

Postres/Nachspeisen

bollo	süßes Brötchen
dulces	Süßigkeiten
flan	Pudding
helado	Eis
mermelada / miel	Marmelade / Honig
pastel	Kuchen
queso	Käse
tarta	Torte

Frutas/Obst

cerezas	Kirschen
chumbos	Kaktusfeigen
dátiles	Datteln
fresas	Erdbeeren
higos	Feigen
mandarinas	Mandarinen
manzana / pera	Apfel / Birne!
melocotón	Pfirsich
melones	Honigmelonen
membrillo	Quitte
naranjas	Orangen
nueces	Nüsse
piña	Ananas
plátano	Banane
sandías	Wassermelonen
uvas	Weintrauben

Spezielles

bocadillo	belegtes Brötchen

chorizo . . . . rote Paprikawurst
churros . . . . Brandteiggebäck
migas . . . . geröstete Brotwürfel

Getränke

agua mineral . . . . Mineralwasser
con/sin gas . . . . mit/ohne Kohlensäure
aguardiente . . . . Schnaps
amontillado . . . . halbtrockener Sherry
anís . . . . Anisschnaps
Brandy . . . . Weinbrand
cerveza . . . . Bier
café con leche . . . . Milchkaffee
café solo . . . . Espresso
café cortado . . . . mit wenig Milch
fino . . . . trockener Sherry
leche . . . . Milch
limonada . . . . Limonade
la Manzanilla . . . . Kamillentee
oloroso . . . . süßer Sherry
té . . . . Tee
vino . . . . Wein
  blanco/tinto . . . . weiß/rot
  rosado . . . . rosé
  trocken/süß . . . . seco/dulce
zumo . . . . Fruchtsaft

Übernachten

Das Hotelangebot auf Gran Canaria ist unüberschaubar groß. Insgesamt gibt es rund 160 000 Gästebetten, ein Großteil davon entfällt auf **Appartements** und Bungalows.

Die meisten Urlauber buchen ihre Kanarenreise pauschal von Deutschland aus. Wer sich erst vor Ort um die Unterkunft bemüht, muss in der Regel nicht nur mehr bezahlen, sondern bekommt auch nicht unbedingt ein besseres Zimmer, denn die großen Reiseveranstalter haben für ihre Kunden häufig die besten Räume reserviert. Außerhalb der Hauptsaison von Weihnachten bis Ostern wird man allerdings keine Probleme haben, ein Zimmer auf eigene Faust zu finden. Viele Beherbergungsbetriebe haben dann nur eine Auslastung von 25 %.

Hotels am besten pauschal buchen

Kategorien ▶ Hotels und Appartementanlagen sind in fünf Kategorien eingeteilt: An die Hotels werden Sterne vergeben, an die Appartementanlagen Schlüssel. Diese Einteilung orientiert sich an den Einrichtungen einer Unterkunft, nicht an der Qualität von Service und Verpflegung.

Um vom Image des Massenreiseziels wegzukommen, forciert man das Projekt »**Ferien auf dem Land**« (Turismo rural, ▶Baedeker-Tipp S. 137)

Camping ist auf Gran Canaria wenig verbreitet; es gibt nur drei Campingplätze.

▶ EINIGE ADRESSEN

TURISMO RURAL
▶ **auf Gran Canaria**
Grantural
Calle Perojo 36
Las Palmas
Tel. 928 39 01 69, Fax 928 39 01 70
www.ecoturismocanarias.com

CAMPINGPLÄTZE
▶ **Camping Guantánamo**
La Playa de Tauro
bei Puerto Rico
Tel. 928 50 62 07

▶ **Camping Temisas**
Lomo de la Cruz, an der Straße von Agüimes – San Bartolomé
Tel. 928 79 81 49

▶ **Camping Pasito Blanco**
Pasito Blanco, 3 km westlich von Maspalomas
Tel. 928 14 21 96
Bestausgestatteter Platz der Insel mit Restaurant, Schwimmbad und Kinderspielplatz, allerdings *nur für Wohnmobile*

Urlaub aktiv

Wandern, Rad fahren, Golfen, Tauchen, Surfen – Gran Canaria ist ein Paradies für Aktivurlauber mit unglaublich vielseitigem und großem Sportangebot. Kaum ein Vier- oder Fünf-Sterne-Hotel, das nicht zumindest über Tennisplätze und Fitnesseinrichtungen verfügt.

Golf   In kurzer Zeit hat sich Gran Canaria zu einem regelrechten Golferparadies entwickelt. Mittlerweile hat die Insel sieben Golfplätze zu bieten, weitere sind in Bau.

Das Bergland im Inselinneren stellt für Radfahrer eine wahre Herausforderung dar.

Fahrrad fahren

Rad fahren ist auf Gran Canaria in erster Linie etwas für Leute mit Kondition und Erfahrung. Bedenken sollte man, dass es auf der Insel keine Radwege gibt und dass oft starker Wind und große Hitze herrschen. Auf den Pisten im zentralen Bergland können spitze Steine leicht die Reifen zerschneiden. Am besten eignet sich ein Mountainbike für den Fahrradtrip auf der Vulkaninsel.

Reiten

Auf Gran Canaria gibt es etwa ein halbes Dutzend Reitställe im Dienste des Tourismus, wo man Reitunterricht erhalten oder an organisierten Ausflügen zu Pferd teilnehmen kann.

Segeln, Surfen

An etlichen Küstenstrichen der Insel ist mit beachtlichen Windstärken zu rechnen, Anfänger dürften es hier nicht immer leicht haben. Ideale Bedingungen finden Segler und Surfer an der Süd- und Südwestküste von Gran Canaria. Segelkurse werden in Puerto Rico angeboten. Bretter sind in Playa del Inglés, San Agustín, Puerto de Mogán und Puerto Rico zu mieten. Als bestes Surfrevier für Könner gilt Pozo Izquierdo bei El Doctoral. Anfänger finden im Sommer gute Bedingungen in Bahía Feliz und Playa del Aguila vor.

> **! Baedeker TIPP**
>
> **Wassersport einmal anders**
>
> Puerto Rico gilt als das Wassersportzentrum der Insel. Natürlich kann man hier segeln und surfen, aber wie wäre es mal mit einem Banana Boat Ride oder mit Wasserjetski? Ein besonderes Erlebnis ist es auch, mit einem Gleitschirm über das Wasser zu schweben. Anmietung am Strand von Puerto Rico.

»Lucha canaria« steht auf Gran Canaria hoch im Kurs. Die besten Kämpfer sind von einem Starkult umgeben, wie es ihn in anderen Ländern nur bei Fußball- oder Tennisspielern gibt.

BLOSS NICHT WEHTUN ...!

In fast jeder größeren Ortschaft auf Gran Canaria gibt es Kampfplätze, auf denen »lucha canaria« (kanarischer Ringkampf) ausgetragen wird. Eine andere weniger bekannte kanarische Sportart ist »juego del palo« (Stockkampf).

Die beiden »pollos« (Kampfhähne) nehmen ihre Ausgangsstellung ein. Jeder von ihnen beugt den Oberkörper nach vorn, winkelt das vorgezogene rechte Bein leicht an, während das ebenfalls gebeugte linke Bein verharrt, und greift mit der linken Hand nach dem aufgerollten Hosenbein des anderen. Gleichzeitig reichen sich die beiden Kämpfer die Rechte zum Gruß. Dann endlich gibt der Schiedsrichter das Signal – der Kampf, kann beginnen. Blitzschnell packt Manolo seinen Gegner, den braungebrannten Antonio, mit beiden Händen an den Stoffwülsten der Hose und versucht, ihn über die Hüfte hochzuheben und auf den Boden zu werfen. Doch Antonio hat seinen Plan durchschaut und kann sich erfolgreich gegen diesen Hebelwurf stemmen. Die beiden Männer keuchen, stampfen auf, ziehen und zerren aneinander. Dann greift Antonio mit seiner Rechten nach dem gegnerischen Hemd, zieht den Körper von Manolo heran, hebt ihn hoch und schleudert ihn in einem immensen Kraftakt, bei dem ihm ein lauter Schrei entfährt, über die linke Schulter. Mit einem dumpfen Schlag landet Manolo mit seinem Rücken auf dem schwarzen Sand. Der Punkt geht an Antonio.

Ringkampf à la canaria

Manche Historiker vermuten, dass der **Ursprung** des kanarischen Ringkampfs im alten Ägypten zu suchen ist. Andere Wissenschaftler glauben, bei »lucha canaria« handle es sich um eine kanarische Eigenproduktion. Im 15. Jh. berichtete der spanische Chronist Alvar García de Santa María, dass das Ringen bei den Ureinwohnern besonders beliebt gewesen sei – als eine edle und ritterliche Kampfsportart, bei der es nicht in erster Linie darum ging, den Gegner zu besiegen, sondern sich mit ihm nach dem Kampf in friedlicher Umarmung zu vereinen. Auch heute noch ist die »lucha canaria« auf den Kanaren sehr populär, ja, nach dem Fußball sogar die beliebteste Sportart. In fast jeder größeren Ortschaft gibt es Ringkampfvereine und Kampfarenen, auf denen in unregelmäßigen Zeitabständen Wettkämpfe ausgetragen werden.

Seit 1872 gibt es ein – noch heute gültiges – Reglement für die **Austragung von Turnieren.** Demzufolge kämpfen immer nur zwei Mannschaften gegeneinander, und jedes Team besteht aus zwölf Kämpfern (neuerdings auch Kämpferinnen), von denen jeweils einer gegen einen Ringer der gegnerischen Mannschaft antritt. Die barfüßigen Sportler tragen feste Hemden und bis über die Oberschenkel hochgekrempelte Hosen. Innerhalb von zwei Minuten muss der gegnerische »luchador« auf den Boden geworfen werden. Dabei ist so gut wie alles erlaubt: Man darf den Gegner schieben, ziehen, zerren, heben, schleudern; nur Schläge wie Fußtritte und Kinnhaken, Verdrehungen sowie Griffe, die schmerzlich sein könnten, sind verboten. Angegriffen wird immer nur der Körper, nie der Kopf. In den höchstens drei Runden geht als **Sieger** hervor, wer den Kontrahenten zweimal zu Fall gebracht hat; der Gewinner muss dann gegen den Sieger eines anderen Kampfes antreten, maximal gegen insgesamt drei weitere Gegner. Die Mannschaft, die in dem etwa zwei Stunden dauernden Wettkampf zuerst zwölf Punkte mit einem Abstand von zwei Punkten hat, ist Sieger. Übrigens gehört es zum guten Ton, dass die Sieger am Ende behaupten, die anderen hätten gewonnen.

Geschicklichkeit ist gefragt

Eine weniger bekannte kanarische Sportart ist »juego del palo«, der **Stockkampf** bzw. das Stockfechten. Dabei simulieren die beiden Gegner nach festen Regeln mit je einem bis zu 2,5 cm dicken Stock (palo), der ihnen etwa bis zur Schulter reicht und der mit beiden Händen umfasst wird, Angriff und Abwehr. Wahre Experten lassen die angedeuteten Schläge, Hiebe und Stiche, die ohne großen Körpereinsatz auszuteilen sind, oft nur Millimeter vor dem Körper des Gegners enden. Das Schlimmste, was einem Kämpfer passieren kann, ist, den Stock zu verlieren. Schimpf und Schande sind ihm dann sicher. Vor der spanischen Inbesitznahme des Kanarischen Archipels war der Stockkampf Teil eines gefährlichen Duells, z. B. zwischen den Häuptlingen zweier verfeindeter Stämme. Die Spanier verboten den Ureinwohnern schon bald das Tragen von Waffen. Erst nach dem Ende der Franco-Ära (1975), als die Urbevölkerung als Bestandteil der eigenen Geschichte und Kultur verstärkt ins Bewusstsein der Kanarier drang, entsann man sich wieder des kanarischen Stockkampfs. Übrigens wird beim »juego del palo« der Sieger nach Gefühl ermittelt. Nicht das Siegen ist wichtig, sondern die Eleganz der Bewegungen sowie das Einhalten der Regeln und Riten.

Tauchen Rund um die Kanarischen Inseln sind ideale Voraussetzungen für den Tauchsport gegeben. Auf Gran Canaria gibt es rund zehn Tauchschulen, die meisten im Süden und Südwesten der Insel. Sie bieten in vielen Hotels Anfänger- und Fortgeschrittenenkurse an. Mitunter organisieren sie auch Fahrten zum Unterwasserpark bei Aringa, wo man eine besonders schöne Meeresflora und -fauna findet.

Tennis Zu vielen großen Hotelanlagen gehören ausgezeichnete Tennisplätze, die zum größten Teil auch mit Flutlicht ausgestattet sind. Tennislehrer stehen meist zur Verfügung. Einige Hotels (z. B. Tennishotel Helga Masthoff; beim Palmitos Park, Maspalomas) bieten komplette Tennisferien an.

Wasserski Möglichkeiten zum Wasserski fahren hat man an der Playa del Inglés, in der Anlage Aquamarina (zwischen Arguineguín und Puerto Rico) und in Puerto Rico.

Wandern Dank der abwechslungsreichen Landschaft, der üppigen Vegetation und der ausgezeichneten klimatischen Gegebenheiten bietet das Inselinnere ideale Voraussetzungen zum Wandern. Verschiedene Wandertouren werden bei den Reisezielen von A bis Z vorgestellt. Besonders gut für Wanderungen eignen sich die ▶ Barrancos von

Wohlverdiente Ruhepause: Wanderer oberhalb von San Nicolás de Tolentino

⊙ INFORMATIONEN AKTIVURLAUB

FAHRRAD FAHREN

Beide genannten Firmen verleihen Mountainbikes und Räder, organisieren aber auch geführte Radtouren unterschiedlicher Schwierigkeitsgrade.

▶ Happy Biking

Hotel IFA Continental
Avenida Italia 2
Playa del Inglés
Tel. 928 76 68 32
Fax 928 76 68 43
www.happy-biking.com

▶ Free Motion

Hotel Sandy Beach
Avenida Alfereces Provisionales
Playa del Inglés
Tel. 928 77 74 79
Fax 928 77 52 99
www.free-motion.net
Geführte Bergwanderungen von leicht bis anspruchsvoll; eine Tagestour inklusive Transfer und Teleskopstöcken kostet etwa 40 €. Angeboten werden auch *Einführungskurse in Nordic Walking.*

GOLF

▶ Real Club de Golf Las Palmas

Carretera de Bandama s/n
Las Palmas
Tel. 928 35 01 04
Fax 928 35 01 10
www.realclubdegolfdelaspalmas.com
18-Loch-Platz des 1891 gegründeten Clubs. Wunderschöne Aussichten.

▶ El Cortijo Club de Campo

Autopista del Sur, km 6,4 bei Telde
Tel. 928 71 11 11
Fax 928 71 49 05
www.elcortijo.es

18-Loch-Platz auf einem mit jahrhundertalten Palmen bestückten Gelände.

▶ El Cortijo Golf Center

Direkt neben dem El Cortijo Club
Tel. 928 68 48 90, Fax. 928 68 29 40
golfcenter2000@yahoo.es
Relativ kleiner 18-Loch-Platz und einziger Golfplatz der Insel, auf dem dank Flutlicht auch nachts gespielt werden kann.

▶ Club de Golf Maspalomas

Avda. T. O. Neckermann s/n
Maspalomas
Tel. 928 76 25 81
Fax 928 76 82 45
www.maspalomasgolf.net
Der 18-Loch-Platz liegt in den Dünen von Maspalomas in Meeresnähe.

▶ Salobre Golf & Resort

Autopista Gran Canaria 1, km 53
Urb. El Salobre/Maspalomas
Tel. 928 01 01 03
Fax 928 01 01 04
www.salobregolfresort.com
Zwei 18-Loch-Plätze (Salobre Norte und Salobre Sur) mit Blick auf die Berge und das Meer.

▶ Anfi Tauro Golf

Barranco del Lechugal
Valle de Tauro s/n, Mogán
Tel. 928 12 88 40/41
Fax 928 56 03 42
www.anfitauro.es
Mit wunderschönen Seen durchsetzter 18-Loch-Platz.

REITEN

▶ Real Club de Golf

Carretera de Bandama s/n
Tel. 928 35 19 0

▶ **Black Horse**
El Salobre 66, El Tablero
Tel. 928 14 23 94

SURFEN

▶ **Club Mistral**
Autopista del Sur, km 44
Bahía Feliz
Tel. 928 15 71 58
www.club-mistral.com/
grancanaria
Das renommierte Surfzentrum am
Strand von Bahía Feliz gibt Kurse
für Anfänger und Fortgeschrittene.
Für Cracks werden Ausflüge zum
nahe gelegenen Starkwindrevier
Pozo de Izquierdo organisiert.

▶ **Side Shore (Dunkerbeck's
Windsurf Center)**
Plaza de Hibiscos 1
Playa del Aguila
Tel. 928 76 29 58
www.sideshore-es.com
Das Surfzentrum wird von der
Familie des mehrmaligen Welt-
meisters Björn Dunkerbeck
geführt.

TAUCHEN

▶ **Diving Center Nautico**
Im IFA-Inter Club Atlantik
Los Jazmines 2, San Agustín
Tel. 928 77 81 68
www.divers-web.de

Die deutsche Tauchbasis bietet ein
umfangreiches Schulungspro-
gramm an, angefangen von
Schnupperkursen bis zu Foto-
safaris unter Wasser.

▶ **Sun Sub**
Im Hotel Buenaventura Playa
Plaza de Ansite s/n
Playa del Inglés
Tel. 928 77 81 65
www.sunsub.com
Die Kurse für Kinder und Ju-
gendliche sind auf unterschied-
liche Altersstufen abgestimmt.
Getaucht wird vornehmlich am
Riff vor Pasito Blanco.

▶ **Top Diving**
Puerto Escala
Puerto Rico
Tel. 928 56 06 09
www.topdiving.net
Per Boot werden u. a. die Wracks
vor Puerto de Mogán angesteuert.

TENNIS

▶ **Tennis Center Maspalomas**
Avenida Touroperador
Tjaereborg 9
Tel. 928 76 74 47
Auf der öffentlichen Anlage mit
Sand- und Hartplätzen kann ne-
ben Tennis auch Squash gespielt
werden.

Agaete, Arguineguín und Guayadeque. Die ▶ Caldera de Bandama
kann man ohne Schwierigkeiten umwandern. Ohne bergsteigerische
Erfahrung lassen sich im Rahmen kürzerer Touren der ▶Roque Nublo sowie der Roque Bentaiga (▶ Tejeda) erklimmen. Ferner eignen
sich ▶Fataga und Mogán als Ausgangspunkt für Touren. Wer Baden
und Wandern kombinieren möchte, sollte der Wanderempfehlung
zur Playa de Güigüí (▶Baedeker Special, S. 204) folgen.
Wanderzeichen gibt es auf Gran Canaria so gut wie nicht. Grundsätzlich hilfreich sind also ein ausführlicher **Wanderführer** und Wanderkarten (▶Literaturempfehlungen).

Jeden Sonntag startet die **Gruppe »Montañero«** zu einer **geführten Wanderung**. Die Touren sind meist zwischen 12 und 20 km lang, der Schwierigkeitsgrad wechselt. An Aussichtspunkten gibt es ein Picknick. Treffpunkt ist die Mobil-Tankstelle in Arguineguín (8.00 Uhr); mitwandern darf man gegen einen geringen Unkostenbeitrag (Auskunft beim Tourismusbüro in Playa del Inglés, Tel. 928 77 65 02). Von September bis April organisiert jeweils dienstags **das Evangelische Tourismuspfarramt** in Playa del Inglés eine Bergtour gegen Kostenbeteiligung am gecharterten Bus an (Tel. 928 77 65 02).

> **!** *Baedeker* TIPP
>
> **Wandern in der Gruppe**
>
> Im Rahmen organisierter Wanderungen macht beispielsweise Wikingerreisen (Tel. 023 31/ 90 47 42, www.wikinger.de) in ein- oder zweiwöchigen Pauschalreisen mit dem »wilden Westen« Gran Canarias bekannt. Standorte für das je nach Kondition und Schwierigkeitsgrad wählbare Wanderprogramm sind San Nicolás de Tolentino und Puerto de las Nieves.

Hochseeangeln Geeignete Bedingungen zum Hochseeangeln finden sich schon zwei Meilen vor den Küsten. Insbesondere von Puerto Rico und Puerto de Mogán starten regelmäßig Boote zum Hochseeangeln, auch ohne Vorkenntnisse kann man an den Ausflugsfahrten teilnehmen.

Sprachkurse Wer Lust hat, sich während seines Urlaubs mit Spanisch zu befassen, kann sich an Sprachschulen wenden. Infos gibt es u. a. bei www.in lingua-canarias.com oder auf der Webseite des deutschen Konsulats.

Verkehr

Straßenverkehr Auf den Kanarischen Inseln besteht wie auch auf dem spanischen Festland und dem übrigen kontinentalen Europa **Rechtsverkehr**. **Höchstgeschwindigkeiten**: innerhalb geschlossener Ortschaften 50 km/h, außerhalb geschlossener Ortschaften 90 km/h, auf Kraftfahrstraßen 100 km/h, teils 120 km/h. **Vorfahrt** hat grundsätzlich das von rechts kommende Fahrzeug (Ausnahmen sind entsprechend beschildert). Im **Kreisverkehr** hat das Fahrzeug Vorfahrt, das sich bereits im Kreis befindet. Auf Schnellstraßen muss man beim **Linksabbiegen** mitunter erst nach rechts in einen kleinen Kreisverkehr einbiegen, um dann die Hauptstraße geradeaus zu überqueren. Ausländer missachten oft die für sie ungewohnte Verkehrsregel und verursachen dadurch häufig schwere Unfälle. Vorsicht ist auch geboten vor den nicht selten mitten auf der Straße aufgestellten Verkehrsschildern. Auf gut beleuchteten Straßen (außer Schnellstraßen und Autobahnen) darf **nur mit Standlicht** gefahren werden; Vorsicht vor unbeleuchteten Fahrzeugen!

Beim Überholen muss in Spanien während des gesamten Vorgangs der Fahrtrichtungsanzeiger zuerst nach links und dann wieder nach rechts betätigt werden. Beim Überholen und vor Kurven ist Hupen (bei Dunkelheit Lichthupe) obligatorisch. Ein **Überholverbot** besteht 100 m vor Kuppen sowie auf Straßen, die nicht auf mindestens rund 200 m zu überblicken sind.

Sicherheitsgurte müssen während der Fahrt auf den Vorder- und Rücksitzen angelegt werden.

Die Höchstgrenze für den Blutalkoholgehalt liegt bei **0,5 Promille**.

Abschleppen durch Privatfahrzeuge ist verboten. Bei **Unfällen** – gleichgültig, ob man sie verschuldet hat oder nicht – muss man gewärtig sein, dass das Fahrzeug beschlagnahmt wird (Freigabe ggf. erst nach der Gerichtsverhandlung); in schweren Fällen kann der Fahrzeuglenker sogar inhaftiert werden. Man benachrichtigt nach jedem Unfall sofort die auf der Internationalen Grünen Versicherungskarte aufgeführte spanische Versicherungsgesellschaft, damit für die Stellung einer eventuell geforderten Kaution gesorgt werden kann. Über das Verhalten nach Unfällen mit Mietwagen geben die Mietunterlagen des Fahrzeuges Auskunft.

? WUSSTEN SIE SCHON …?

■ Der Gebrauch von **Handys** ohne Freisprechanlage ist während der Fahrt verboten. Autofahrer dürfen anderen Fahrern **keine Warnzeichen vor Radarfallen** geben. Wer bei einer Panne das Fahrzeug verlässt, muss eine **reflektierende Weste** tragen, wenn er sich auf der Straße oder dem Randstreifen aufhält. **An Tankstellen** sind außer dem Motor auch Licht und Musikanlage abzustellen, auch ist das Telefonieren mit dem Handy beim Tanken nicht gestattet. Für **Radfahrer** besteht Helmpflicht und auf Landstraßen müssen sie nachts reflektierende Streifen auf der Kleidung tragen.

Mietwagen Will man die Insel erkunden bzw. viel herumkommen, sollte man einen Wagen mieten. Autovermietungen (Alquiler de coches) gibt es in allen Urlaubszentren. Sinnvoll ist es, schon von zuhause ein Auto zu mieten und ggf. an den Flughafen bringen zu lassen. Im Vergleich zu Deutschland, Österreich und der Schweiz sind Mietautos auf Gran C1anaria relativ günstig. Für ein Fahrzeug in der unteren Kategorie zahlt man bei den internationalen Autovermietern je nach Länge der Gesamtdauer zwischen 20 und 30 €/Tag. Mietverträge werden in der Regel mit unbegrenzter Kilometerzahl abgeschlossen. Vollkasko-Versicherungen sind unbedingt empfehlenswert und kosten pro Tag etwa 3 € extra (Schäden, die auf unbefestigten Pisten an den Reifen entstehen, werden mitunter nicht übernommen). Kleinere Firmen unterbieten diese Preise häufig. Unerlässlich ist eine **Kreditkarte**.

Taxis Taxifahrer müssen bei allen Fahrten den Taxameter einschalten. Pro Kilometer muss man ca. 1 € bezahlen, für Nachfahrten und Gepäckbeförderung gibt es Zuschläge, Wartezeiten werden extra berechnet.

Busverkehr Alle größeren Orte sind durch ein gutes Autobusnetz miteinander verbunden. Die Gesellschaft Global bedient mit 312 Bussen auf 119

 **ADRESSEN**

AUTOMOBILCLUB/ PANNENHILFE

▶ **Real Automóvil Club de Gran Canaria**
Calle León y Castillo 279
Las Palmas
Tel. 928 23 07 88
Pannenhilfe: Tel. 902 30 05 05

Sofern man mit einem Mietwagen unterwegs ist, wendet man sich am besten an das jeweilige Ver- mietungsbüro. Hat man mit dem eigenen Auto eine Panne, so erhält man auch durch die Polizei, Tel. 112, Hilfe.

AUTOVERMIETUNG

▶ **Avis**
Tel. (in Deutschland)
0 18 05/55 77 55
www.avis.com

▶ **Europcar**
Tel. (in Deutschland)
01 80/5 80 00
www.europcar.de

▶ **Hertz**
Tel. (in Deutschland)
018 05/33 35 35
www.hertz.de

BUS

▶ **Global**
Playa del Inglés
Yumbo-Einkaufszentrum
Tel. 928 76 53 32
Geöffnet: Mo. – Fr. 9.00 – 13.30 und 15.30 – 18.00 Uhr

Las Palmas: Estación de Guaguas
Avenida Rafael Cabrera
Tel. 928 36 83 35
Geöffnet: tgl. 6.00 – 22.00 Uhr
www.globalsu.net

▶ **Wichtige Linien**
Linie 30: Las Palmas–Maspalomas
(7.00 - 20.00 Uhr alle 20 Min. ohne Zwischenstopps)
Linie 5: Las Palmas–Maspalomas
(20.00 – 7.00 Uhr stündlich)
Linie 1: Las Palmas–Puerto Mogán
Linie 60: Flughafen–Las Palmas

FLUGVERKEHR

▶ **Flughafeninformation**
Aeropuerto de Gando
Tel. 928 25 41 40

▶ **Binter Canarias**
Aeropuerto de Gando
Tel. 928 57 99 33
Zentrale Reservierung:
Tel. 902 39 13 92
www.bintercanarias.com

REEDEREIEN

▶ **Líneas Fred. Olsen**
Am Hafen Puerto de las Nieves
Tel. 928 55 42 62
Zentrale Reservierung:
Tel. 902 10 01 07
www.fredolsen.es

▶ **Naviera Armas**
Calle Doctor Juan Dominguez
Pérez 2, Las Palmas
Tel. 902 45 65 00
www.navieraarmas.com

▶ **Trasmediterránea**
Plaza Mr. Jolly s/n
Las Palmas
Tel. 928 47 41 21
www.trasmediterranea.com

TAXIRUF

Las Palmas: Tel. 928 46 22 12
Maspalomas: Tel. 928 76 67 67
Playa del Inglés: Tel. 928 14 26 34
Puerto Rico: Tel. 928 56 18 76

Kanarische Inseln Verkehrsverbindungen

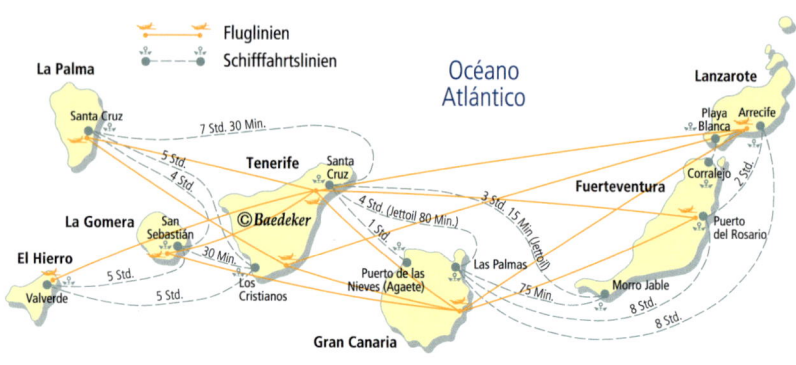

Linien über 2400 Haltestellen auf der Insel. An den mit »P« bezeichneten Haltestellen (parada) sind Fahrpläne (horarios) angebracht; Fahrscheine können im Bus gelöst werden. Ansonsten erhält man Fahrpläne in den Büros von Global und bei den Tourismusbüros. Mit der »**Tarjeta Insular**«, einer Magnetkarte, die man an verschiedenen Verkaufsstellen erwerben kann (Informationen dazu gibt es bei den Tourismusbüros), werden die einzelnen Busfahrkarten deutlich billiger.

Stadtverkehr in Las Palmas ▶ In Las Palmas verkehren auf drei Linien gelbe Busse (Guaguas Municipales). Die Hauptbusstation für alle Stadtverbindungen befindet sich in der Avenida Rafael Cabrera beim Parque San Telmo; Endstationen sind die Avenida Primero de Mayo, die Plaza Cairasco und das Teatro Pérez.

Fährverkehr Alle Inseln werden von der staatlichen spanischen Schifffahrtsgesellschaft Compañía Trasmediterránea bzw. von Schiffen der Reedereien Fred. Olsen und Naviera Armas regelmäßig angelaufen.

Gran Canaria– Teneriffa ▶ Fähren der Trasmediterránea bedienen die Strecke von Las Palmas nach **Santa Cruz de Tenerife**; die Fahrtdauer beträgt ca. 4 Stunden, der Preis pro Person derzeit gut 40 €. Zudem ist auf dieser Strecke mehrmals täglich das Tragflächenboot Jetfoil (Mo.–Sa. 5 Abfahrten täglich, So. 3 Abfahrten) unterwegs. Es benötigt lediglich 80 Minuten Fahrzeit (nur Personenverkehr; etwa doppelt so teuer wie die Fähre). Von **Agaete** (Puerto de las Nieves) verkehrt bis zu achtmal täglich eine Auto- und Personenfähre der Lineas Fred. Olsen nach Santa Cruz de Tenerife (Preise vergleichbar mit der Fähre ab Las Palmas; Fahrtdauer: 1 Std.). Von Las Palmas besteht ein Gratiszubringerdienst mit dem Bus nach Agaete (Abfahrt: Parque de Santa Catalina, 60 Minuten vor Abfahrt des Schiffes); von Agaete fahren die Busse 15 Minuten nach Ankunft des Schiffs nach Las Palmas.

Die Trasmediterránea befährt die Strecke Las Palmas–**Morro Jable** ◂ Gran Canaria–
täglich mit dem Jetfoil (ca. 90 Minuten, nur Personenbeförderung). Fuerteventura
Autofähren der Naviera Armas verkehren ebenfalls täglich und benötigen 4 Stunden. Nach **Puerto del Rosario** fährt Trasmediterránea
dreimal wöchentlich, Naviera Armas viermal in der Woche (Fahrtdauer ca. 8 Std.).

Sowohl Trasmediterránea (dreimal wöchentlich) als auch Naviera Ar- ◂ Gran Canaria –
mas (sechsmal wöchentlich) bedienen mit Autofähren die Strecke Lanzarote
von Las Palmas nach **Arrecife** auf Lanzarote.

Wer von Gran Canaria aus den westlichen Archipel (Gomera, La Pal- ◂ Zu den west-
ma, Hierro) mit der Fähre bereisen möchte, muss in Santa Cruz de lichen Kanaren
Tenerife umsteigen.

Von Puerto Rico im Süden Gran Canarias verkehren mehrmals täg- ◂ Schiffsverkehr
lich Schiffe zu den benachbarten Touristenzentren Arguineguín und ab Puerto Rico
Puerto de Mogán (nur Personenbeförderung).

Sämtliche Flüge von und nach Gran Canaria werden über den Aero- **Flugverkehr**
puerto de Gando abgewickelt. Er liegt 22 km südlich von Las Palmas.
Binter Canarias fliegt vom Aeropuerto de Gando mehrmals täglich ◂ Flüge zwischen
Fuerteventura, Lanzarote, Teneriffa (Nord- und Südflughafen), La den Inseln
Palma und La Gomera an, nach El Hierro bestehen mehrmals wöchentlich Flugverbindungen. Die Flugzeit zwischen den einzelnen Inseln beträgt zwischen 25 und 50 Minuten. Vor allem vor Feiertagen
empfiehlt sich eine **rechtzeitige Reservierung**; dies gilt insbesondere
für Flüge auf die kleineren Inseln. Übergepäck wird mitunter kosten-
los oder gegen einen geringen Aufpreis befördert.

Zeit

Auf den Kanarischen Inseln gilt die **Westeuropäische Zeit** (WEZ =
MEZ −1 Std.). Da die von April bis Oktober dauernde Sommerzeit
eingeführt wurde, muss man das ganze Jahr über bei der Ankunft
auf den Kanaren seine Uhr um eine Stunde zurückstellen.

Bedingt durch die Nähe zum Äquator schwankt auf den Kanaren die
Tageslänge zwischen Sommer und Winter weniger stark als in Mitteleuropa: Der längste Tag im Sommer dauert knapp 14 Stunden, der
kürzeste im Winter immer noch 11 Stunden.

Touren

UNSERE TOUREN FÜHREN SIE
ZU DEN LANDSCHAFTLICHEN
UND KULTURELLEN HIGH-
LIGHTS DER INSEL – WIE IN
DEN ABGEBILDETEN BARRANCO DE AGAETE – UND
WIR SAGEN IHNEN AUCH, WO SIE AM BESTEN EINE
PAUSE EINLEGEN.

TOUREN DURCH GRAN CANARIA

Die Touren durch die schönsten Orte und Landschaften der Insel beginnen mit einer Ausnahme in den Urlaubszentren an der Costa Canaria. Sie sind als Tagestouren angelegt und geben Empfehlungen für die Einkehr unterwegs.

━━ TOUR 1 **Inselrundfahrt**
Gran Canaria ist klein genug, um es an einem Tag zu umrunden. Allerdings bleibt dann für die eingehende Aufnahme der verschiedenen Sehenswürdigkeiten nicht viel Zeit. ► **Seite 117**

━━ TOUR 2 **Faszinierende Bergwelt**
Das »andere« Gran Canaria abseits der Strände und Touristikzentren präsentiert sich bei dieser Tour von seiner schönsten Seite. ► **Seite 121**

━━ TOUR 3 **Auf den Spuren der Guanchen durch den Süden**
Die Route macht mit der Kultur der Altkanarier vertraut und erschließt dabei den von tiefen Barrancos eingeschnittenen Süden Gran Canarias. ► **Seite 123**

━━ TOUR 4 **Highlights im Norden**
Wer nur den Inselsüden kennt, wird überrascht sein, wie üppig grün sich der Norden präsentiert. Die Tour bietet sich sonntags für Marktbesuche an. ► **Seite 125**

━━ TOUR 5 **Mit dem Jeep in die Einsamkeit**
Auch wenn die Straßenverhältnisse erheblich besser geworden sind, wird die Tour ins geografische Zentrum immer noch von einem Hauch Abenteuer begleitet. ► **Seite 127**

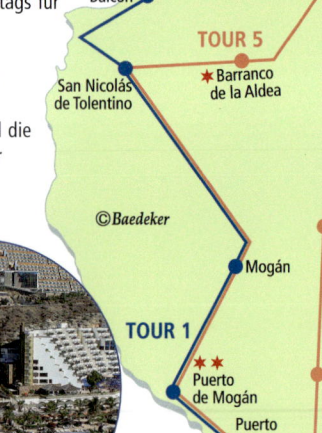

★Puerto de las Nieves
★Agaete
TOUR 1 ★Pinar de Tamadaba
Mirador de Balcón
TOUR 5
★Barranco de la Aldea
San Nicolás de Tolentino
©Baedeker
●Mogán
TOUR 1
★★ Puerto de Mogán
Puerto Rico

Puerto Rico
Eine grandiose Wasser- und Badelandschaft erhöht den Reiz des Touristenzentrums.

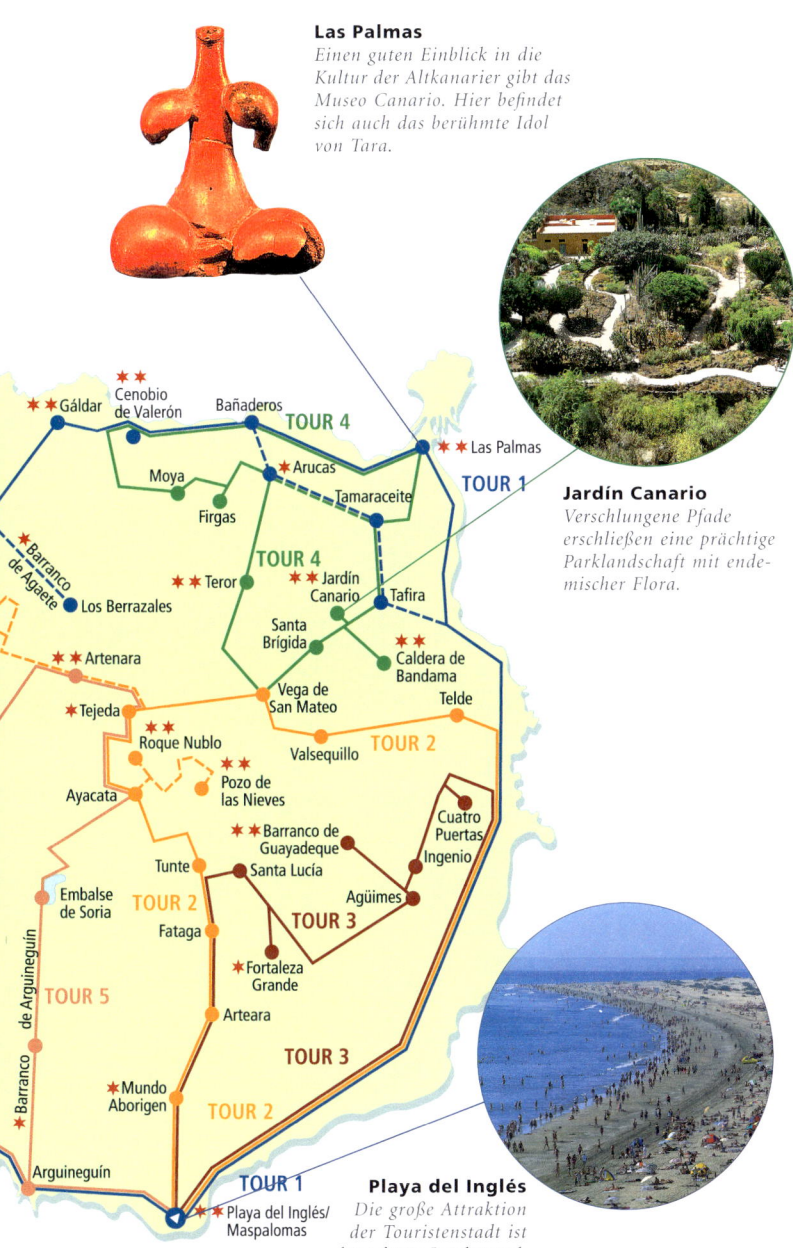

Las Palmas
*Einen guten Einblick in die
Kultur der Altkanarier gibt das
Museo Canario. Hier befindet
sich auch das berühmte Idol
von Tara.*

Jardín Canario
*Verschlungene Pfade
erschließen eine prächtige
Parklandschaft mit ende-
mischer Flora.*

Playa del Inglés
*Die große Attraktion
der Touristenstadt ist
der schöne Sandstrand.*

Gáldar
Cenobio de Valerón
Bañaderos
TOUR 4
Las Palmas
TOUR 1
Moya
Arucas
Tamaraceite
Firgas
Barranco de Agaete
Los Berrazales
TOUR 4
Teror
Jardín Canario
Tafira
Santa Brígida
Artenara
Caldera de Bandama
Tejeda
Vega de San Mateo
Telde
Roque Nublo
Valsequillo
TOUR 2
Pozo de las Nieves
Ayacata
Barranco de Guayadeque
Cuatro Puertas
Tunte
Santa Lucía
Ingenio
Embalse de Soria
TOUR 2
Agüimes
TOUR 3
Fataga
Barranco de Arguineguín
Fortaleza Grande
TOUR 5
Arteara
TOUR 3
Mundo Aborigen
TOUR 2
Arguineguín
TOUR 1
Playa del Inglés/ Maspalomas

Urlaub auf Gran Canaria

Der richtige Urlaubsort

Die meisten Gäste sehnen sich nach Sonne und Strand. Diese Rahmenbedingungen garantieren vor allem der Süden und Südwesten, der im Unterschied zum oftmals bewölkten Nordteil rund ums Jahr Badefreuden gestattet. Die beiden mit Abstand größten Touristikzentren sind die **Costa Canaria**, allgemein bekannt durch die Ferienorte Playa del Inglés, Maspalomas und San Agustín, und der **Costa Mogán** genannte Küstenabschnitt zwischen Arguineguín und Puerto de Mogán. Allzu viel Inseltypisches darf hier allerdings nicht erwartet werden, fast alle Ferienorte im Süden sind erst im Zuge des Touristenbooms in den letzten 40 Jahren aus dem Boden gestampft worden.

Costa Canaria ►

Wer mit einer künstlich wirkenden Ferienstadt keine Probleme hat, wird mit **Playa del Inglés** bestens bedient. Kilometerlange breite Sandstrände, ein großes Angebot an Sport- und Freizeitaktivitäten sowie das überaus vielfältige Angebot für Nachtschwärmer sind das große Plus dieser umtriebigen Ferienmetropole. Nobler geben sich das benachbarte **Maspalomas** und die neuere Urbanisation **Costa Meloneras** westlich davon. Die exklusiven Hotels und komfortablen Bungalowdörfer stehen nicht ganz so eng beieinander und sind für ein mehr auf Ruhe bedachtes Publikum die eindeutig bessere Wahl. Relativ gesetzt geht es auch in **San Agustín** östlich von Playa del Inglés zu. Viele der Hotels sind hier zwar schon etwas in die Jahre gekommen und auch der Strand ist nicht ganz so breit. Doch San Agustín lebt von einer treuen Stammkundschaft, die nicht um jeden Preis in der ersten Reihe urlauben muss. In **Playa de Aguila** und **Bahía Feliz** an der Peripherie von San Agustín weiß vor allem junges Publikum die Infrastruktur fürs Surfen zu schätzen.

Costa Mogán ►

Der größte und belebteste Touristenort der Costa Mogán ist **Puerto Rico**. Die wie Bienenwaben in die Steilküste übereinander gesetzten Apartmentkomplexe muss man nicht unbedingt mögen. Dafür ist der Ort besonders von der Sonne verwöhnt, die geschützte Lage machte den Hafen zudem zum größten Wassersportzentrum der Kanarischen Inseln. Der relativ kleine Strand kann allerdings in der Hochsaison kaum den Ansturm der Badegäste auffangen. Für Entlastung sorgt die benachbarte **Playa de los Amadores**, an der jüngst etliche exklusive Resorts entstanden. Von den Badebuchten nordwestlich von Puerto Rico gilt **Puerto de Mogán** als eines der gelungensten Beispiele moderner Ferienarchitektur. Rund um den Jachthafen wohnt man wirklich schön, tagsüber wird das »Venedig Gran Canarias« allerdings von Tagesausflüglern belagert.

Las Palmas ►

Wer kanarisch-spanische Lebensart sucht, wird in der Hauptstadt Las Palmas fündig. Die Metropole mit hervorragendem Stadtstrand verfügt über ein breites Hotelangebot in allen Preisklassen, allzu ruhig ist es hier jedoch nicht. Dafür bietet die koloniale Altstadt mit sehenswerten Museen und nicht zuletzt attraktiven Festivals und dem Karneval reichlich Kultur und Abwechslung.

Urlaub der ganz anderen Art verspricht das Bergland. Im Rahmen des ländlichen Tourismus (Turismo rural) hat man etliche Landhäuser und kleinere Hotels im Landesinneren hergerichtet, die für naturverbundene Gäste und Wanderer den idealen Standpunkt zur Entdeckung der atemberaubenden Bergwelt und Seenlandschaft abgeben. Wer die schönsten Wochen des Jahres fernab vom Schuss verbringen möchte, ist hier richtig (►Baedeker-Tipp S. 137).

◄ Turismo Rural

Das öffentliche **Busnetz** auf Gran Canaria ist hervorragend ausgebaut. Vor allem von der Costa Canaria und Las Palmas aus lassen sich mit dem Linienbus viele attraktive Ausflugsziele im Rahmen eines Tagesausflugs besuchen (►»Tarjeta Insular«, S. 110). Will man allerdings die abgelegene Westküste und das zentrale Bergland erkunden, kommt man um einen **Mietwagen** nicht herum. Die Straßen entlang der Küsten sind bis auf den Westen gut ausgebaut, eine Autobahn verbindet die Hauptstadt mit den Urlaubsorten im Süden. Die Bergstraßen durch das Inselinnere sind dagegen sehr kurvig und eng, ein bisschen Fahrpraxis sollte man mitbringen. Für Offroad-Touren empfiehlt sich auf jeden Fall ein Fahrzeug mit Allradantrieb!

Das richtige Verkehrsmittel

Tour 1 Inselrundfahrt

Start und Ziel: Playa del Inglés   **Dauer:** 1 Tag
Länge: 212 km

Für jeden, der Gran Canaria erstmals besucht, ist die Inselrundfahrt beinahe obligatorisch, vermittelt sie doch einen guten Eindruck von der Vielseitigkeit der Kanareninsel. Natürlich bleibt nur wenig Zeit für die Besichtigung der einzelnen Sehenswürdigkeiten.

Man verlässt ❶ **Playa del Inglés** bzw. Maspalomas in westlicher Richtung. Vorbei am Fischerort Arguineguín wird auf der gut ausgebauten Küstenstraße ❷ **Puerto Rico** mit seinem künstlich aufgeschütteten Sandstrand erreicht. Den westlichen Außenposten der großen Touristikzentren im Süden Gran Canarias bildet ❸ ✶✶ **Puerto de Mogán**. Ein Bummel durch Gran Canarias »Klein-Venedig« muss sein! In Puerto de Mogán endet die Küstenstraße. Die Weiterfahrt erfolgt auf der GC 200 in nördlicher Richtung durch den fruchtbaren Barranco de Mogán. Rechts und links der Straße ziehen sich kleine Häuschen mit Vorgärten an den Gebirgshängen hinauf. Deutsche Autokennzeichen verraten, dass einige Individualtouristen hier Urlaub machen. Nach 8 km (von Puerto de Mogán) ist die Ortschaft **❹Mogán** erreicht.

Die Hauptstraße verläuft nun in nordwestlicher Richtung und gewinnt spürbar an Höhe. Die Vegetation wird deutlich spärlicher. Etwa 10 km hinter Mogán passiert man rechts der Straße eine in mehreren Farbschattierungen leuchtende Felswand. Sie wird als Azulejos bezeichnet. Nach weiteren 8 km zweigt links eine Straße, die alte Verbindung zur Passhöhe Degollada de Tasártico, ab. Da diese alte Trasse keine neuen Eindrücke bietet, empfiehlt es sich, auf der GC 200 zu bleiben.

Ab Tocodomán ist die Gegend deutlich dichter besiedelt; die Ebene um **❺San Nicolás de Tolentino** bietet dank ihres fruchtbaren Schwemmlandbodens und des Wasserreichtums gute Voraussetzungen für eine ertragreiche Landwirtschaft. Vereinzelt sieht man Mühlen, die per Elektromotor oder Windkraft das Grundwasser an die Oberfläche pumpen sollen. Da der Grundwasserspiegel jedoch immer mehr absinkt, sind viele nicht mehr in Betrieb. Den einzigen Kontakt zur Außenwelt hatte San Nicolás de Tolentino lange Zeit über Puerto de la Aldea. Ab dem kleinen Hafenort verläuft die GC 200 meist wieder in unmittelbarer Küstennähe.

NICHT VERSÄUMEN

- Bummel durch Puerto de Mogán, Gran Canarias »Klein Venedig«
- Ausblick genießen am Mirador de Balcón
- Mittagessen und kurze Badepause in Puerto de las Nieves
- Besichtigung des geheimnisumwitterten Cenobio de Valerón
- Shopping und Abendessen in der Inselhauptstadt

Bei der Weiterfahrt ergeben sich von der Hauptstraße verschiedene prächtige Ausblicke. Unbedingt einen Stopp erfordert der **❻Mirador de Balcón**. In diesem Küstenstrich Gran Canarias fallen die Felsen steil zum Meer hin ab, daher müssen unzählige Kurven zurückgelegt werden, bis man schließlich nach 40 km (von San Nicolás de Tolentino) **❼* Agaete** erreicht.

Abstecher in den Barranco de Agaete

Das Städtchen liegt im Mündungsbereich des **❽* Barranco de Agaete**. Er gilt als das fruchtbarste Tal der Insel. Wer bis zu dem früheren Heilbad Los Berrazales (einfache Strecke 8 km) fährt, erlebt eine üppige tropische und subtropische Vegetation.

Im Ortskern von Agaete zweigt eine Straße zu dem 1 km westlich gelegenen **❾* Puerto de las Nieves** ab; vom einst recht bizarren Felsen Dedo de Dios (Finger Gottes) ist 2005 bei einem Sturm leider ein ordentliches Stück abgebrochen. Trotzdem lohnt sich der Abstecher: für fangfrische Meeresfrüchte in einem der zahlreichen Fischlokale. Man verlässt Agaete auf der GC 2 in nordöstlicher Richtung und passiert nach 5 km die rechts neben der Straße gelegene Cueva de las Cruces, dabei handelt es sich um mehrere winzige Höhlenräume. Kurz darauf erreicht man über die links nach Sardina führende

Cenobio de Valerón
*Grandiose Hinterlassen-
schaft der Altkanarier*

Las Palmas
*Abends besonders
stimmungsvoll:
die Plaza Cairasco*

✶ ✶ Gáldar
10   *3 km*   *10 km*   Bañaderos   *14 km*   ✶ ✶ Las Palmas
11   **12**
8 km   *6 km*
✶ Puerto de   ✶ ✶ Cenobio   ✶ Arucas
las Nieves   de Valerón   *11 km*
9   *1 km*
7   ✶ Agaete   Tamaraceite
5 km   **8**   *5 km*   *12 km*
✶ Barranco   *3 km*   Tafira   *6 km*
de Agaete   Los Berrazales
26 km
6   Mirador de
Balcón
11 km
5   San Nicolás
de Tolentino

24 km

4   Mogán

8 km

✶ ✶
3   Puerto
de Mogán
14 km
2   Puerto Rico   *44 km*
20 km
1   ✶ ✶ Playa del Inglés/
Maspalomas

Barranco de Agaete
*Viele halten ihn für das
schönste Tal der Insel.*

Puerto de Mogán
*Hübsche bunte Häuschen
säumen den Hafen.*

Straße einen kleinen Reptilienpark (Reptilandia). Auf der Hauptstraße gelangt man nach weiteren 4 km nach ❿ ✶✶ **Gáldar** und lernt bei einem Stadtrundgang einen typisch kanarischen Ort kennen.

Abstecher nach La Guancha

Gáldar war schon in vorspanischer Zeit besiedelt, davon zeugen u.a. Häuserreste und das Gräberfeld von La Guancha. Es liegt 2 km nördlich von Gáldar bei der Ortschaft El Agujero. Am westlichen Ortsende von Gáldar zweigt eine beschilderte Straße dorthin ab (auch von der Kirche in Gáldar ist die Strecke nach El Agujero ausgeschildert).

Schon beinahe zusammengewachsen ist Gáldar mit dem 2 km östlich gelegenen Santa María de Guía. Das vielfach nur kurz als Guía bezeichnete Städtchen lebte bislang in erster Linie vom Bananenanbau. Kurz hinter Guía verlässt man die GC 2 und setzt die Inselrundfahrt auf der alten kurvenreichen Küstenstraße fort. Über diese Straße gelangt man zum ⓫ ✶✶ **Cenobio de Valerón**, eine der interessantesten Sehenswürdigkeiten aus der Zeit der Altkanarier. Von dem Berg über dem Höhlenkomplex bietet sich ein fantastischer Blick über den als Cuesta de Silva bezeichneten Küstenstrich. Benannt ist diese Region nach Diego de Silva, der hier im Zuge der spanischen Eroberung im 15. Jh. einen Landungsversuch unternahm. Die alte Küstenstraße schlängelt sich an den Berghängen entlang und stößt bei San Felipe wieder auf die gut ausgebaute Schnellstraße. Die Felsen fallen hier weniger steil zum Meer hin ab als im Westen Gran Canarias, doch gibt es nur ganz vereinzelt kleine Kies- und Sandbuchten. Auch das fruchtbare Land in den Mündungsbereichen der Barrancos wird vor allem zum Bananenanbau genutzt.

Alternativroute über Arucas und Tafira

Wer Las Palmas nicht im Rahmen der Inselrundfahrt besuchen möchte, für den empfiehlt es sich, wegen der schöneren Landschaftseindrücke und der meist chaotischen Verkehrsverhältnisse in der Inselhauptstadt bei Bañaderos von der Ost-West-Verbindung abzuzweigen. Über Arucas mit seiner riesigen neugotischen Kirche, Tamaraceite und Tafira – einen Eindruck von der überwältigenden Pflanzenfülle der Kanaren verschafft der sehr besuchenswerte Jardín Canario – kommt man schließlich nach Marzagán. Von dort geht es über die Autobahn schnell zurück in den Inselsüden.

Hauptroute über Las Palmas

Folgt man jedoch weiter der nördlichen Küstenstraße, dann treten schon bald die unangenehmen Begleiterscheinungen einer Großstadt zutage. Entlang der Küste ziehen sich einige Industrieanlagen und ärmliche Wohnsiedlungen. Die Eindrücke verändern sich, sobald man das Zentrum von ⓬ ✶✶ **Las Palmas** erreicht. Die zahlreichen Sehenswürdigkeiten und Einkaufsmöglichkeiten der Großstadt laden zum Stadtbummel ein. Ausklingen lassen könnte man den Tag in einem der guten Restaurants der Inselhauptstadt. Im Süden von Las Palmas, im alten Viertel Vegueta, beginnt die Autobahn, über die man zügig zurück in die Touristenorte im Süden der Insel kommt.

Tour 2 Faszinierende Bergwelt

Start und Ziel: Playa del Inglés   **Dauer:** min. 6 Stunden
Länge: 130 km

Die ohne Frage schönste Tour auf Gran Canaria führt in das zentrale Bergland der Insel. Man sollte, um die landschaftlichen Eindrücke voll aufnehmen zu können, die Fahrt möglichst bei guten Witterungsverhältnissen unternehmen. Um der mittäglichen Passatwolkenbildung zuvorzukommen, empfiehlt sich ein früher Fahrtbeginn.

Man verlässt ❶**Playa del Inglés** über den Vorort San Fernando und folgt der Beschilderung in nördlicher Richtung nach Tunte bzw. San Bartolomé de Tirajana. Schon bald bleiben die letzten Häuser zurück, und die Gebirgswelt nimmt einen gefangen. Immer wieder ergeben sich grandiose Ausblicke über die karge, doch sehr bizarre Landschaft. Einen ersten Stopp lohnt nach 6 km ❷ **✳ Mundo Aborigen**, ein Freizeitpark, der über die altkanarische Bevölkerung informiert. Nach gut 10 km ist die erste Ansiedlung, ❸**Arteara**, erreicht. Hier wird es allmählich grü-

✔   NICHT VERSÄUMEN

- Halt in der Palmenoase Fataga
- Kurze Wanderung zum Roque Nublo
- Ausblick vom Pozo de las Nieves
- Mittägliche Rast in einem Höhlenrestaurant in Artenara
- Besichtigung der Kirche von Telde

ner, man sieht kleine grüne Oasen, Palmen und vereinzelt auch Zitronen- und Orangenbaumhaine. Eine Kamelsafari bietet ihre Dienste an, ein archäologischer Park vermittelt gute Einblicke in die Kultur der Guanchen. Die Route verläuft weiter in Richtung Norden und schon bald tauchen die ersten Häuser von ❹**Fataga** auf. Der Ort bildet mit seinen zahlreichen Palmen ein malerisches Bild. Das 8 km nördlich von Fataga gelegene ❺**Tunte** (San Bartolomé de Tirajana) ist der Verwaltungshauptort vom Süden Gran Canarias. Im Umkreis des Städtchens wird intensiv Landwirtschaft betrieben, hier wachsen vor allem Obstbäume. Deren Früchte werden bevorzugt zur Likör- und Schnapsherstellung verwendet.

Knapp 10 km dahinter folgt die winzige Ortschaft ❻**Ayacata**. Hier zweigt eine Straße in östlicher Richtung zum markanten Monolithen Roque Nublo und zum Pozo de las Nieves ab. Man erreicht auf ihr nach wenigen Kilometern einen Parkplatz, von dem aus der kurze Aufstieg zum ❼ **✳✳ Roque Nublo** beginnt. Danach setzt man die Fahrt in östlicher Richtung fort und gelangt bis zum Gipfel des ❽ **✳✳ Pozo de las Nieves**, dem höchsten Berg Gran Canarias (einfache Strecke ab Ayacata 9 km). Vom Gipfel hat man bei klaren Sichtverhältnissen einen fantastischen Blick über die Insel.

Abstecher zum Roque Nublo und Pozo de las Nieves

Telde
Eine der bedeutendsten Inselkirchen: Iglesia de San Juan Bautista

⑪ * Pinar de Tamadaba

15 km ** * Artenara

⑩ 7 km

* Tejeda ⑨ Vega de San Mateo

22 km ⑫ 14 km

⑦ *** Roque Nublo ⑬ 12 km ⑭

12 km 2 km Telde

Ayacata ⑥ 9 km Valsequillo

8 km ⑧ ** Pozo de las Nieves

⑤ Tunte

10 km

④ Fataga

4 km 37 km

③ Arteara

5 km

* Mundo Aborigen ②

6 km

** * Playa del Inglés/ Maspalomas ①

Roque Nublo
Die markante Fels- nadel ist weithin sichtbar.

Fataga
Im Barrancogrund südlich von Fataga starten regelmäßig Kamelsafaris.

Aber auch die weiter nach Tejeda verlaufende Hauptstrecke eröffnet interessante Ausblicke. Zahlreiche Kehren müssen zurückgelegt wer- den, bis man das Bergdorf ⑨ **Tejeda** erreicht. Von hier sind es noch einmal 7 km bis zum Cruz de Tejeda, dem höchsten Punkt der Pass- straße (1490 m ü.d.M.). Bei dem Kreuz herrscht fast immer hekti- sches Treiben. An einigen Ständen werden Obst und Souvenirs ver- kauft und verschiedene Restaurants laden zum Verweilen ein.

Abstecher in den Pinar de Tamabada

In eine wunderschöne, noch weitgehend unberührte Landschaft ge- langt man, wenn man kurz hinter dem Cruz de Tejeda in das »Höhlendorf« ⑩ ** **Artenara** abbiegt. Zwei Aussichtsrestaurants bieten sich hier für eine genüssliche Rast an. Zu Wanderungen oder Picknickpausen lädt der idyllische ⑪ * **Pinar de Tamadaba** ein (vom Cruz de Tejeda bis zum Pinar de Tamadaba und zurück gut 50 km, bis Artenara hin und zurück ca. 38 km).

Die Hauptroute verläuft vom Cruz de Tejeda nunmehr in östlicher Richtung nach ⑫**Vega de San Mateo**. Im Ort biegt man auf die GC 41 ein. Vorbei am Museo La Cantonera führt die Route nach ⑬**ralsequillo**. Die Felder im Umkreis des Orts werden teilweise im Trockenfeldbau bewirtschaftet. Besonders schön ist es hier im Januar und Februar, wenn die Mandelbäume blühen. Die 11 km von Valsequillo bis ⑭**Telde**, der zweitgrößten Stadt der Insel, sind schnell zurückgelegt. Einen Besuch lohnt vor allem die Iglesia de San Juan Bautista. Wer weniger kunstinteressiert ist, lässt das laute Städtchen bald hinter sich und fährt über die Autobahn zurück in den Inselsüden.

Tour 3 Auf den Spuren der Guanchen durch den Süden

Start und Ziel: Playa del Inglés   **Dauer:** min. 5 Stunden
Länge: 125 km

Tour 3 erschließt einige interessante archäologische Fundstätten aus der Zeit der Altkanarier. Anschaulich vom Leben der Urbevölkerung berichtet der Freizeitpark Mundo Aborigen. Wer sich für diese Rundfahrt entscheidet, darf auch mit zahlreichen Naturschönheiten rechnen.

Auch für diese Tour wählt man die Straße, die von ❶**Playa del Inglés** nach Norden in die Berge führt. Interessante Eindrücke von der Kultur der Altkanarier vermittelt der Freizeitpark ❷✳ **Mundo Aborigen**, den man nach 6 km erreicht.

Nächste Station ist ❸**Arteara**. Hier wurde 2004 der Parque Arqueológico de Arteara eröffnet. Er umschließt ein Gräberfeld aus altkanarischer Zeit. Hintergrundinformationen erhält man im angeschlossenen Besucherzentrum. Im folgenden Verlauf der Straße ergeben sich wiederholt eindrucksvolle Ausblicke in die imposante Bergwelt. Man durchfährt das Palmendorf ❹**Fataga** und biegt 8 km hinter dem Ort nach rechts auf die nach ❺**Santa Lucía** führende Straße ab. Weithin sichtbar ist die moscheeartige Kuppelkirche des Orts. Für eine Fahrtunterbrechung eignet sich das Restaurant Hao mit angeschlossenem kleinen Museum. Von der GC 65 zweigt ca. 2 km hinter Santa Lucía ein Sträßchen nach rechts Richtung La Sorrueda ab (auch beschildert mit An-

NICHT VERSÄUMEN

- Besuch des Freilichtmuseums Mundo Aborigen
- Mittagspause im rustikalen Restaurant Hao
- Kurzer Abstecher zur geschichtsträchtigen Fortaleza Grande
- Fahrt durch den Barranco de Guayadeque mit Erfrischungspause in einem Höhlenrestaurant

site). Man durchfährt den Weiler mit seinem hübschen Palmenbestand. Die Straße endet nach knapp 3 km (nach Verlassen der Hauptstraße) bei einem Parkplatz. Von hier sind es nur wenige Schritte bergauf bis zur ❻ ✳ **Fortaleza Grande**. Bei diesem den Altkanariern heiligen Felsen kam es zur letzten entscheidenden Schlacht zwischen der Urbevölkerung und den spanischen Eroberern. Zurück zur Hauptstraße, gelangt man auf ihr nach 22 km nach ❼**Agüimes**. Ganz hübsch ist der zentrale Kirchplatz mit seinem alten Baumbestand. Am nördlichen Ortsende folgt man den Wegweisern nach links in den ❽ ✳✳ **Barranco de Guayadeque**, eine landschaftlich eindrucksvolle und vegetationsreiche Schlucht. Beachtung erfordern daneben die Wohnhöhlen, die hier noch aus der Zeit der Altkanarier erhalten sind. Wer sich gerne einmal in einer solchen Höhle aufhalten möchte, dem sei eines der beiden Restaurants im Barranco empfohlen. Hintergrundinformationen über die Kultur der Altkanarier liefert ein kleines Museum, das man ca. 3 km hinter Agüimes links der Straße passiert.

Santa Lucía
Leckere Papas arrugadas mit Mojo gibt es im Restaurant Hao.

Mundo Aborigen
Nachbau eines altkanarischen Dorfes

Fataga:
Eines der schönsten Bergdörfer

Zunächst geht es auf derselben Strecke durch den Barranco zurück. Nach 7 km (vom Ende des Barrancos) hält man sich jedoch links und fährt auf einem äußerst schmalen Sträßchen nach ❾ **Ingenio.** Interessanter als das hier ansässige Museum der Steine ist der Kunsthandwerksladen, in dem man vor allem Hohlsaumstickereien erwerben kann. Die GC 100 verbindet Ingenio mit Telde. Von dieser Straße zweigt nach 7 km ein Fahrweg zu den ❿ **Cuatro Puertas** ab. Bis auf 200 m kann man an die Höhle mit ihren vier großen Eingängen heranfahren. Weitere von den Altkanariern bewohnte Höhlen liegen auf der südlichen Bergseite.

Die Rückfahrt nach Playa del Inglés erfolgt über die GC 140. Sie stößt nach 4 km auf die Autobahn Las Palmas – ❶ **Playa del Inglés.**

Tour 4 Highlights im Norden

Start und Ziel: Las Palmas   **Dauer:** min. 5 Stunden
Länge: 120 km

Diese Fahrt führt in den vegetationsreichen Norden der Insel. Hübsche kleine Städte und interessante Sehenswürdigkeiten liegen an der Strecke. Die Straßen sind zum Teil sehr kurvenreich, daher benötigt man für die Tour relativ viel Zeit.

Man verlässt ❶ ✳ ✳ **Las Palmas** auf der GC 100 Richtung ❷ **Tafira.** Die zahlreichen von großen Gärten umgebenen Villen verraten, dass in dieser Gegend die wohlhabenden Bürger Gran Canarias leben.

Man sollte es nicht versäumen, den etwas unterhalb von Tafira Alta gelegenen ❸ ✳ ✳ **Jardín Canario** zu besuchen. Danach geht es noch ein Stück weiter auf der Hauptstraße, der GC 100. In Monte Coello zweigt links eine Straße zum Pico de Bandama ab. Vom Aussichtspunkt auf dem Berggipfel hat man einen hervorragenden Blick bis nach Las Palmas und hinab in die ❹ ✳ ✳ **Caldera de Bandama**. Am Fuß des Pico de Bandama führt ei-

✔ NICHT VERSÄUMEN

■ Spaziergang durch den Jardín Canario
■ Blick in die Caldera de Bandama
■ Rundgang durch Teror, das schönste Inselstädtchen
■ Essen mit Aussicht auf dem Hausberg von Arucas
■ Höhlenkomplex aus altkanarischer Zeit: Cenobio de Valerón

ne Straße in südlicher Richtung zum Campo de Golf und weiter nach La Atalaya, das bei fast jeder organisierten Inselrundtour besucht wird. Von La Atalaya in nördlicher Richtung stößt man nach 3 km wieder auf die Hauptstraße, die GC 15. Auf ihr sind noch 2 km bis ❺ **Santa Brígida**, der attraktiven Villenstadt, zurückzulegen. Als nächster größerer Ort wird ❻ **Vega de San Mateo** passiert, das insbesondere sonntags, wenn Viehmarkt abgehalten wird, zahlreiche

Arucas
*Berühmt für den hier
produzierten Rum*

Firgas
*Moderner Kachel-
schmuck erhöht den
Reiz des Ortes.*

11 ★★ Cenobio
de Valerón

24 km

★★ Las Palmas
1

18 km

Moya 7 km 6 km **8** ★ Arucas

10

2 km 10 km Tamaraceite

9

Firgas 11 km 10 km

★★ Jardín
Canario

5 km

★★ Teror **7**

3 3 km **2** Tafira

Santa
Brígida 6 km 5 km

5

16 km 8 km **4**

6 Vega de ★★ Caldera de
San Mateo Bandama

Teror;
*Gilt als schönster
Inselort*

Jardín Canario
*Natürlich wachsen auch
zahlreiche Drachenbäume in
dem Park.*

Besucher anzieht. In Vega de San Mateo biegt man auf die GC 42 in
Richtung **7** ★★ **Teror** ab. Für viele ist Teror der hübscheste Ort
Gran Canarias. Bei einem Rundgang sieht man viele schöne alte
Häuser mit kunstvoll geschnitzten Balkonen. Das nächste Ziel ist das
nördlich von Teror gelegene **8** ★ **Arucas**. Nach einer Besichtigung
der geradezu monströs wirkenden neugotischen Kirche empfiehlt es
sich, auf die Montaña de Arucas hinaufzufahren. Der Aussichtspunkt
auf dem Hausberg von Arucas ermöglicht eine gute Rundsicht (Restaurant).

Wer der ewigen Kehren müde ist und den Inselnorden bereits bei anderer Gelegenheit kennengelernt hat, kann von Arucas über Tamaraceite nach Las Palmas zurückfahren. Auf der Fahrt dorthin ergeben sich beeindruckende Aussichten auf die Inselhauptstadt und die vorgelagerte Isleta.

Die Hauptroute verläuft von Arucas in westlicher Richtung nach **❾ Firgas**, das wegen seiner Mineralquelle bekannt ist. Interessanter als der Ort selbst ist die Vegetation in dieser Region, denn dank des Wasserreichtums grünt und blüht es überall. Von Firgas aus geht es ein Stück zurück auf gleicher Strecke bis nach Buenlugar, von dort setzt man die Fahrt in westlicher Richtung nach **❿ Moya** fort. Von dem kleinen Ort hat man sich schnell einen Eindruck verschafft, lohnend ist jedoch ein Abstecher in den Barranco de Moya mit den letzten Resten von Lorbeerwald auf Gran Canaria (Los Tilos). In immer neuen Kehren schlängelt sich die Straße hinab Richtung Küste. Kurz bevor sie auf die GC 2 stößt, zweigt rechts eine ebenfalls kurvenreiche Straße zum **⓫ ✱ ✱ Cenobio de Valerón** ab. Der unter einem Basaltbogen liegende Höhlenkomplex ist wohl die eindrucksvollste Hinterlassenschaft der Altkanarier. Die Straße eröffnet mehrfach prächtige Ausblicke über den als Cuesta de Silva bezeichneten Küstenstrich. Nach wenigen Kilometern stößt sie wieder auf die parallel zur Küste verlaufende GC 2 und auf ihr gelangt man zurück nach **❶ ✱ ✱ Las Palmas**.

Tour 5 Mit dem Jeep in die Einsamkeit

Start und Ziel: Playa del Inglés   **Dauer:** min. 5 Stunden
Länge: 160 km

Zwar ist die recht kurvenreiche Strecke bis auf ein kurzes Stück durchgehend asphaltiert, doch ist die Piste im Inselzentrum derart schlecht, dass man mit einem normalen Pkw hier in der Regel nicht durchkommt. Nach längeren Regenfällen – vor allem im Winter – kann es selbst mit dem Jeep problematisch werden. Am Wochenende herrscht häufig starker Ausflugsverkehr!

Von **❶ Playa del Inglés** aus fährt man auf der Küstenstraße in westlicher Richtung. Bei dem Fischerort **❷ Arguineguín** folgt man der in nördlicher Richtung landeinwärts führenden Straße durch den **❸ ✱ Barranco de Arguineguín**. Die gut ausgebaute Straße passiert die Ansiedlung Cercado Espino und führt dann in Serpentinen aufwärts zum **❹ Embalse de Soria** (Soria-Stausee). Danach wird die Piste schlechter. Sie verläuft am West- und Nordufer des Stausees ent-

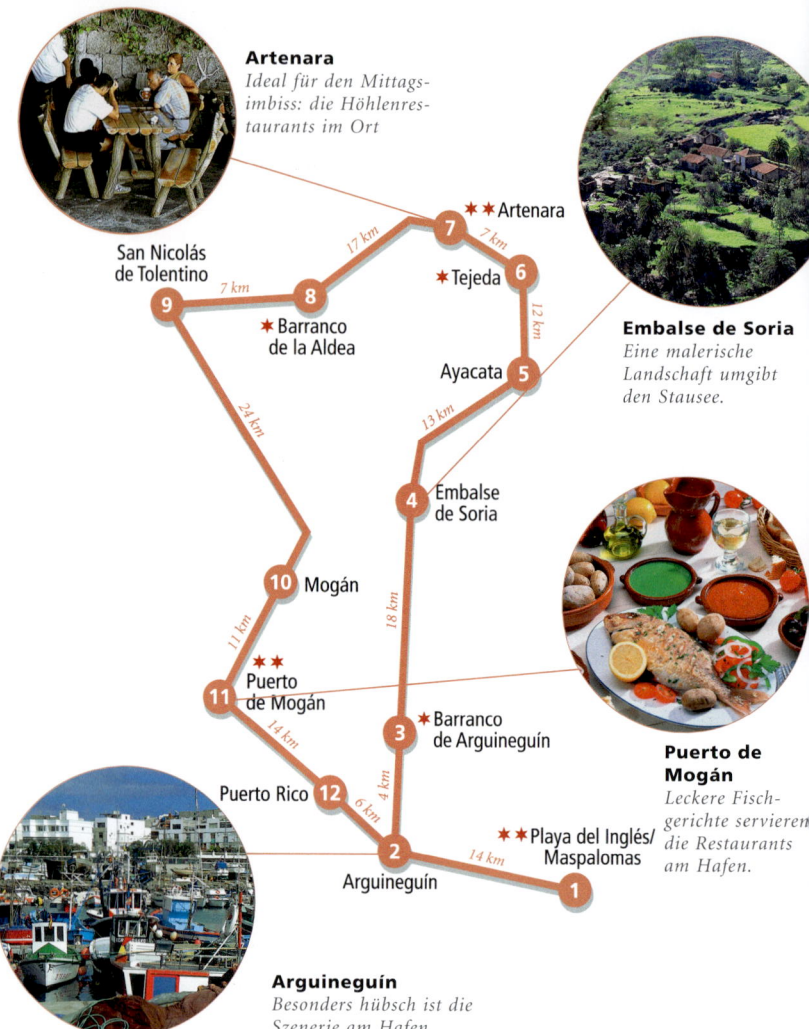

Artenara
Ideal für den Mittags-imbiss: die Höhlenres-taurants im Ort

7 ** Artenara

17 km

7 km

San Nicolás
de Tolentino

6

★ Tejeda

9   7 km   **8**

12 km

★ Barranco
de la Aldea

Ayacata **5**

24 km

13 km

Embalse de Soria
*Eine malerische
Landschaft umgibt
den Stausee.*

4 Embalse
de Soria

10 Mogán

18 km

11 km

** **
Puerto
de Mogán

11

**Puerto de
Mogán**
*Leckere Fisch-gerichte servieren
die Restaurants
am Hafen.*

14 km

3 ★ Barranco
de Arguineguín

Puerto Rico **12**

6 km 4 km

2

** ★ Playa del Inglés/
Maspalomas

Arguineguín

14 km

1

Arguineguín
*Besonders hübsch ist die
Szenerie am Hafen.*

lang und trifft nach wenigen Kilometern wieder auf eine asphaltierte
Straße. Diese stößt bei **5 Ayacata** auf die durch das Inselinnere ver-laufende Hauptstraße. Man folgt ihr in nördlicher Richtung und hat
immer wieder prächtige Ausblicke auf die imposante Bergszenerie.
Kurz hinter **6 ★ Tejeda** verlässt man beim Cruz de Tejeda die Pass-straße und folgt der links abzweigenden Straße nach **7 ★ Artenara**.

Nach der Besichtigung der Höhlenwohnungen und der Höhlenkirche bieten hier zwei Restaurants nicht nur ein vorzügliches Essen, sondern auch einen grandiosen Ausblick auf die höchsten Erhebungen der Insel.

Von Artenara fährt man 4 km in westlicher Richtung und biegt dann links ab Richtung San Nicolás de Tolentino. Nun kommt das vielleicht schönste Wegstück der gesamten Route. Auf mittlerweile asphaltierter, aber enger und kurvenreicher Straße durchfährt man eine abgeschiedene Berglandschaft. Die Straße durch den ❽ ✴ **Barranco de la Aldea** passiert mehrere Stauseen und erreicht schließlich ❾ **San Nicolás de Tolentino**. Um zum Ausgangspunkt zurückzugelangen, folgt man von hier der Hauptstraße in den Süden über

✔ NICHT VERSÄUMEN

- Kurzer Spaziergang am Embalse de Soria
- Rundgang durch den Höhlenort Artenara und Essen mit »Höhlenambiente«
- Auf schmaler Bergstraße nach San Nicolás de Tolentino
- Abendessen am Yachthafen von Puerto de Mogán

❿ **Mogán**, ⓫ ✴ ✴ **Puerto de Mogán** und ⓬ **Puerto Rico**. Diese Strecke ist im Rahmen der Inselrundfahrt beschrieben (▶ S. 117). Ausklingen lassen könnten man den Tag in einem der Restaurants am Yachthafen von Puerto de Mogán.

Reiseziele
von A bis Z

GRANDIOSE DÜNENLAND-
SCHAFTEN, TOLLE STRÄNDE,
DUFTENDE KIEFERNWÄLDER,
BIZARRE FELSEN UND HÜBSCHE
KÜSTENORTE WIE DAS ABGEBILDETE
PUERTO DE MOGÁN HIER MACHEN DEN REIZ
DER DRITTGRÖSSTEN KANARENINSEL AUS.

★ Agaete

Höhe: Höhe: 41 m ü.d.M.   **Einwohnerzahl:** 5600 (ges. Bezirk)

Agaete, im Nordwesten von Gran Canaria am Fuß des Bergs Tama-daba gelegen, ist der Hauptort des gleichnamigen Bezirks. Touris-ten besuchen ihn in erster Linie, um von hier einen Abstecher in den fruchtbaren Barranco de Agaete zu unternehmen.

Die Bewohner leben noch heute überwiegend von der Landwirt-schaft. Früher wurden die Agrarprodukte über den nur 1 km ent-fernt gelegenen Hafen (▶Puerto de las Nieves) verschifft.
Mit seinen weißen Häusern präsentiert sich Agaete als freundliches Städtchen, das noch sehr ursprünglich und ländlich wirkt. Den Mit-telpunkt bildet die **Plaza** vor der Iglesia de la Concepción. Hier tref-fen sich Alt und Jung unter schattigen Bäumen. Für Touristen eignet sich der Platz als Ausgangspunkt für einen kurzen Rundgang durch den Ort. Verwinkelte schmale Gassen und Häuser mit hübschen Holzbalkonen schaffen ein stimmungsvolles Bild.

Sehenswertes in Agaete

Iglesia de la Concepción
Die schlichte Iglesia de la Concepción wurde in der zweiten Hälfte des 19. Jh.s an der Stelle eines Vorgängerbaus errichtet. Die Pfarrkir-che rückt jedes Jahr anlässlich der **Bajada de la Rama** (4.–7. August) in den Mittelpunkt der Gemeinde. Im Rahmen der Feierlichkeiten wird die Nuestra Señora de las Nieves um ausreichend Regen für die nächsten Monate gebeten.

Huerto de las Flores
Über die Calle Huertas, die am Kirchplatz ihren Ausgang nimmt, er-reicht man den nur wenige Schritte entfernten Huerto de las Flores (**Blumengarten**). In dem kleinen, recht verwilderten Garten wachsen imposante Exemplare kanarischer und tropischer Flora (geöffnet: Mo.–Fr. 9.00–13.00 Uhr).

Umgebung von Agaete

Cueva de las Cruces
Fährt man von Agaete in Richtung Gáldar, so passiert man etwa 5 km hinter Agaete rechts der Straße die Cueva de las Cruces (= **Höhle der Kreuze**). Ihren Namen sollen die kleinen, nebeneinander gelege-nen Höhlenräume den Christianisierungskreuzen verdanken, die die spanischen Eroberer in die Wände ritzten. Nach Ansicht von For-schern wurden die Höhlen von den Altkanariern entsprechend ihren Bedürfnissen bearbeitet. Demzufolge diente die Öffnung in einer Höhlendecke als Rauchabzug. Daneben gibt es aber auch die Theo-rie, dass es sich bei den Höhlen nicht um Wohnstätten handelt, son-dern dass sie erst später bei Straßenbauarbeiten entstanden sind.

Ein Idyll: der äußerst fruchtbare Barranco de Agaete

Der sich südöstlich von Agaete erstreckende gleichnamige Barranco gilt als eines der schönsten Täler der Insel. Vor allem am Wochenende kommen viele Ausflügler hierher. Ihr Ziel ist meist eines der Restaurants an der in den Barranco hineinführenden Straße. An anderen Tagen findet man in dem malerischen Tal aber noch Ruhe und Abgeschiedenheit. Dank des Wasserreichtums, der hohen, als Windschutz fungierenden Felswände und des nährstoffreichen Bodens kann sich im Barranco de Agaete eine üppige, teilweise tropische Vegetation entfalten. Zwischen Palmen gedeihen u. a. Zitronen, Apfelsinen, Mangos und Avocados. Besonders stolz sind die Bauern dieser Gegend auf ihre Kaffeesträucher.

★
Barranco de Agaete

Von Agaete aus führt die Fahrt in den Barranco de Agaete vorbei an einigen Gehöften und Feriendomizilen. Nach 8 km ist die Häuseransammlung Los Berrazales erreicht. Wenn nicht gerade Ausflugsbusse hier Station machen, scheint die Zeit still zu stehen. Bekannt war Los Berrazales früher als **Heilbad**. Das Wasser der eisenhaltigen Quelle fand bei Badekuren Verwendung. Mittlerweile ist es jedoch wirt-

Los Berrazales

▶ AGAETE ERLEBEN

ESSEN

▶ Erschwinglich

Casa Romántica
an der durch den Barranco de Agaete
führenden Hauptstraße (Km 3,5)
Tel. 928 89 80 84
Gartenrestaurant mit internationaler
Küche. Eignet sich auch gut für einen
Kaffeestopp. Der Kuchen ist selbst
gemacht, die Früchte kommen aus
dem eigenen Garten (Mittagstisch tgl.
12.30 – 17.00 Uhr).

ÜBERNACHTEN

▶ Komfortabel

Finca Las Longueras Hotel Rural
Agaete
Tel. 928 89 81 45
Fax 928 89 87 52
www.laslongueras.com
Inmitten einer weitläufigen Plantage
liegt das 1895 errichtete »Rote Haus«.

Zur Verfügung stehen eine Suite und
neun Doppelzimmer sowie ein sepa-
rates Ferienhaus. Lauschige Innenhöfe
und ein Swimmingpool laden zum
Entspannen ein.

▶ Günstig

Hotel Princesa Guayarmina
Los Berrazales
Tel. 928 89 80 09
Fax 928 89 85 25
www.hotelguayarmina.com
Ein Ziel für Individualisten, das man
in keinem Reisekatalog findet. Früher
logierten hier Kurgäste, heute bleiben
Wanderer und Naturliebhaber für
einen kürzeren Aufenthalt. Die Zim-
mer sind einfach ausgestattet, allzu viel
Komfort darf man nicht erwarten.
Während der Woche hat man die
Sonnenterrasse und den kleinen Pool
meist für sich allein.

schaftlicher geworden, das Wasser in Flaschen abzufüllen und als Mineralwasser zu verkaufen. An den einstigen Kurbetrieb erinnert
kaum noch etwas, einige der Häuser sind verlassen.

Spaziergang ▶ Die kaum befahrene Asphaltstraße endet bald oberhalb des Hotels
»**Princesa Guayarmina**«. Von hier geht es auf einem Weg weiter aufwärts. Nach ca. 1,5 km ist das Talende erreicht. Oberhalb der steil
aufragenden Felswand sieht man die Häuser von El Sao.

Agüimes

C 4

Höhe: 286 m ü.d.M.	**Einwohnerzahl:** 14 000 (ges. Bezirk)

**Die Ortschaft Agüimes liegt etwa auf halber Strecke zwischen Las
Palmas und Maspalomas und ist meist nur Durchgangsstation in
den Barranco de Guayadeque.**

Wichtigster Erwerbszweig der Bevölkerung ist nach wie vor die
Landwirtschaft; man konzentriert sich auf den Anbau von Tomaten.

Daneben werden hier in größerem Umfang Kakteen gezüchtet. Dank des kalkarmen Bodens und der ausgezeichneten klimatischen Bedingungen gedeihen die Pflanzen prächtig. Von der Aussaat bis zur Exportreife benötigen sie in der Regel lediglich drei Jahre.

Agüimes besitzt einen recht ansehnlichen Ortskern. Viele der schönen alten Häuschen, die sich um die Kirche und die schattige Plaza gruppieren, wurden restauriert. Mit dem Bau der **Iglesia de San Sebastián** wurde noch im 18. Jh. begonnen, fertiggestellt wurde sie aber erst Mitte des 19. Jh.s. Mit ihrer großen Kuppel ruft sie orientalische Assoziationen hervor. Einige der Heiligenstatuen im Innern werden Luján Pérez zugeschrieben.

Umgebung von Agüimes

Allzu hoch sollte man seine Erwartungen beim Besuch des Parque de Cocodrilos nicht schrauben: Den Besucher erwarten einige Tiergehege, in denen Hirsche, Rehe, Zwergesel, Ponys, Strauße, Paviane, nicht zuletzt Krokodile und anderes Getier auf viel zu engem Lebensraum dahinvegetieren müssen. Geworben wird zudem mit einer mehrmals täglich stattfindenden Krokodil- und Papageienshow. Um den kleinen Zoo zu erreichen, fährt man vom Cruce de Arinaga (6 km südöstlich von Agüimes) in Richtung Los Corralillos. Das Gelände liegt

Parque de Cocodrilos

Abendstimmung in den Gassen von Agüimes

▶ AGÜIMES ERLEBEN

ESSEN

▶ Erschwinglich
La Farola
Calle Alcalá Gallano
An der Mole von Arinaga
Tel. 928 18 02 24
Die Spezialität in dem bekannten
Fischlokal sind Langusten aus eigener
Zucht. Man sitzt direkt an der Mole in
maritimem Ambiente; am Wochen-
ende empfiehlt sich eine Reservierung.

▶ Preiswert
Tagoror
am Ende des Barranco de Guayadeque
Tel. 928 17 20 13
Höhlenrestaurant mit Terrasse und
guter Tapa-Auswahl. Die übrigen
Gerichte sind eher international als
typisch kanarisch.

ÜBERNACHTEN

▶ Günstig
Hotel Rural Casa de los Camellos
Calle Progreso 12
Tel. 928 78 50 03
Fax 928 78 50 53
www.hecansa.com
Die ehemalige Kamelstation nahe der
Kirche verfügt über zwölf behaglich
und individuell ausgestattete Zimmer.
Das kleine Landhotel mit großem
Innenhof wird von einer Hotelfach-
schule betrieben.

dann rechts der Straße. Zudem besteht von verschiedenen Hotels im
Süden ein Pendelbusverkehr zu dem Krokodilpark (geöffnet: Mo. bis
Fr., So. 10.00 – 17.00 Uhr).

Arinaga Vom Cruce de Arinaga sind 5 km in östlicher Richtung bis zum **Fischerdorf** Arinaga zurückzulegen. Allzu ansehnlich präsentiert sich
der Ort mit seinen gesichtslosen Wohnhäusern nicht. Daran ändert
auch die am Meer entlangführende Promenade nichts. Bei Arinaga
gibt es eine der wenigen auf Gran Canaria noch erhaltenen Salz-
gewinnungsanlagen. Die recht geschützt in eine weite Bucht einge-
bettete **Playa de Arinaga** zieht vornehmlich einheimische Badegäste
an, unter Surfern gilt sie als gutes Flachwasserrevier.

★★
**Barranco de
Guayadeque** Der sich nördlich von Agüimes erstreckende Barranco de Guayadeque wurde wegen der vielen hier vorkommenden endemischen
Pflanzenarten unter Naturschutz gestellt. Besonders schön präsentiert sich das Tal im Frühjahr – es grünt und blüht, wohin man
schaut. Auf kleinen Feldern werden ohne technische Hilfsmittel Getreide und Gemüse angebaut, Mohnblumen setzen Farbakzente.
Auf Eseln transportieren die Bauern das Heu ab. Ohne die Ausflugsbusse und andere mit dem Mietwagen anreisende Touristen würde
man sich fast in ein vergangenes Jahrhundert zurückversetzt fühlen.
Noch eine zweite Besonderheit zeichnet den Barranco de Guayadeque aus: An den steilen Felswänden sieht man vielerorts **Höhlen**. Es
handelt sich dabei teils um natürliche, teils künstlich ausgeschachtete

Wohn- und Bestattungshöhlen aus vorspanischer Zeit. Einige der Höhlen sind noch bewohnt, andere durch Erdrutsche o. Ä. nur schwer zugänglich. Dies ist vermutlich der Grund dafür, dass man hier zahlreiche Funde (u. a. Keramik, Kleidungsstücke, Knochen und Mumien) machen konnte; einiges davon ist heute in dem **Museum** ausgestellt, das man bei der Fahrt in den Barranco, 3 km nördlich von Agüimes, passiert.

Der asphaltierten und gut ausgebauten Straße weiter in den Barranco folgend, sieht man nach

> **! Baedeker TIPP**
>
> **Ferien auf dem Land**
>
> »Turismo rural«, »Tourismus auf dem Land«, heißt das nicht mehr ganz so neue Zauberwort auf der Kanareninsel. Eine Vorreiterrolle spielte Agüimes: In mehreren Landhäusern und zwei kleinen Hotels stehen hier rund 50 Gästebetten zur Verfügung. Über diese und viele weitere attraktive Feriendomizile informiert die Website von Grantural (www.ecoturismocanarias.com, Tel. 928 39 01 69, 35003 Las Palmas, Calle Perojo 36).

rund 2 km einige Wohnhöhlen. Ein Höhlenrestaurant und eine Höhlenkirche ziehen Besucher an. Ein schmaler Pfad führt hinauf zu einigen bewohnten Höhlen, andere werden als Ställe oder Speicher genutzt. Üppiger Blumenschmuck rundet das idyllische Bild ab. Nach 5 km endet die Straße bei einem weiteren **Höhlenrestaurant**. Einige Tische stehen draußen, man hat einen schönen Blick über das Tal.

Von hier geht es nur noch zu Fuß weiter. Vorbei an einigen Höhlenhäuschen wandert man den Barranco auf einem Feldweg weiter aufwärts. Dabei ergeben sich prächtige Ausblicke auf die bizarre Berglandschaft, vor allem auf dem Weg zur Caldera de los Marteles (den Blechschildern mit der Aufschrift Caldera folgen). Der Ausblick belohnt den Feldweg und den steilen Pfad.

◀ Spaziergang

Der Lomo de los Letreros ist ein Bergrücken beim **Barranco de Balos**, der nur wenige Kilometer westlich von Agüimes liegt. Sein Name »Los Letreros« (= die Inschriften) verrät, warum jahrelang Interessierte und Souvenirjäger zu dem gut 300 m langen Felsstück pilgerten. Hier wurden einfache, in den Fels geritzte Menschengestalten entdeckt, die oft geradezu bizarr wirken. Aufmerksamkeit erregt vor allem eine Zeichnung, die ein Boot mit einem stark gekrümmten Bug darstellt (man fand bisher keine Bootsreste aus vorspanischer Zeit auf den Kanaren!). Zudem wies die Fundstelle einfache geometrische Zeichen, Spiralen und Kreise, auf. Heute wird man ohne kundigen Führer kaum noch etwas entdecken. Die Zeichen sind stark verwittert und Unzählige meinten, sich in dem Felsstück verewigen zu müssen; das Areal ist durch einen Eisenzaun abgesperrt.

Wer sein Glück dennoch versuchen möchte, verlässt Agüimes auf der GC 550 in Richtung Santa Lucía, etwa 3 km nach dem Ortsausgang zweigt links eine Straße zu dem Weiler Los Corralillos ab (sie führt im Bogen weiter zum Cruce de Arinaga). 1 km hinter Los Corralillos folgt man am besten zu Fuß dem rechts abbiegenden Fahrweg hinab in den Barranco de Balos.

Lomo de los Letreros

Arguineguín

D 2

Höhe: Meereshöhe   **Einwohnerzahl:** 4500

**Die stillen Tage als Fischerdorf sind längst dahin. Das 12 km west-
lich der Touristenmetropole Maspalomas gelegene Arguineguín
hat sich zum beliebten Touristenzentrum mit leicht kanarischem
Touch entwickelt.**

Von Maspalomas kommend, wirkt Arguineguín mit seiner weithin
sichtbaren Zementfabrik nicht allzu einladend. Anders ist die Szenerie am malerischen **Fischerhafen**. Von hier starten Ausflugsfahrten
und eine regelmäßige Schiffsverbindung besteht mit Puerto Rico und
Puerto de Mogán. Die Hafenstraße ist gesäumt von diversen Restaurants, deren Skala von gehoben bis einfach reicht. Von vielen Lokalen
hat man einen schönen Blick auf Hafen und Meer. Zwar müssen die
Feriengäste – darunter viele Langzeiturlauber – mit winzigen Sandstränden und einer nicht allzu attraktiven Umgebung vorlieb nehmen, doch wissen es viele zu schätzen, dass sie ihren Urlaub nicht in
einer auf dem Reißbrett entstandenen Urbanisation verbringen.

*Von Arguineguín gelangt man auf schmalen kurvenreichen Straßen
ins bergige Hinterland und zum Soria-Stausee.*

► ARGUINEGUÍN ERLEBEN

SHOPPING

Mercado
Rund um den Hafen
Di. 8.00 – 14.00 Uhr
Das Angebot ist riesig und lohnt einen Bummel: Obst, Gemüse, Fisch und Fleisch, Kunsthandwerk, Kleidung und vieles mehr, was auch des Touristen Herz begehrt.

ESSEN

► Fein & teuer
Puerto Atlántico
an der Straße nach Mogán (Km 68)
Tel. 928 15 06 36
Luxusrestaurant mit kreativer internationaler Küche. Die Auswahl spanischer Weine ist hervorragend. Guter Service ist hier selbstverständlich.

► Preiswert
Cofradía de Pescadores
am Hafen
Tel. 928 15 09 63
Hier kommt der Fisch vom Schiff auf den Tisch; ab mittags durchgehend geöffnet (Mi. Ruhetag).

Casa Fernando
Embalse de Soria
(unterhalb der Staumauer)
Tel. 928 17 23 46
Ausflügler treffen sich in der Bar zu typischer kanarischer Küche; geöffnet: tgl. 10.00 – 18.00 Uhr.

ÜBERNACHTEN

► Luxus
La Canaria
Carretera General del Sur (Km 69)
Patalavaca
Tel. 928 15 04 00
Fax 928 15 10 03
www.hoteles.dunas.com
Schon die Eingangshalle offenbart: Hier ist alles vom Feinsten. Die ruhigen, großen Zimmer haben alle Meerblick und üppig begrünte Balkone. Grandios ist das 2000 m² große Schwimmareal mit Meer- und Süßwasserpools. Als vorzüglich gilt die Küche des Hauses: Vier Restaurants sorgen für Abwechslung im großen Angebot.

► Komfortabel
Apartments Aquamarina
Carretera General del Sur
Patalavaca
Tel. 928 73 51 25
Fax 928 15 20 97
Man kann wählen, ob man in einem geschmackvoll eingerichteten Appartement oder in einem Bungalow wohnen möchte. Viel Grün sorgt für ein angenehmes Ambiente.

Umgebung von Arguineguín

Eine Promenade verbindet Arguineguín mit Patalavaca. Hier reihen sich – von der Durchgangsstraße kaum erkennbar – einige exklusive Hotels aneinander, allen voran das La Canaria. Man kann man relativ ungestört vom sonst üblichen Touristenrummel in einem Restaurant am Meer speisen. Westlich schließt sich die **Playa de la Verga** an, deren heller Sand zum Vergnügen für die Touristen eigens aus der Karibik herbeigeschafft wurde.

Patalavaca

**Barranco de
Arguineguín**

Beliebt bei Einheimischen ist am Wochenende eine Fahrt in den Barranco de Arguineguín und weiter ins Inselzentrum, eine Tour, die auch auf dem Programm vieler Jeep-Safaris steht. Die Strecke ist zwar mittlerweile bis auf wenige Kilometer asphaltiert, doch ist das kurze Wegstück zwischen dem Soria-Stausee und Cruz de San Antonio so schlecht, dass man hier normalerweise mit einem Pkw nicht weiterkommt. Selbst mit dem Jeep ist relativ viel Zeit einzuplanen. Für die 50 km von Arguineguín nach Ayacata (einschließlich eines Abstechers zum Embalse de Soria) benötigt man ohne längere Stopps mindestens zwei Stunden.

Man fährt am östlichen Ortsrand von Arguineguín auf zunächst gut ausgebauter Straße in den Barranco hinein. In seinem unteren trockenen Teil ist das Tal nicht besiedelt. Kommt man jedoch höher, so reihen sich Streusiedlungen aneinander. Hier wird Landwirtschaft betrieben (u. a. Anbau von Zitrusfrüchten, Papayas, Weinbau).

Embalse de Soria ► Hinter der Häuseransammlung von **Cercado Espino** wird die Straße schmaler, bald ist das Ende des Barrancos erreicht und schließlich geht es in Serpentinen den Hang hinauf. Knapp 8 km hinter Cercado de Espino gilt es, die Entscheidung über den Weiterweg zu treffen. Hält man sich rechts, so gelangt man nach 2 km zum malerisch gelegenen Stausee von Soria. Die Staumauer des Embalse de Soria wurde 1971 fertiggestellt, randvoll war der Stausee seitdem allerdings noch nie. Das Gebiet eignet sich hervorragend zum Wandern – eine Piste führt am Nordrand des Sees entlang. Um die Fahrt zum **Embalse de Cueva de las Niñas** fortzusetzen, fährt man am besten auf derselben Strecke 2 km zurück und biegt dann rechts Richtung Norden ab. Da der Weg nicht allzu gut ist, braucht man für die nächsten zehn Kilometer verhältnismäßig viel Zeit. Für die Mühen der Fahrt wird man schließlich mit einem schönen Blick auf den von Kiefernwald umgebenen Stausee entschädigt. Picknickplätze laden zum Verweilen ein. Die Piste wird wieder besser befahrbar, bald ist sie sogar asphaltiert, sodass man die Weiterfahrt nach **Ayacata** entspannt genießen kann.

★★ Artenara

B 3

Höhe: 1251 m ü.d.M.   **Einwohnerzahl:** 1600 (ges. Bezirk)

Eine noch relativ unberührte Landschaft umgibt das Gebirgsdorf Artenara im Nordwesten Gran Canarias. Artenara gilt als der höchstgelegene Ort der Insel. Touristen kommen hierher, um die Höhlenkirche zu besichtigen und einen Eindruck von der Lebensweise der Bevölkerung zu bekommen.

Auf den ersten Blick unterscheidet sich Artenara kaum von anderen Gebirgsdörfern der Insel. Dann stellt man jedoch fest, dass zahlreiche Einwohner noch in Höhlenwohnungen leben. Mitunter wurden den

»Höhlen« regelrechte Häuserfassaden vorgebaut. Allzu einfach darf man sich das Leben in diesen Wohnungen nicht vorstellen: An vielen Außenwänden sind Fernsehantennen installiert und die Küchen sind mit modernen elektrischen Geräten ausgestattet.

Sehenswertes in Artenara

Will man zu der **Höhlenkirche**, der Iglesia de la Virgen de la Cuevita, gelangen, folgt man von der Ortsmitte dem Sträßchen gegenüber der Kirche (bei der Casa Consistorial) bergauf. Es endet wenige Meter vor der Höhlenkapelle, die man an der Glocke über dem Eingang sofort erkennt. Geweiht ist die Kapelle der Höhlenjungfrau, der Schutzpatronin der Radfahrer und Volksmusikanten. Das genaue Alter der Kapelle ist nicht bestimmt, vermutlich wurde sie erst vor einigen Jahrzehnten in das Gestein geschlagen.

Iglesia de la Virgen de la Cuevita

 ARTENARA ERLEBEN

AUSKUNFT

Oficina de Turismo
Camino La Silla
Tel. 928 66 61 02
Mit kleiner angeschlossener Galerie.

SHOPPING

Centro de Recuperación de Artesanía
Beim Busparkplatz
Was hier verkauft wird, wurde tatsächlich von heimischen Kunsthandwerkern geflochten, gewoben oder getöpfert (Mo. geschl.).

ESSEN

► **Erschwinglich**
La Esquina
Ortszentrum, bei der Kirche
Tel. 928 66 63 81
Von der Terrasse hat man einen sensationellen Blick auf die Bergwelt der Insel. Kanarische Küche. Geöffnet ist das Restaurant tgl. außer Mo.

ÜBERNACHTEN

► **Günstig**
El Pajar
zu buchen über Grantural
Tel. 928 39 01 69

www.ecoturismocanarias.com
Das geräumige Höhlenhaus verfügt über Wohnraum, drei Schlafzimmer, Küche und hat eine Terrasse mit kleinem Garten davor. Die schöne Hanglage erlaubt einen weiten Blick in die Caldera von Tejeda.

Urig: Höhlenrestaurant in Artenara

Umgebung von Artenara

Pinar de Tamadaba Man erreicht das 1400 m hoch gelegene Waldgebiet von Tamadaba mit dem Auto nur über Artenara (von dort ca. 8 km). Für die kurvenreiche Anfahrt entschädigt der schönste, allerdings relativ lichte Kiefernwald der Insel. Um den Pico de Bandera führt eine Einbahnstraße herum. An der Casa Forestal kann man das Auto abstellen und ca. 45 Minuten zum Feuerwachturm (geschlossen) hinaufwandern, von dessen Sockel sich ein schönes Rundpanorama bietet.

Von der Straße, die Artenara mit dem Pinar de Tamadaba verbindet, zweigt 4 km hinter Artenara eine Piste nach Süden ab. Bis **Acusa** ist sie relativ gut befahrbar, dann geht es in Kurven und Kehren abwärts. Mit dem Pkw ist die Fahrt nicht immer ein Vergnügen, doch entschädigt die schöne, einsame Gebirgslandschaft für die Mühen. Schließlich passiert man den Embalse de Parralillo und bald darauf weitere Stauseen. Nach ca. zwei Stunden tauchen die Häuser von ▶**San Nicolás de Tolentino** auf.

! **Baedeker TIPP**

Explodiert

An der GC 110 zwischen Artenara und Valleseco können Sie das jüngste vulkanische Zeugnis der Insel bestaunen. Die Caldera Pinos del Gáldar entstand wohl vor rund 3000 Jahren durch eine riesige Explosion, die den Gipfel des Vulkans wegsprengte und einen eindrucksvollen Krater hinterließ. Von dem 1510 m ü.d.M. gelegenen Aussichtspunkt haben Sie einen wunderbaren Blick auf die Nordküste, an klaren Tagen sieht man sogar den Pico de Teide auf Teneriffa.

Ausgelassen wird Ende August das »Fest der Höhlenjungfrau« in Artenara gefeiert.

✳ Arucas

Höhe: 250 m ü.d.M.   **Einwohnerzahl:** 32 500 (ges. Bezirk)

Das 17 km von Las Palmas entfernte Arucas ist nach der Insel-hauptstadt und Telde der drittgrößte Ort auf Gran Canaria. Seine hübsche Altstadt wird von der monumentalen neugotischen Pfarr-kirche überragt. Arucas ist Firmensitz der einzigen Rumdestille Gran Canarias. Sie steht für Besichtigungen offen.

Das Städtchen liegt in einer der wasserreichsten Gegenden der Insel, daher ist hier eine effektive Landwirtschaft möglich. Nach der spanischen Eroberung setzte man zunächst auf den Anbau von Zucker-rohr, doch wirtschaftlich rentabel war das spätestens seit dem 17. Jh. nicht mehr. Zu Beginn des 20. Jh.s wurde die Bananenkultivierung zum wichtigsten Wirtschaftsfaktor. Diese Monokultur bescherte der Ortschaft einige Jahrzehnte hindurch Wohlstand, ließ sie andererseits aber auch die Absatzschwierigkeiten von kanarischen Bananen be-sonders hart spüren. Seit Beginn der 1980er-Jahre wurde ein Groß-teil der Bananenplantagen aufgegeben und auf den kleinen Feldern werden heute neben Obst und Gemüse vor allem Blumen angebaut.

 ARUCAS ERLEBEN

AUSKUNFT

Oficina de Turismo
Plaza de la Constituición 2
Tel. 928 62 31 36

SHOPPING

Mercado
Sa. ist Markttag in Arucas, Ort des Geschehens sind die Plaza de la Constitución und die umliegenden Gassen.

ESSEN

► **Erschwinglich**
Mesón de la Montaña
Montaña de Arucas
Tel. 928 60 14 75
Schon der Aussicht wegen lohnt sich die Auffahrt zum Vulkankegel. Das Lokal wird auch von einheimischen Ausflüglern gern besucht. Gekocht wird kanarisch-international.

ÜBERNACHTEN

Baedeker-Empfehlung

► **Erschwinglich**
Hacienda del Buen Suceso
an der Straße Arucas –
Bañaderos (1 km)
Tel. 928 62 29 45
Fax 928 62 29 42
www.hotelhacienda.sitio.net
Die Geschichte des herrschaftlichen Anwe-sens reicht bis in das Jahr 1572 zurück. Die heutigen Besitzer haben die Finca aufwendig restauriert und daraus ein schmuckes Anwesen inmitten von Bananenplantagen gemacht. Zur Verfügung stehen 18 individuell ausgestattete Zimmer. Das stimmungsvolle Restaurant steht auch Nicht-Hotelgästen offen.

Die Gegend um Arucas war schon in vorspanischer Zeit besiedelt; **Geschichte**
die Altkanarier nannten den Ort »Arehucas«. Auf der nahen Montaña de Arucas fand 1481 der entscheidende Zweikampf zwischen
dem Anführer der Altkanarier, **Doramas**, und dem Führer der Spanier, Pedro de Vera, statt. Dabei wurde Doramas aus dem Hinterhalt
verwundet, erst danach gelang es Pedro de Vera, ihn zu töten. Die offizielle Neugründung von Arucas durch die Spanier erfolgte 1505.

Sehenswertes in Arucas

Ein modernes Denkmal für den zuvor erwähnten altkanarischen **Plaza de la**
Herrscher Doramas ziert die Plaza de la Constitución, den Haupt- **Constitución**
platz von Arucas.

Westlich grenzt an die Plaza der Stadtpark, ein prachtvoller botani- **Parque de Gourié**
scher Garten, der einstmals zum Besitz der Familie Gourié gehörte.
Das ehemalige Herrenhaus beherbergt heute das **Museo Municipal**
mit Werken kanarischer Künstler (geöffnet: Mo. – Fr. 10.00 – 13.00   ⊙
und 17.00 – 19.00, Sa. 10.00 – 13.00 Uhr).

Durch die Calle León y Castillo und die Calle Gourié – hier steht im **Iglesia de San**
Innenhof der Bibliothek ein prächtiger Drachenbaum – gelangt man **Juan Bautista**
zur riesigen Iglesia de San Juan Bautista. Wegen ihrer Größe und der
neugotischen Bauweise wird die Johannes dem Täufer geweihte Kirche häufig als **Kathedrale** bezeichnet. Man begann mit dem Bau
1909, die erste Messe konnte 1917 gelesen werden. Der letzte der vier
Türme wurde jedoch erst Ende der siebziger Jahre fertiggestellt. Als
Baumaterial diente hier vorkommender grauer Basalt. Gegen Witterungseinflüsse soll er besonders widerstandsfähig sein, doch ist er
nicht leicht zu bearbeiten. So weiß man die kunstvolle Fensterrose
über dem Hauptportal besonders zu würdigen. Im Innern verdienen
einige farbenprächtige Glasfenster und eine liegende Christusfigur
Beachtung. Sie wurde von dem aus Arucas stammenden Bildhauer
Manuel Ramos (1899 – 1971) geschaffen.

Ca. 500 m westlich des Ortskerns erreicht man über die nach Guía **Jardín de**
führende Straße den Garten der Hesperiden (Jardín de las Hespéri- **Hespérides**
des). Unter dem alten Baumbestand findet sich neben etlichen Palmenarten ein stattlicher Drachenbaum. Den von riesigen Bananenplantagen umgebenen Privatgarten der Familie Massieu kann man
tgl. außer So. besichtigen.

Das Brennen von **Rum** hat in Arucas schon eine lange Tradition. Die   ✱
Destilería Arehucas am Ortsausgang Richtung Guía ging aus einer **Destilería**
1884 gegründeten Zuckerfabrik hervor. Hier sind heute nur noch **Arehucas**

← *Sieht so aus, als würde sie schon ewig hier stehen, fertiggestellt wurde*
die Kathedrale von Arucas jedoch erst Ende der 1970er-Jahre.

Rum aus Arucas

knapp 50 Personen beschäftigt, die jährlich ca. 3 Mio. l Rum unterschiedlicher Qualitätsstufen produzieren. Als besonders edler Tropfen gilt »Ron Añejo«, ein zwölf Jahre gelagerter Rum. Daneben werden zahlreiche »Spezialitäten« hergestellt, so Rum mit Honig (Ron Miel) oder Rum mit Milch und Zitrone (Leche Rizada). Im Rahmen von Führungen ist die Fabrik zu besichtigen (**geöffnet:** Mo. – Fr. 10.00 – 13.00 bzw. 14.00 Uhr im Winter). Dabei werden auch Eichenfässer mit den Autogrammen prominenter Besucher gezeigt. Plácido Domingo verewigte sich hier ebenso wie Juan Carlos I. oder Willy Brandt. In einer Probierstube kann man die diversen Rumsorten anschließend testen.

Umgebung von Arucas

Montaña de Arucas

Unmittelbar nördlich des Ortskerns erhebt sich der Hausberg von Arucas, die Montaña de Arucas (412 m ü.d.M.). Eine schmale Straße, die bei der Kirche ihren Ausgang nimmt (Beschilderung!), endet auf einem großen Parkplatz mit einem Restaurant. Von hier oben bietet sich eine ausgezeichnete **Rundsicht**.

★ ★ Caldera de Bandama · Pico de Bandama

B 4

Etwa 10 km südlich von Las Palmas hält die Caldera de Bandama das vulkanische Erbe der Insel wach. Der nahezu runde Kessel ist das Ergebnis einer gewaltigen Eruption, die sich vor etwa 5000 Jahren ereignete. Vom nahe gelegenen Pico de Bandama (569 m ü.d.M.) bietet sich eine wunderbare Sicht auf den Kraterkessel und das Häusermeer der Hauptstadt.

Man erreicht die Caldera über eine in Monte Lentiscal von der GC 15 abzweigende Stichstraße, der man bis zum Aussichtsplatz mit Cafeteria auf dem Gipfel des Pico de Bandama folgen kann. Noch bevor man den höchsten Punkt erreicht hat, bieten sich hervorragende Möglichkeiten, in die Caldera de Bandama hinabzuschauen. Der

Durchmesser des Kraters beträgt ca. 1000 m, die Tiefe etwa 200 m. Am Boden des Kraters liegt ein heute verlassenes Gehöft. Einige der umliegenden Felder werden jedoch bestellt. Der Aufwand dafür ist beträchtlich: Nur ein schmaler Pfad führt hinab zum Kratergrund.

Aus Gründen des Naturschutzes darf man nur mit einer Sondergenehmigung in den Krater hinabsteigen. Diese ist beim Cabildo Insular in Las Palmas ggf. zu beantragen. Allerdings kann man ohne eine besondere Erlaubnis den **Krater** in einer guten Stunde zu Fuß **umrunden**. Schwindelfreiheit und Trittsicherheit sind jedoch erfor-

CALDERA DE BANDAMA

ÜBERNACHTEN

► **Komfortabel**

Hotel Golf Bandama
Carretera Bandama
Tel. 928 35 15 38
Fax 928 35 01 10
www.bandamagolf.com
Das kleine familiär geführte Hotel liegt unmittelbar am Golfplatz. Will man einmal nicht Golf spielen – es gibt einen Swimmingpool, Tennisplatz und Reitstall (Unterricht auf Anfrage).

derlich. Man folgt von Bandama zunächst der Straße zum Pico de Bandama. In einer Linkskurve verlässt man nach knapp 10 Min. die Straße und geht auf nunmehr breitem Weg zum Rand der Caldera. Von hier verläuft ein Pfad am Kraterrand entlang. Im letzten Teil der kleinen Wanderung gelangt man auf das Gelände des Golfhotels Bandama. Der **Golfplatz** wurde bereits Ende des 19. Jh.s von einem Engländer gegründet und ist der älteste Spaniens. Über die Zufahrtsstraße zum Hotel gelangt man auf die zum Pico de Bandama führende Hauptstraße und somit zum Ausgangspunkt des Spaziergangs.

✶ ✶ Cenobio de Valerón

B 3

Der Cenobio de Valerón gilt als eine der bedeutendsten archäologischen Stätten des Kanarischen Archipels. Der weitverzweigte Höhlenkomplex gab den Archäologen manches Rätsel auf. Bis weit ins 20. Jh. hinein vermutete man hier einen von Mythen umwobenen Kultplatz der Altkanarier.

Von Guía kommend, erreicht man den Cenobio de Valerón auf der nach Osten führenden, mit »Cuesta de Silva« ausgeschilderten kurvenreichen Küstenstraße. Nach umfangreichen Restaurierungsarbeiten ist der Höhlenkomplex seit einigen Jahren wieder der Öffentlichkeit zugänglich. Die besten Lichtverhältnisse zum Fotografieren hat man vormittags.

Öffnungszeiten:
Di. – So.
10.00 – 17.00

Das Cenobio de Valerón ist ein Komplex von 298 Höhlen, die unter einem natürlichen Basaltbogen liegen. Dieser ist etwa 30 m breit und

Höhlenpalast

Geheimnisumwittert bis heute – das Cenobio de Valerón

25 m hoch. In dem weichen vulkanischen Tuffgestein, das sich selbst mit einfachen Werkzeugen leicht bearbeiten lässt, legten die Altkanarier in verschiedenen Etagen übereinander Höhlen an bzw. bearbeiteten die natürlichen Höhlen. Sie waren durch Holztüren verschlossen und durch Gänge und Treppen miteinander verbunden. So entstand ein wahrer Höhlenpalast. In einer der höher gelegenen Höhlen sind einfache geometrische Zeichnungen in eine Wand geritzt.

Kloster oder Getreidespeicher? ▶

Rätsel hat in der Vergangenheit die Frage aufgegeben, wozu die Altkanarier diese Höhlenansammlung benutzten. Alte Chronisten sprechen vom Cenobio de Valerón als dem **Höhlenkloster der Harimaguadas**. Bei Letzteren soll es sich um heilige Jungfrauen gehandelt haben, die hier als Priesterinnen lebten. Nach einer anderen Version verbrachten junge Mädchen vor ihrer Heirat eine gewisse Zeit im Cenobio de Valerón. Mittels einer besonders kalorienreichen Ernährung sollten sie zunehmen, um schließlich durch ihre kräftige Figur die Gewähr für viele gesunde Nachkommen zu geben. In der neueren Forschung ist man von derart mythischen Vorstellungen weitgehend abgekommen. Möglicherweise diente der Höhlenpalast lediglich der **Lagerung von Getreide**.

Alte Quellen machen deutlich, dass das Cenobio de Valerón ehemals noch kunstvoller gestaltet war, als es sich dem heutigen Besucher präsentiert. Pedro Augustín del Castillo y Ruiz Vergara beschreibt es folgendermaßen (nach Biedermann: Die Spur der Altkanarier): »Als ich bei einer bestimmten Gelegenheit im Gebiet von Guía war, fragten mich zwei der Vornehmsten dieses Ortes, ob ich eines der Klöster dieser Alten sehen wolle, das sich an einer hohen und steilen Stelle über dem Barranco de Valerón befindet. Die zwei Edelleute führten mich mit beträchtlicher Gefahr hinauf. Ich gebe zu, dass mich der Bau mit Bewunderung erfüllte. In einem Felsabhang war – ohne scharfe Eisengeräte, die den Alten unbekannt waren, nur mithilfe von Feuersteinsplittern, die sie in Holzstiele steckten und mit denen sie gleich wie mit Hacken und Picken das Holz bearbeiteten und die stärksten Bäume fällten – ein großer Rundbogen geschnitten; innerhalb des Eingangs lief eine Höhlung oder ein Gang nach innen und zu beiden Seiten gab es eine große Anzahl von Zellen oder Zimmern: eines über dem anderen und mit Fenstern versehen. Zu beiden Seiten der Eingangsöffnung gab es eine Art von Türmen, die von innen aus anstiegen und deren Fensteröffnungen dem Abgrund des Barranco zugewandt waren.«

Auf der Bergkuppe oberhalb des Cenobio de Valerón befand sich ein Tagoror, ein Versammlungsplatz. Noch erkennbar sind die Steinsitze. Von hier oben bietet sich eine gute Sicht auf den als **Cuesta de Silva** bezeichneten Küstenstrich. Er verdankt seinen Namen Diego de Silva, der im Zuge der spanischen Eroberung einen Landungsversuch an der Nordküste Gran Ganarias unternahm.

Tagoror

Cruz de Tejeda

B 3

Das Cruz de Tejeda markiert die höchste Stelle der Passstraße im Zentrum von Gran Canaria (1490 m ü.d.M.). Der Platz rund um das steinerne Kreuz ist Ziel nahezu aller Rundfahrtbusse.

Entsprechend hektisch und kommerziell geht es hier zu. An den Verkaufsständen werden Früchte und Süßigkeiten angeboten, und ehe man sich versieht, wird man schon (gegen Entgelt natürlich) mit Esel

 CRUZ DE TEJEDA ERLEBEN

ESSEN

► **Erschwinglich**

Asador de Yolanda

Tel. 928 66 62 76

An schönen Tagen ist das Ausflugslokal am Cruz de Tejeda viel besucht. Geboten werden deftige Grillgerichte, Lammkeule mit papas arrugadas und gedünstetem Gemüse, dazu trinkt man einen Inselwein. Schönt sitzt man auf dem Balkon im ersten Stock.

ÜBERNACHTEN

► **Komfortabel**

El Refugio

Tel. 928 66 65 13

Fax 928 66 65 20

www.hotelruralelrefugio.com

Die zehn Zimmer in diesem Landhaus mit Pool stellen auch anspruchsvolle Gäste zufrieden. Gute kanarische Küche bietet das zugehörige Restaurant.

abgelichtet. Das Cruz de Tejeda ist für sein grandioses Gebirgspanorama berühmt. Der spanische Dichter und Philosoph Miguel de Unamuno bezeichnete die Landschaft als »Versteinertes Unwetter«.
Nur wenige Schritte von der Passstraße entfernt steht der in den Dreißigerjahren im typisch kanarischen Baustil nach Plänen von Néstor de la Torre (►Berühmte Persönlichkeiten) und seinem Bruder Miguel errichtete **Parador** (geschlossen).

Nordwestlich vom Cruz de Tejeda erreicht man auf einem aussichtsreichen **Wanderweg** die Wohnhöhlen von Caballero (hin und zurück ca. 2 Std. 30 Min.). Von Cruz de Tejeda nimmt man zunächst die GC 150 in Richtung Gáldar. An dem Parkplatz nach 150 m wählt man sodann den linken Wanderweg (Schild Parque Rural El Nublo), der zu einem Wasserreservoir führt. Nach anfangs steilem Anstieg stößt der Panoramapfad nach einer knappen halben Stunde wieder auf die GC 150. Auf ihr gelangt man, sich links haltend, zum **Mirador de las Palomas**, von dem es auf einem Pflasterweg weitergeht. Nach 15 Minuten wandert man auf einem Querweg links zum **Cruz de los Morriscos**. Von dem Wegkreuz aus gelangt man nach weiteren zehn Minuten zu den Cuevas del Caballero. Die Eingänge zu den Höhlen sind vergittert, doch dafür entschädigt das großartige Panorama auf die aus der Caldera de Tejeda ragenden Felsnadeln Roque Nublo und Roque Bentaiga.

Wanderung zu den Cuevas del Caballero

Fataga

C 3

Höhe: 680 m. ü.d.M.   **Einwohnerzahl:** 1000

Fataga ist ein hübsches, typisch kanarisches Bergdorf im gleichnamigen Barranco. Auf der Fahrt von den Touristenzentren im Süden Gran Canarias in das zentrale Bergland lohnt hier Stopp.

Wasser ist in Fataga und Umgebung ausreichend vorhanden, daher kann auf kleinen Feldern Landwirtschaft betrieben werden. Vor allem Mandel- und Aprikosenbäume gedeihen hier. Dementsprechend ist eine der Spezialitäten der Region »Tarta de Almendras«, ein süßer und kalorienreicher, aber äußerst leckerer Mandelkuchen. Die Aprikosenernte Anfang Mai wird alljährlich mit einem Fest eingeleitet. Ein Radrennen und ein mitternächtliches Feuerwerk bilden die Höhepunkte.
Herausragende Sehenswürdigkeiten kann man in Fataga nicht besichtigen, dafür bietet sich dem Touristen aber ein stimmungsvolles Ortsbild. Am besten stellt man sein Auto an der Durchgangsstraße

← Wie wäre es mit einem Ritt auf dem Esel? Herr und Tier warten am Cruz de Tejeda.

▶ **FATAGA ERLEBEN**

ESSEN

▶ **Preiswert**
El Albaricoque
Tel. 928 79 86 56
Sehr aufregend ist die Speisekarte
nicht: Snacks und Tapas stehen zur
Auswahl. Aber man sitzt sehr schön
auf der Terrasse mit tollem Ausblick.
Die Inhaber vermieten übrigens auch
zwei einfache Zimmer.

ÜBERNACHTEN

▶ **Komfortabel**
Finca Molino del Agua
Tel. 928 17 20 89
Fax 928 17 22 44
Das hübsche Landhotel befindet sich
1 km nördlich von Fataga. 20 indi-
viduell gestaltete Zimmer stehen zur
Verfügung. Auch für ein Essen ist
Molino del Agua eine gute Adresse. Im
Terrassenrestaurant stehen vor allem
Grillgerichte auf der Karte.

bei der Ende des 19. Jh.s errichteten Kirche ab und folgt den schmalen Gassen in den Ortskern. Kleine weiße Häuser mit üppigem Blumenschmuck begeistern das Auge. Erfrischungen und Speisen bieten
einige Bars bzw. Restaurants.

Umgebung von Fataga

Arteara
Die Strecke zwischen Fataga und dem 5 km südlich gelegenen Dorf
Arteara führt durch eine schöne Gegend. Zwischen Feldern wiegen
sich Palmen im Wind. Arteara ist Ausgangspunkt für eine kleine Kamelsafari (von Fataga kommend, rechts der Durchgangsstraße). Eine
weitere Attraktion ist der **Parque Arqueológico de Arteara** mit kleinem Besucherzentrum und angelegten Rundwegen durch ein Gräberfeld aus altkanarischer Zeit. Die über 800 Grabstellen, von denen
allerdings viele für Laien als solche nicht mehr erkennbar sind, entstanden zwischen 500 v. Chr. und ca. 1700 n. Chr. Auf auch deutschsprachigen Hinweistafeln werden Bestattungsriten und Bauweise der
Grabanlagen erläutert (geöffnet: Mo. – Fr. 10.30 – 14.30 Uhr).

Wanderung nach Arteara
Von Fataga kann man die Strecke bis Arteara auch zu Fuß zurückle-
gen. Parallel zur Straße gibt es einen Fahrweg. Zunächst verläuft er
östlich der Hauptstraße, später westlich von ihr. Am südlichen Ortsende von Fataga verlässt man die Hauptstraße und biegt, von Maspalomas kommend, rechts auf einen asphaltierten Weg ab, der mit
»Los Llanos« beschildert ist. Er führt am Friedhof vorbei und dann
in Kehren bergab. Bei einer Abzweigung hält man sich links. Nach
einer Gehzeit von insgesamt einer Stunde trifft man auf den Zu-
fahrtsweg zu einem Gehöft, ihm folgt man nach rechts und gelangt
bald darauf zurück zur Hauptstraße Maspalomas – Fataga. Man geht
ein Stück auf der Straße in Richtung Süden, biegt dann rechts auf

einen Weg ab, der mit »Presa de Ayagaures« beschildert ist. Er führt am **Stausee von Arteara** vorbei in den Grund der Fataga-Schlucht. Bald darauf kommt man zu der erwähnten Kamelsafari-Station. Leider verliert sich der Weg kurz danach im Gestrüpp des Barrancos.

Firgas

B 3

Höhe: 500 m ü.d.M.   **Einwohnerzahl:** 6900 (ges. Bezirk)

Das etwa 25 km westlich von Las Palmas gelegene Firgas ist von einer üppig grünen Landschaft umgeben. Schon im 16. Jh. gab es im heutigen Ortsbereich eine Siedlung. Der Name Firgas ist auf den Kanaren in aller Munde – ein Mineralwasser kommt von hier.

Firgas besteht aus einfachen weißen Häuschen, die sich an den Berghängen hinaufziehen. Attraktion ist der **Paseo de Gran Canaria**. Den Weg mit den Wasserkaskaden säumen bunte Kachelbänke. Darüber prunken die Wappen der 21 Regierungsbezirke von Gran Canaria. Die Fortsetzung dieser Wassertreppe bildet der Paseo de Canarias. Er zeigt Darstellungen von kanarischen Landschaften.

Im Ortszentrum zweigt eine Straße zu den Aguas de Firgas ab (rund 5 km). Sie endet etwas oberhalb der Mineralwasserabfüllanlage. Täglich werden hier mehr als 200 000 Flaschen abgefüllt.   **Aguas de Firgas**

Moderner Kachelschmuck am Paseo de Gran Canaria in Firgas

✶✶ Gáldar

Höhe: 143 m ü.d.M.   **Einwohnerzahl:** 22 000 (ges. Bezirk)

Gáldar im Nordwesten von Gran Canaria ist über die gut ausgebaute Küstenstraße von Las Palmas aus leicht zu erreichen (28 km). Da Touristen Gáldar meist nur für einen kurzen Zwischenstopp im Rahmen einer Inselrundfahrt besuchen, konnte der Ort seine Ursprünglichkeit weitgehend bewahren. Besondere Attraktion sind die Hinterlassenschaften aus vorspanischer Zeit.

Der am Fuß des **Pico de Gáldar** (434 m ü.d.M.) gelegene Ort wächst allmählich mit ▶ Santa María de Guía zusammen. Gleichgültig aus welcher Richtung man sich Gáldar nähert, es ist offensichtlich, wovon der Ort lebt: Bananenplantagen, wohin man schaut. Aber natürlich macht sich die Absatzkrise des »krummen Früchtchens« auch in Gáldar bemerkbar. Viele Plantagen mussten in den letzten Jahren

GÁLDAR ERLEBEN

AUSKUNFT

Oficina de Turismo
Edificio Heredad de Aguas
Tel. 928 89 58 55

SHOPPING

Mercado
Calle Capitán Queseda
Gutes und großes Angebot an frischen Lebensmitteln der Region, hier kann man auch den leckeren »Queso de flor« aus dem Nachbarort Santa María de Guía erstehen (Mo.–Sa. 8.00 bis 14.00 Uhr).

Mercado de Artesanía
Plaza de Santiago
Eine Attraktion ist der Kunsthandwerksmarkt, der jeden ersten So. im Monat vormittags auf dem zentralen Platz stattfindet.

ESSEN

▶ **Erschwinglich**
Marisquería La Fragata
Playa de Sardina

Tel. 928 88 32 96
Das bekannte Seafoodlokal steht unter französischer Leitung. Gleich am Eingang schwimmt das Tagesangebot in einem großen Becken. Der Name des Lokals ist übrigens Programm: Die Innenausstattung stammte aus einer ausgemusterten Fregatte (Mo. ist Ruhetag).

ÜBERNACHTEN

▶ **Günstig**
Hacienda de Anzo
Vega de Anzo
Tel. 928 55 15 55
Fax 928 55 12 44
www.haciendadeanzo.com
Das kleine Landhotel, ehemals Sitz einer Bananenfinca, befindet sich in aussichtsreicher Hanglage über dem Tal von Gáldar. Dazu gehört ein weitläufiger Garten mit Pool. Die Zimmer sind teils mit edlem Mobiliar ausgestattet, doch nicht alle haben einen Balkon! Gutes Preis-Leistungs-Verhältnis.

aufgegeben werden. Auf einigen Feldern werden nun exotische Früchte oder Blumen angebaut, andere liegen brach. Die Arbeitslosenrate ist hoch in Gáldar.

Die Gegend um Gáldar war schon vor der spanischen Eroberung besiedelt. Es war der Sitz eines der beiden Inselkönige von Gran Canaria. Rund um die Cueva Pintada (▶ S. 157) bestand die altkanarische Siedlung Agaldar mit mehr als 60 Häusern und künstlich geschaffenen Höhlen. Bewohnt war Agaldar vom 6. bis 16. Jahrhundert.

Als Juan Rejón 1478 versuchte, die Insel für die spanische Krone einzunehmen, herrschte in Gáldar **Tenesor Semidan**. Sein Machtbereich beschränkte sich auf die nordwestliche Inselhälfte von Gran Canaria. Nachdem die Spanier ihn und einige seiner Leute in einer Höhle aufgespürt hatten, ergab er sich. Die Zwangstaufe, die anschließend mit ihm durchgeführt wurde, zeigte Erfolg: Bei den weiteren Auseinandersetzungen zwischen Altkanariern und Spaniern versuchte Tene-

Büste des letzten Guanchenkönigs im Innenhof des Rathauses von Gáldar

sor Semidan wiederholt, seine Stammesgenossen zur Kapitulation und zur Annahme des Christentums zu bewegen. War es dieses Verhalten, das dem letzten Guanarteme von Gáldar ein Denkmal einbrachte? Das Monument, das der spanische König Juan Carlos I. am 24. Juli 1986 gestiftet hat, steht nur wenige Hundert Meter östlich der Plaza in Gáldar.

Sehenswertes in Gáldar

Mittelpunkt des Städtchens ist die Plaza de Santiago. Auf Bänken unter hohen Bäumen kann man hier gut verweilen. Ein Kiosk bietet Erfrischungen. In den umliegenden Straßen gibt es zahlreiche kleinere Geschäfte und Dienstleistungsbetriebe.

Plaza de Santiago

An der Plaza de Santiago erhebt sich die Iglesia de Santiago de los Caballeros. Mit ihrem Bau wurde bereits 1778 begonnen, ein erster Gottesdienst fand 1826 statt. Völlig fertiggestellt war diese Kirche jedoch erst nach fast hundertjähriger Bauzeit 1872.

Iglesia de Santiago de los Caballeros

Das grüne **Taufbecken**, das heute im Museo de Arte Sacra aufbewahrt wird (Zugang über Calle Fernando Guanarteme) soll Ende des 15. Jh.s von Andalusien nach Gran Canaria gebracht worden sein. So haben schon die Altkanarier zwangsweise mit Wasser aus dem Taufbecken Bekanntschaft gemacht. In der Kirche sind ferner einige Heiligenstandbilder (u. a. »Fleischwerdung Christi« und »Maria vom Rosenkranz«), die Luján Pérez zugeschrieben werden, von Interesse.

Ayuntamiento

Das Rathaus steht, nur wenige Meter von der Kirche entfernt, mit der Hausnummer 1 ebenfalls an der baumbestandenen Plaza. Zu den Dienstzeiten der Behörde am Vormittag kann man im Innenhof das prächtige Exemplar eines Drachenbaums (**Drago**) bewundern. Er wurde 1719 gepflanzt. Heute finden seine Zweige und Wurzeln in dem Patio kaum noch ausreichend Platz.

Casa Museo Antonio Padrón

Das kleine Museum in der Calle Drago, nördlich der Plaza de Santiago, ist ganz dem aus Gáldar stammenden Maler **Antonio Padrón** (1920–1968) gewidmet. Im ehemaligen Wohnhaus und Atelier des vom Expressionismus und Kubismus beeinflussten Künstlers werden Grafiken, Bilder und Skulpturen aus Holz und Stein ausgestellt. Im Mittelpunkt von Padróns Werk steht die ländliche Kultur der Bauern und Fischer (geöffnet: Mo.–Fr. 9.00–14.00 Uhr).

Nachbildung der Cueva Pintada im Museo Canario von Las Palmas

Seit einigen Jahren ist die Cueva Pintada (= bemalte Höhle), eine der bedeutendsten Hinterlassenschaften der Altkanarier, wieder zugänglich. Sie gehört nun zu einem archäologischen Park mit Museum, Ausgrabungsstätten und rekonstruierten altkanarischen Häusern (geöffnet: Di.–Sa. 9.30–18.00, So. 11.00–14.00 Uhr).

**Parque
Arqueológico
Cueva Pintada**

Entdeckt wurde die Cueva Pintada 1873. Eine erste Restaurierung erfolgte jedoch erst in den Jahren 1970–1974. Um den wertvollen Kulturschatz nicht völlig zu zerstören, war die Höhle jahrzehntelang für den Publikumsverkehr geschlossen, nur eine originalgetreue Nachbildung konnte im Museo Canario in ► Las Palmas besichtigt werden. Wegen ihrer **Höhlenmalereien** – man fand auf keiner der Nachbarinseln etwas Vergleichbares – nimmt die Cueva Pintada von allen bekannten Höhlen einen ganz besonderen Status ein. Die etwa 5 mal 4,5 m große und 3 m hohe Höhle weist an ihren Innenwänden farbige geometrische Zeichnungen auf: Quadrate, Dreiecke und konzentrische Kreise. Welche Funktion die Cueva Pintada ehemals hatte, ob es sich um eine Begräbnis- oder Wohnhöhle oder aber um eine Opferstätte handelte, ist nicht bekannt. Die geführten Rundgänge durch den Archäologiepark beginnen mit einem Besuch des Museums. Hier sind verschiedene Fundstücke aus altkanarischer Zeit ausgestellt, zudem werden zwei Filme gezeigt, die das Leben der Altkanarier lebendig werden lassen. Anschließend folgt die Besichtigung der Ausgrabungsstätte mit Bauresten aus der altkanarischen Epoche sowie der Besuch der Cueva Pintada. Der Rundgang endet mit der Besichtigung rekonstruierter Gebäude und eines Gehöfts.

Umgebung von Gáldar

Kurz hinter dem südwestlichen Ortsausgang von Gáldar zweigt eine Straße nach Sardina ab (von Gáldar 6 km). Der kleine Fischerort ist am Wochenende ein beliebtes Ausflugsziel kanarischer Familien, die eine der bescheidenen Sandbuchten oder aber eines der guten **Fischrestaurants** aufsuchen wollen. Entlang der Küstenstraße herrscht dann meist Verkehrschaos. Kommt man aber unter der Woche hierher, so kann man die malerische Szenerie in Ruhe auf sich wirken lassen. Wer länger bleiben möchte, kann sich in einem der Appartementbauten mit Blick aufs Meer einquartieren. Außerhalb der Sommerferien bekommt man in der Regel problemlos ein Zimmer.

Sardina

Reizvoll ist der Blick über den Küstenstrich von dem 3 km entfernt stehenden Faro de Sardina. Oberhalb des Leuchtturms ist eine Feriensiedlung entstanden.

Faro de Sardina

Eine der bedeutendsten archäologischen Ausgrabungsstätten auf den Kanarischen Inseln befindet sich 2 km nördlich von Gáldar an der Küste bei **El Agujero**. Der Ort besteht nur aus einer Häuserzeile, die sich an der Küste entlangzieht. Auch hier herrscht am Wochenende viel Betrieb. Einheimische schätzen den von Steinen durchsetzten

La Guancha

Hohlsaumstickerei ist eine wahre Kunst – in Ingenio kann man sie erlernen.

Strand als Freizeitareal. Links und rechts der Hauptstraße sind zwischen Wohnhäusern noch spärliche Überreste altkanarischer Häuser zu entdecken. Die 1934 freigelegten Grundmauern lassen erkennen, dass die Altkanarier in runden oder ovalen Häusern lebten, die eine Fläche von 30 bis 50 m² einnahmen.

Folgt man der parallel zur Küste verlaufenden Straße, so erreicht man nach ca. 400 m das umzäunte, etwas erhöht liegende Gräberfeld von La Guancha. Normalerweise ist die Tür nicht verschlossen, sodass man das Gelände mit mehreren Grabanlagen jederzeit betreten kann. Bei den Nekropolen handelt es sich um Rundbauten aus mörtellos zusammengefügten Steinen. Man nimmt an, dass der größte Tumulus (an der höchsten Stelle des Gräberfeldes) die Begräbnisstätte der adligen Herrscherschicht war. Hier gruppieren sich um die in der Mitte gelegenen beiden runden Steinkammern – möglicherweise die Begräbnisstätte des Guanarteme – zahlreiche kleinere rechteckige. Die Kammern waren einst mit Steinplatten abgedeckt. Als man die Nekropole 1935 freilegte, fand man 30 Mumien, die etwa Ende des 11. Jh.s n. Chr. einbalsamiert worden waren.

Ingenio

`C 4`

Höhe: 339 m ü.d.M.   **Einwohnerzahl:** 26 000 (ges. Bezirk)

Knapp 30 km südlich von Las Palmas, nahe dem Aeropuerto de Gando, liegt der Ort Ingenio. Sein Name (span. = Zuckersiederei) sagt schon aus, womit in der Vergangenheit Geld verdient wurde. Heute ist Ingenio bekannt als Zentrum der Kunststickerei.

Vor allem im 16./17. Jh. erlebte der Ort durch die Zucker- und später auch Rumproduktion einen beachtlichen Aufschwung. Anstelle von Zuckerrohr werden heute in erster Linie Tomaten angebaut.

Ingenio ist mit seinen weißen Häuschen und der schlichten Pfarrkirche ein typisch kanarisches Dorf. An die Vergangenheit erinnert die Nachbildung einer Zuckerrohrpresse. Sie wurde 1991 an der östlichen Ortseinfahrt (Straße nach Carrizal) aufgestellt.

> **! *Baedeker* TIPP**
>
> **Weihnachtsstimmung auf Gran Canaria?**
> Christbäume werden Sie nur wenige sehen, dafür gibt es wunderschöne Weihnachtskrippen. Eine der größten und prächtigsten finden Sie im Museo de Piedras in Ingenio. Detailverliebt wird die Weihnachtsgeschichte vom Stall in Bethlehem bis zu den Heiligen Drei Königen en miniature aufgebaut. Jeweils von Mitte Dezember bis zum 6. Januar ist die Weihnachtskrippe zu besichtigen.

Sehenswertes in Ingenio

Das »Museum Der Steine und des Kanarischen Kunsthandwerks« befindet sich 2 km vor dem nördlichen Ortseingang. Vor dem Gebäude sind alte landwirtschaftliche Geräte ausgestellt. In erster Linie ist das »Museum« eine Verkaufsstelle für kanarisches Kunsthandwerk; angeschlossen ist eine **Stickereischule** (Besichtigung möglich). Die Steinsammlung selbst bietet dem Laien wenig, viele Stücke sind gar nicht oder nur unzureichend beschriftet. Geöffnet ist das Museo de Piedras y Artesanía Canaria täglich 9.00 – 18.00 Uhr (freier Eintritt). **Museo de Piedras y Artesania** ⏱

✶✶ Las Palmas ✓

B 4

Höhe: 0 – 210 m ü. d. M.   **Einwohnerzahl:** 380 000

Las Palmas de Gran Canaria ist die unbestrittene Metropole des Kanarischen Archipels. Die Hauptstadt der gleichnamigen Provinz strotzt geradezu vor urbanem Leben, wozu allerdings auch das permanente Verkehrschaos und monotone Schlafquartiere an der Peripherie gehören. Doch die herausgeputzte Altstadt, hochkarätige Museen und die pulsierende Vergnügungsmeile Santa Catalina manchen einen Besuch der Inselhauptstadt zu einem Muss.

Las Palmas nimmt die Nordostspitze der Insel ein. Die Stadt erstreckt sich von Norden nach Süden über etwa 14 km entlang der Küste. Die Grenze zum Inselinnern bilden die Ausläufer des Zentralmassivs. Seit dem 20. Jh. gehört auch die Halbinsel **La Isleta** (= das Inselchen) zur Stadt. La Isleta war einst tatsächlich eine Insel. Durch eine Nehrung entstand im Lauf der Zeit jedoch die Landbrücke mit Gran Canaria. **Hafenstadt mit internationalem Flair**

Mit ihren – nach offiziellen Angaben – 382 000 Einwohnern (die tat-
sächliche Zahl ist vermutlich höher) ist Las Palmas mit Abstand die
größte Stadt des Kanarischen Ar-
chipels und die siebtgrößte Spaniens. Schon von jeher ist sie ein
bedeutendes Wirtschafts-, Ver-
kehrs- und Handelszentrum gewesen, wobei sie ein Großteil ihrer
wirtschaftlichen Bedeutung dem
Hafen (Puerto de la Luz) verdankt.
Seine günstige Lage im Schnitt-
punkt der Schifffahrtslinien zwischen Europa, Afrika und Südamerika ließen ihn zu einem der größten Atlantikhäfen der Welt werden.

> ## ! *Baedeker* TIPP
>
> ### Hafenrundfahrt
>
> Aus einer ganz anderen Perspektive lernt man
> Las Palmas bei einer Hafenrundfahrt kennen: Die
> »Bahia Cat« startet regelmäßig an der Muelle
> Santa Catalina bzw. vom Yachthafen aus zu einer
> interessanten Hafenrundfahrt. Auskunft unter
> Tel. 928 24 99 22.

Besonderer Stolz der Stadt ist die erst 1990 gegründete **Universität**.
Lange Jahre hatten die Einwohner Gran Canarias darum gekämpft.
Bis 1990 musste jeder Studierwillige nach Teneriffa oder aufs spanische Festland übersiedeln. Die vielen Tausend Besucher aus aller
Herren Länder – seien es nun Seeleute oder Touristen – verleihen
Las Palmas ein internationales Flair. Die Stadt verfügt über annähernd 100 Hotels – mit allerdings abnehmender Tendenz. Viele ausländische Gäste halten sich nur für einen Tagesausflug in die etwas
lauten und hektischen Großstadt auf. Ihren Urlaub verbringen sie
lieber im sonnensicheren Süden Gran Canarias. Doch inzwischen
steigt die Zahl der »Überwinterer«im Rentenalter.

Gegründet wurde die Stadt am 24. Juni 1478 durch **Juan Rejón**, der   **Geschichte**
von hier aus im Auftrag des spanischen Königs Gran Canaria unterwarf. Da in der Region, die die spanischen Eroberer als Verwaltungs-
sitz ausgewählt hatten, ausgesprochen viele Palmen wuchsen, bekam
der Ort den Namen **Ciudad Real de las Palmas** (= Königliche Stadt
der Palmen). Nachdem 1483 die gesamte Insel unter spanischer
Herrschaft stand, waren die Voraussetzungen geschaffen, den Bi-
schofssitz 1485 von Lanzarote nach Las Palmas zu verlegen. Der Ort
entwickelte sich schnell: schon 1487 lebten hier ca. 3500 Menschen,
neben Spaniern vor allem Genuesen und Portugiesen. Als Brücken-
kopf zwischen Europa und der Neuen Welt profitierte die Stadt vom
Handel zwischen den beiden Kontinenten. Ob allerdings **Christoph
Kolumbus** (▶ Berühmte Persönlichkeiten) bei seiner ersten Ozeanüberquerung 1492 auf Gran Canaria tatsächlich Station machte und
in der später nach ihm benannten Casa de Colón wohnte, konnte bis
heute nicht zweifelsfrei nachgewiesen werden.
Im 16. Jh. war harter Überlebenskampf für die Stadt die Regel: Wiederholt mussten Angriffe englischer, französischer und portugiesi-

← Beliebte Flanier- und Einkaufsmeile:
Calle de Triana im gleichnamigen Stadtviertel

scher Seefahrer abgewehrt werden. Vor der härtesten Bewährungs-
probe stand man wohl im Jahr 1599, als der Holländer **van der Doez**
mit etwa 10 000 Mann Las Palmas einnehmen wollte. Im 17. und 18.
Jh. gelangte Las Palmas zunehmend zu Wohlstand. In dem Viertel
Vegueta entstanden zahlreiche prächtige Bauten, von denen einige
bis heute erhalten sind. Sprunghaft bergauf ging es mit Las Palmas
jedoch erst nach der Gründung des Hafens Ende des 19. Jh.s. Lebten
1860 erst 16 000 Menschen in dem Inselhauptort, so waren es 1900
schon fast 50 000. Nach allen Seiten dehnte sich Las Palmas aus, das
alte Viertel Vegueta wuchs mit dem Puerto de la Luz zusammen und
viele Wohngbiete wurden oberhalb der Küstenzone angelegt. Als in
den Fünfzigerjahren der Tourismus zunehmend an Bedeutung ge-
wann, setzte entlang dem Strand Las Canteras ein wahrer Bauboom
ein: Neue Hotels und Anlagen schossen wie Pilze aus dem Boden. **Inselhauptstadt** ist Las Palmas seit 1820. Als 1927 die Teilung der Kanarischen Inseln in zwei Provinzen erfolgte, avancierte Las Palmas
zur Hauptstadt der östlichen Provinz Las Palmas de Gran Canaria.
Seit 1990 ist Las Palmas Universitäts- und seit 1994 auch Kongress-
stadt: Eine hochmoderne Tagungsstätte wurde auf dem Messegelände
eröffnet.

 ## LAS PALMAS ERLEBEN

AUSKUNFT

Patronato de Turismo
Calle León y Castillo 17
Tel. 928 36 22 22
Fax 928 36 28 22

Informationskioske
Im Parque San Telmo gegenüber der
Ermita de San Telmo, am Paseo de las
Canteras gegenüber vom Hotel Meliá
Las Palmas und im Parque Santa
Catalina.

PARKEN

Parkplätze sind in Las Palmas extrem
knapp. Am besten steuert man sofort
eines der zentralen Parkhäuser an: in
der Altstadt beim Theater Pérez
Galdós, im Santa-Catalina-Viertel das
Parkhaus Edificio Elder.

BUS/TAXI

Von den Ferienzentren im Süden gibt
es gute Expressbus-Verbindungen in

die Hauptstadt, und auch das Stadt-
busnetz ist sehr gut ausgebaut. Die
Linie 1 pendelt alle paar Minuten
zwischen Teatro Pérez Galdós und
Hafen hin und her.
Vom Parque de Santa Catalina startet
tagsüber etwa alle 30 Min. ein offener
Touristenbus zu einer Rundfahrt. Für
rund 8 Euro kann man an einem Tag
beliebig häufig ein- und aussteigen.
Taxifahrten sind preisgünstig, und es
gibt wohl kaum eine Stadt in Europa,
in der mehr Taxis als in Las Palmas
unterwegs sind.

SICHERHEIT

Las Palmas gilt als gefährlichste Stadt
der Kanaren, was nicht heißt, dass an
jeder Ecke ein Straßenraub passiert.
Tagsüber ist die Metropole nicht un-
sicherer als jede andere mitteleuro-
päische Großstadt, nachts sollte man
vor allem im Hafenviertel und Barrio
Santa Catalina auf der Hut sein.

Las Palmas Orientierung

Übernachten
1. Madrid
2. Atlanta
3. AC Hotel Gran Canaria
4. Santa Catalina
5. Meliá Las Palmas
6. Reina Isabel

Essen
1. El Herreño
2. El Padrino
3. Hippocrates
4. El Novillo Precoz
5. Amaiur
6. Casa Montesdeoca

1. Casa Museo Pérez Galdós
2. Teatro Pérez Galdós
3. Gabinete Literario
4. Casa de Colón
5. Palacio Episcopal/ Casa Regental
6. Casa Consistorial
7. Museo Canario

SHOPPING

Wer zum Einkaufen nach Las Palmas kommt, sollte die Avenida de Mesa y López aufsuchen. Hier gibt es etliche große Kaufhäuser und Filialen großer Schuh- und Modefirmen. Kleinere Boutiquen reihen sich dagegen in der Fußgängerzone Calle de Triana aneinander, die durch das gleichnamige Viertel verläuft. In ihren Seitengassen verstecken sich Buchläden und Antiquitätenhändler. Im Santa-Catalina-Viertel finden sich meist von indischen Einwanderern geführte Elektronikgeschäfte mit Uhren, HiFi-Geräten und Computerbedarf – Preisvergleiche lohnen.

Shoppingcenter El Muelle
am Hafen
In dem neuen Shoppingcenter am Hafen kann man auf fünf Ebenen dem Konsum frönen. Natürlich gehören zu dem modernen Einkaufsparadies mit seinen mehr als 100 Läden auch diverse Cafés und Restaurants, Kinos und Discos.

Auf dem Markt in der Vegueta

Mercado del Puerto
am Hafen, nahe dem Castillo de la Luz
Mo. – Sa. vormittags
Lebensmittel, Kleidung, Souvenirs.

Mercado de las Palmas
Calle Mendizábal, Vegueta
Mo. – Sa. 8.00 – 15.00 Uhr
Obst, Gemüse, Fisch und Fleisch, täglich frisch.

Mercado Central
Calle Galicia
Mo. – Sa. 7.00 – 14.00 Uhr
Auf 2 Stockwerken präsentiert sich der größte Lebensmittelmarkt der Stadt.

Flohmarkt
Busbahnhof, beim Parque San Telmo
Jeden Sonntagvormittag.

FEDAC
Calle Domingo y Navarro 7
Garantiert aus der Werkstatt lokaler Handwerker sind die Stickereien, Korbwaren und kunstvollen Eisenwaren im Geschäft der FEDAC.

AUSGEHEN

Treffpunkte
Vor allem rund um den Parque de Santa Catalina bzw. entlang der Strandpromenade findet man unzählige Bars, Pubs und Discos.

Auditorio Alfredo Kraus
Paseo de las Canteras
Tel. 902 40 55 04
www.auditorio-alfredokraus.com
Die beste Adresse für Musikevents von Pop bis Klassik.

Casino de las Palmas
im Hotel Santa Catalina
Calle León y Castillo 227
Tel. 928 23 39 08
www.casinolaspalmas.com
Roulette und Black Jack.

Pequeña Habana
Calle de Fernando Guanarteme 45
Eine der angesagtesten Diskotheken
der Stadt; es wird ausschließlich
Latino-Musik gespielt. Geöffnet ist
dieser beliebte Treffpunkt Fr.– So.
22.00 – 4.00 Uhr.

ESSEN
► Fein & teuer
⑤ *Amaiur*
Calle Pérez Galdós 1
Tel. 928 37 07 17
Dies ist eines der Spitzenrestaurants
der Insel, entsprechend edel präsen-
tiert sich das Ambiente: lichte, hohe
Räume in einem alten Stadthaus.
Baskische Küche wird mittags und
abends serviert (So. geschl.).

⑥ *Casa Montesdeoca*
Calle Montesdeoca 10
Tel. 928 33 34 66
Das Ambiente ist einzigartig: Man
speist in einem der Räume eines
wunderschön restaurierten kanarischen Hauses oder im Patio. Spanische Küche (So. Ruhetag).

► Erschwinglich
④ *El Novillo Precoz*
Calle Portugal 9
Tel. 928 22 16 59
Gegrilltes Fleisch gibt es in Las Palmas
nirgends besser als hier, das wissen die
vielen Stammgäste schon lange. Hervorragende Qualität hat natürlich
ihren Preis. Dafür bekommt man
jedoch auch nicht nur einfach ein
Stück Fleisch, sondern kann zwischen
drei Grillmethoden wählen: »a la
brassa« (auf der Glut), »a la ceniza«
(in der Asche) oder »a punta de
llamas« (über züngelnden Flammen).
Das Fleisch durchgebraten zu essen ist
fast ein Sakrileg, der Chef plädiert für
allenfalls »a punto« (also medium).
Reservierung empfohlen!

El Herreño: Kanarische Küche in Perfektion

► Preiswert
① *El Herreño*
Calle Medizábal 5
Tel. 928 31 05 13
Die wohl beste Möglichkeit, typisch
kanarische Tapas kennenzulernen und
auch einmal richtigen Gofio zu kosten. Seinem Namen »Der Mann aus
Hierro« macht das alteingesessene
Restaurant mit Weinen und Käse von
der kleinen Kanareninsel alle Ehre.

② *El Padrino*
Calle J. Nazareno 1
(auf der Isleta)
Tel. 928 46 20 94
Einfaches Lokal mit soliden Preisen
und nicht zuletzt deswegen bei den
Hauptstädtern sehr populär. Wie wäre
es mal mit Haifischsteak oder Papageienfisch?

③ *Hippocrates*
Calle Colón 4
Tel. 928 08 79 60
Das kleine Altstadtlokal offeriert in
schlichtem Ambiente vegetarische

Küche, die meisten der Zutaten kommen aus ökologischem Anbau (Mo. Ruhetag).

ÜBERNACHTEN

▶ **Luxus**

④ *Santa Catalina*
Calle León y Castillo 227
Tel. 928 24 30 40
Fax 928 24 27 64
www.hotelsantacatalina.com
Wenn sich der spanische König auf Gran Canaria aufhält, bezieht er eine Suite im Santa Catalina. Andere Berühmtheiten wie Plácido Domingo oder Prinz Charles taten es ihm nach. Das 1953 im typisch kanarischen Stil errichtete Haus ersetzte ein bereits 1890 eröffnetes Hotel. Es ist heute die erste Adresse der Stadt. Koloniales Ambiente bietet die Caféterrasse unter den Hotelarkaden, ein 2800 m² großes Spa-Center sorgt für Entspannung, ein Spielcasino für Unterhaltung.

⑤ *Meliá Las Palmas*
Calle Gomera 6
Tel. 928 26 76 00
Fax 928 26 84 11
www.solmelia.es
Ganz kann man sich des Eindrucks nicht erwehren, dass das Hotel an der Playa de las Canteras schon bessere Zeiten gesehen hat. Dennoch sind die 266 Zimmer und 46 Suiten komfortabel eingerichtet und bieten den einem Fünfsternehotel angemessenen Standard. Einrichtungen für Konferenzen sind vorhanden, ferner ein Swimmingpool, Restaurant und Bar.

⑥ *Reina Isabel*
Calle Alfredo L. Jones 3
Tel. 928 26 01 00
Fax 928 27 45 58
www.bullhotels.com
Fünfsternehaus an der Strandpromenade mit 208 Zimmern und 16 Suiten.

Das Haus verfügt über einen großen Swimmingpool auf der Dachterasse und mehrere Restaurants. Von der Caféterrasse hat man einen prächtigen Blick auf das Meer.

▶ **Komfortabel**

② *Atlanta*
Calle Alfredo L. Jones
Tel./Fax 928 26 50 62
www.atlantacanarias.com
Das Stadthotel der unteren Mittelklasse liegt im Viertel Santa Catalina, etwa 50 m vom Strand entfernt. Seine 47 zweckmäßig ausgestatteten Zimmer und 20 Appartements haben alle Sat-TV, Telefon und Safe. Angesichts der zentralen Lage ist es hier nicht unbedingt ruhig!

③ *AC Hotel Gran Canaria*
Calle Eduardo Benot 3
Tel. 928 26 61 00
Fax 928 22 91 39
www.ac-hoteles.com
Der Hochhausrundbau beherrscht das Touristenviertel Santa Catalina. Die Zimmer verteilen sich über 23 Stockwerke, entsprechend grandios ist der Ausblick von den Zimmern in den höheren Etagen. Man kann ihn jedoch auch von der Dachterrasse mit Pool oder vom Restaurant aus genießen.

▶ **Günstig**

① *Madrid*
Plaza de Cairasco 4
Tel. 928 36 06 64
Fax 928 38 21 76
hotelmadridlaspalmas@telefonica.net
Von den 40 einfach eingerichteten Zimmern haben die Hälfte Dusche und WC, sehr günstig sind die Zimmer mit Etagenbad. Geschätzt wird das Hotel nicht zuletzt wegen der zentralen Lage in der Altstadt. Das dazugehörige Café/Restaurant wird auch von Nicht-Hotelgästen gern besucht.

Highlights Las Palmas

Museo Canario
Aus der bedeutendsten Sammlung der Kanaren sticht das Idol von Tara hervor.
▶ **Seite 177**

Playa de las Canteras
Flanieren Sie auf der fast 3 km langen Promenade an einem der schönsten Stadtstrände der Welt entlang.
▶ **Seite 168**

Vegueta
Das Altstadtviertel mit der Kathedrale und dem Kolumbushaus atmet noch ganz das Flair der kolonialen Epoche.
▶ **Seite 174**

Parque de San Telmo
Gönnen Sie sich eine Rast auf der von Palmen beschatteten Terrasse des wunderschön gekachelten Jugendstilcafés.
▶ **Seite 172**

Die einzelnen Stadtviertel von Las Palmas haben einen überaus unterschiedlichen Charakter, ein Stadtzentrum im eigentlichen Sinn existiert nicht. Vom Tourismus geprägt ist besonders die Zone um den **Parque de Santa Catalina** und entlang dem Strand Las Canteras. Als Wahrzeichen dieses Stadtteiles gilt der hohe Rundbau des Hotels AC Gran Canaria. Unmittelbar östlich an den Parque de Santa Catalina schließt sich das **Hafenviertel** an, das sich auf weite Teile der Isleta ausdehnt. **Stadtviertel**

Die meisten Sehenswürdigkeiten von Las Palmas liegen in **Vegueta**, dem ältesten Stadtbezirk. Sein Mittelpunkt ist die Plaza de Santa Ana, wo auch Volksfeste und Prozessionen stattfinden. In den umliegenden Gassen stehen viele schöne alte Häuser mit kunstvollen Holzbalkonen und ruhigen Patios. Nach Norden hin schließt das gepflegte Viertel **Triana** an die Vegueta an. Zentrum dort ist die zur Fußgängerzone erklärte Calle de Triana mit zahlreichen Geschäften.

Die nobelste Wohngegend von Las Palmas ist **Ciudad Jardín** (= Gartenstadt) beim Parque Doramas. In den stillen Seitenstraßen dieses Bezirks liegen luxuriöse Villen, umgeben von üppigen Gärten. Nur allzu deutlich wird hier die Furcht der Bewohner vor Einbrechern, denn wohl kein Haus ist ohne Alarmanlage und vergitterte Fenster.

In krassem Gegensatz zur exklusiven Ciudad Jardín und zu den Einkaufsvierteln mit ihrem reichhaltigen Warenangebot stehen die **Trabantenstädte** in den Außenbezirken von Las Palmas. In den letzten Jahrzehnten ist die Stadt ohne jegliche Planung weitergewachsen. Triste Häuser wurden in aller Eile hochgezogen, um Wohnraum zu schaffen. Viele Menschen können sich jedoch nicht einmal eine Wohnung in diesen grauen Schlafstädten leisten. Die ärmsten Bevölkerungsschichten hausen in Verschlägen aus Holz und Wellblech unter miserablen Bedingungen. Kein Wunder, dass die Kriminalität in Las Palmas enorme Ausmaße angenommen hat. Es empfiehlt sich dringend, nichts im Auto liegenlassen!

Sehenswertes in Las Palmas

Puerto de la Luz Mit dem Bau des Puerto de la Luz, des Hafens des Lichts, begann man Ende des 19. Jh.s; für die Planung zeichnete der Ingenieur **León y Castillo** verantwortlich. In Bezug auf den jährlichen Warenumschlag (rund 7 Mio. t) ist der Puerto de la Luz der sechstgrößte Hafen Spaniens, hinsichtlich des Verkehrsaufkommens liegt er in der Statistik erheblich weiter vorn: Etwa 14 000 Schiffe gehen hier jährlich vor Anker. An der **Muelle de Santa Catalina**, nahe beim Parque de Santa Catalina, legen die Fähren an, die den Passagier- und Autotransport zwischen den Kanarischen Inseln, aber auch zum spanischen Festland wahrnehmen. Daneben gehen hier Fischerboote vor Anker. Der eigentliche Fischereihafen ist jedoch die **Muelle Pesquero**. Die **Muelle de la Luz** ist in erster Linie Frachtschiffen vorbehalten. Den östlichen Abschluss des Hafenbereichs bildet die **Dique del Generalísimo**. Hier legen große Tanker und Kreuzfahrtschiffe an.

Baedeker TIPP

Segeln à la canaria

Zwischen April und Oktober finden in Las Palmas an jedem Wochenende kleine und größere Regatten der Vela Latina statt, einer typisch kanarischen Bootsklasse mit dreieckigen Lateinsegeln. Das Spektakel lässt sich gut von der Küstenstraße, etwa in Höhe vom Real Club Náutico, beobachten.

Castillo de la Luz Nahe der Muelle Pesquero erhebt sich an der Calle de Juan Rejón das von Grünanlagen umgebene Castillo de la Luz. Das kleine, annähernd quadratische Kastell wurde im 16. Jh. erbaut, um die Stadt vor Piratenangriffen zu schützen. Es brannte 1599 beim Angriff von van der Doez völlig aus. Heute werden die Räumlichkeiten für kulturelle Veranstaltungen genutzt.

Mercado del Puerto Wenige Hundert Meter westlich des Kastells passiert man auf dem Weg zum Strand von Las Palmas den Mercado del Puerto. Interessant ist die Eisenkonstruktion der vor gut 100 Jahren erbauten Markthalle.

Playa de las Canteras Die Playa de las Canteras gilt als einer der längsten Großstadt-Sandstrände der Welt; sie dehnt sich über 2600 m lang im Nordwesten von Las Palmas aus. Seinen Namen (canteras = Steinbrüche) verdankt der Strand der Tatsache, dass man Jahrhunderte hindurch den hier abgelagerten Sandstein abtrug, um ihn als Baumaterial zu verwenden (u. a. für die Kathedrale Santa Ana). Der Playa de las Canteras vorgelagerte Riffe schützen vor einer allzu starken Brandung und ermöglichen ein gefahrloses Baden. In Anbetracht der Lage sind Strand und Meer sehr sauber: Der Playa de las Canteras wurde sogar die Blaue-Europa-Flagge verliehen. Voll wird es am Wochenende, wenn Tausende von Spaniern ihre Freizeit am Meer verbringen wollen. An die Playa de las Canteras grenzt der **Paseo de las Canteras**,

Am Wochenende kann es schon einmal eng werden: Playa de las Canteras

eine Strandpromenade mit Hotels, Cafés, Restaurants und Läden. Hier nahm zur Mitte des 20. Jh.s der Inseltourismus seinen Anfang.

Das **Kultur- und Kongresszentrum** am Südwestende der Playa de las Canteras trägt den Namen des aus Las Palmas gebürtigen Tenors Alfredo Kraus (►Berühmte Persönlichkeiten). Der repräsentative Komplex entstand 1997 nach Plänen des katalanischen Architekten Oscar Tusquets Blanca. Einer mittelalterlichen Burg nachempfunden, zeichnet sich der Bau durch eine streng geometrische Formensprache aus, bekrönt wird er von einem kleinen, runden Leuchtturm. In den beiden Konzertsälen, der Sala Sinfónica mit 1656 Plätzen und der kleineren Sala de Camára, finden jährlich rund 100 Konzerte aus den Sparten Klassik, Pop und Jazz statt.

Auditorio Alfredo Kraus

Mittelpunkt des touristischen Viertels von Las Palmas ist der Parque de Santa Catalina. An dem schattigen, verkehrsberuhigten Platz liegen etliche Cafés und fliegende Händler bieten ihre Waren an. Tagsüber kann man Einheimischen beim Schach- und Dominospiel zuschauen, abends finden auf einer Open-Air-Bühne oftmals Musikveranstaltungen statt und auch die Karnevalskönigin wird hier gekürt. In der Casa del Turismo bekommt man fachkundige Auskunft und Prospekte.

Parque de Santa Catalina

Museo Elder Seit 1999 bereichert das **Wissenschafts- und Technologiemuseum** im Parque de Santa Catalina (Calle Emilio Castelar 6) die Museumslandschaft von Las Palmas. Man erfährt, wie Glas hergestellt und der Luftraum kontrolliert wird oder wie Schiffe über die Meere navigiert werden. Daneben sind historische Exponate zu sehen, u. a. eine Eisenbahn aus dem Jahr 1885 (geöffnet: Di. – So. 10.00 – 20.00 Uhr).

Hotel AC Gran Canaria Weithin sichtbares Wahrzeichen der Metropole ist der Rundbau des Hotels AC Gran Canaria. Die schönste Stadtansicht hat man vom Panoramalokal Anthuriun (Tel. 928 24 49 08) im 24. Stock.

Parque Doramas Am besten legt man die gut 2 km lange Strecke zwischen dem Parque de Santa Catalina und dem Parque Doramas mit dem Taxi zurück, denn allzu viel Spaß bereitet es nicht, durch die düsteren, meist vom Verkehr hoffnungslos verstopften Straßen zu laufen.

Der Parque Doramas bildet das Zentrum des gepflegten Stadtviertels **Ciudad Jardín**. In prächtigen Villen, umgeben von üppig blühenden Gärten, leben hier die gutsituierten Bürger der Stadt. Benannt wurde der Parque Doramas nach dem letzten altkanarischen König, der den östlichen Inselteil beherrschte. Er unterlag in dem entscheidenden, unehrlich geführten Zweikampf gegen den Führer der Spanier, Pedro de Vera (▶Arucas). Ihres Anführers beraubt, sollen sich danach viele Altkanarier in den Abgrund eines Barrancos gestürzt haben. Daran erinnert das moderne Denkmal am östlichen Parkrand. Typisch kanarische Flora wächst im Parque Doramas, darunter einige besonders schöne Drachenbäume. Für Kinder sind die kleinen Tiergehege im nördlichen Teil der Parkanlage attraktiv.

> **!** *Baedeker* TIPP
>
> **Farbenprächtige Folklore**
>
> Die Folkloreshow im Pueblo Canario (jeweils Sonntag um 11.30 Uhr) wird zwar extra für Touristen abgehalten, gibt aber dennoch einen guten Einblick in die alten Tänze und das Liedgut der Insel – und hübsch anzuschauen sind die farbenprächtigen Trachten allemal. Das bunte Spektakel ist kostenlos.

Hotel Santa Catalina Das luxuriöse Hotel Santa Catalina fügt sich ausgezeichnet in die Landschaft ein. Kaum zu glauben, dass es erst 1953 errichtet wurde. Es ersetzte ein bereits 1890 von Briten eröffnetes Hotel (▶ S. 166).

Pueblo Canario Das Pueblo Canario (= Kanarisches Dorf) wurde als Beispiel für kanarische Architektur am Rand des Parque Doramas angelegt. Inspiriert durch die Aquarelle des Malers Néstor, begann man 1939 mit dem Bau des Komplexes. Im Innenhof der Häusergruppe befinden sich Souvenirläden, der Zugang zum Museum Néstor und ein Café. Wer hier verweilt, fühlt sich fernab vom Großstadtlärm.

Museo Néstor Innerhalb des Pueblo Canario befindet sich das Museo Néstor. Das 1956 eingeweihte Museum enthält neben Werken des kanarischen

Malers Néstor Martín Fernández de la Torre (1887 – 1938; ► Berühmte Persönlichkeiten) auch Möbelstücke, die einst im Atelier des Künstlers standen. Viele der bedeutenderen Gemälde Torres sind vom Symbolismus geprägt.

Im Saal 1 gehören das »Hochzeitsgedicht« sowie das Selbstbildnis Néstor de la Torres zu den wichtigsten Exponaten. Die Bilder im Saal 2 sind zwischen 1934 und 1938 in der Absicht entstanden, Vorbilder für eine auf den Tourismus ausgerichtete, typisch kanarische Architektur zu schaffen. Die Gemälde in Saal 3 gehören dem Themenkomplex »Atlantik« an, sie stammen aus den Jahren 1913 – 1924. Saal 4 ist Porträts vorbehalten, Saal 5 zeigt Zeichnungen aus dem Zeitraum von 1934 bis 1938. Die in Saal 6 ausgestellten Skizzen zu Mozarts Oper »Don Giovanni« schuf der Künstler 1913. In Saal 7 befinden sich Skizzen für Dekorationen und Kostüme verschiedener Ballettinszenierungen, in Saal 8 einige Pflanzenstudien. Die Bilder in Saal 9 gehören dem Themenkreis »Erde« an. In Saal 10 sind Zeichnungen und Skizzen zu den Hauptwerken aus allen Schaffensperioden Néstor de la Torres ausgestellt (geöffnet: Di. – Sa. 10.00 – 20.00, So. 10.30 – 14.30 Uhr). ⊕

Zum **Aussichtspunkt** Altavista gelangt man, wenn man den Parque Doramas in westlicher Richtung verlässt, den Paseo de Chil, eine breite Durchgangsstraße, überquert und jenseits, vorbei am Denkmal für León y Castillo, noch weiter in Richtung Westen aufsteigt. Am Aussichtspunkt angelangt, wird man für die Mühen entschädigt: Von hier oben bietet sich eine herrliche Sicht über Las Palmas und das Meer. Achtung! Das Viertel jenseits des Paseo de Chil ist eine relativ verwahrloste Gegend – Diebstähle gibt es hier öfter.

Altavista

Die südliche Verlängerung der Calle de León y Castillo bildet die Calle Mayor de **Triana**, eine **Fußgängerzone**, die zum Bummeln einlädt. Es ist die Hauptstraße des gleichnamigen Viertels, das von jeher Einkaufs- und Geschäftsviertel der Stadt war. Etliche Jugendstilbauten geben der Straße ihr unverwechselbares Flair. Zu den hübschesten Fassaden gehören die nach einem Entwurf von Fernando Navarro 1907 erbaute **Casa Negrín** und links daneben die ein Jahr jüngere **Casa Melián**.

Jugendstilpavillon im Parque de San Telmo

Parque de San Telmo

Die Calle Mayor de Triana führt am Parque de San Telmo vorbei. Ein mit Kacheln geschmückter **Jugendstilpavillon** von 1923 fungiert heute als Café. Unter hohen Palmen sitzend, kann man hier dem Treiben rundum mit Muße zusehen.

In dem großen Bau an der Westseite des Platzes hat die Militärkommandatur der Kanaren ihren Sitz. In dem neoklassizistischen Gebäude rief 1936 **General Franco** zum Sturz der Madrider Regierung auf.

Ermita de San Telmo

Am südlichen Ende des Parks steht die Ermita de San Telmo. Die dem Schutzpatron der Fischer geweihte Kapelle wurde im ausgehenden 17. Jh. errichtet. Beachtenswert ist vor allem im Innern die Deckentäfelung im Mudejarstil. Die vielen Votivbilder in der Kapelle sind meist Dankgaben von Seeleuten, die aus Seenot gerettet wurden.

Museo Pérez Galdós

In der Calle Cano 6, einer Parallelstraße zur Calle Mayor de Triana, steht das Haus, in dem der Schriftsteller **Benito Pérez Galdós** (▶Berühmte Persönlichkeiten) 1843 geboren wurde und seine Jugend verlebte. Es ist ein typisch kanarisches Haus des 19. Jh.s mit malerischem Innenhof. Das darin eingerichtete **Museum** enthält eine interessante Werksammlung, die private Bibliothek von Pérez Galdós und eine große Anzahl persönlicher Erinnerungsstücke. Hinter dem

Las Palmas • Triana / Vegueta Orientierung

Mit einem Blick auf die angestrahlte Fassade des Gabinete Literario beginnt der Abend auf der Plaza Cairasco schon recht vielversprechend.

Schreibtisch im Arbeitszimmer sitzt eine lebensgroße Nachbildung des Dichters aus Wachs (geöffnet: Mo.–Fr. 9.00–21.00, Sa. 9.00 bis 18.00, So. 10.00–15.00 Uhr). 🕐

Die Plaza Cairasco im Südwesten des Viertels Triana ist nach dem Dichter Bartolomé Cairasco de Figueroa (1540–1610) benannt; seine Buste steht vor dem unten beschriebenen Gabinete Literario. Mit ihrem alten Baumbestand, zahlreichen Bänken, einem Straßencafé und prächtigen Bauten rundum bildet die Plaza Cairasco einen reizvollen Ruhepunkt im sonst teilweise hektischen Las Palmas.

★
Plaza Cairasco

Das Gabinete Literario wurde 1842 als Theater errichtet. Dieser Bestimmung wurde das repräsentative Gebäude aus Geldmangel jedoch nicht lange gerecht. Schon wenige Jahre später wurde es vom 1844 gegründeten Gabinete Literario angemietet. Dieser älteste **Kulturclub** der Stadt fördert Ausstellungen und Musikabende sowie Buchveröffentlichungen und bis heute finden hier kulturelle Veranstaltungen statt. Seit 1894 gehört das Gebäude dem Club. Ursprünglich besaß es eine klassizistische Fassade, sein heutiges Aussehen erhielt es erst nach dem Zweiten Weltkrieg.

Gabinete Literario

An die Plaza de Cairasco grenzt die Plaza de San Francisco mit der gleichnamigen Kirche. Die Iglesia de San Francisco stammt aus dem

Iglesia de San Francisco

17. Jh., im 20. Jh. wurde sie auf drei Schiffe vergrößert. Das barocke Hauptportal datiert aus dem Jahr 1683. Im Innern sind neben der Mudejardecke einige Holzstatuen von Luján Pérez zu bewundern. Kostbarster Kirchenschatz ist jedoch eine Marienfigur: Die **Jungfrau der Einsamkeit** (Virgen de la Soledad) soll die Gesichtszüge von Isabella von Kastilien (1451–1504) tragen. Möglicherweise hat die Königin das Standbild selbst dem Franziskanerorden übergeben.

Teatro de Pérez Galdós

Östlich der Plaza de Cairasco steht nahe der am Meer entlangführenden Autobahn das Teatro de Pérez Galdós, benannt nach dem berühmten aus Las Palmas stammenden Romancier (►Berühmte Persönlichkeiten). Das Theater wurde 1919 nach Plänen von **Miguel Martín Fernández de la Torre** errichtet. Das Foyer zieren Wandgemälde seines berühmten Bruders Néstor de la Torre. 1400 Menschen finden im großen Saal Platz. Zugänglich ist das Theater in der Regel nur im Rahmen von Aufführungen: Theatersaison ist von September bis Dezember, zwischen Januar und April kann man hier im Rahmen des Musikfestivals bzw. des Opernfestivals Veranstaltungen besuchen.

Mercado de las Palmas

Nach Überqueren der Carretera del Centro gelangt man in die Vegueta, das älteste Stadtviertel von Las Palmas. Der Mercado de las Palmas, südlich gegenüber dem Theater, ist daher die älteste der insgesamt vier Markthallen der Stadt.

★

Catedral de Santa Ana

Beherrscht wird die Vegueta von der Catedral de Santa Ana. Das Innere und Äußere des sakralen Bauwerks dokumentieren, dass man über Jahrhunderte daran arbeitete. Schon 1497 begann man mit dem Bau, 1570 wurden die Arbeiten unterbrochen. Allerdings konnte der im gotischen Stil fertiggestellte Teil der Kathedrale bereits für Gottesdienste genutzt werden. Ende des 18. und Anfang des 19. Jh.s wurde die klassizistische Hauptfassade, für die der Bildhauer **Luján Pérez** (1756–1815) verantwortlich zeichnete, vollendet. Unter seiner Leitung entstand auch der dreigeschossige Nordturm mit Glockenturm und kleiner Kuppel. Als Pendant dazu wurde bis 1857 der Südturm fertig gestellt.

> ! **Baedeker TIPP**
>
> **Toller Ausblick**
>
> Lohnend ist der Aufstieg zur Aussichtsplattform auf dem Südturm der Kathedrale, der Blick ist wunderbar (zugänglich: Mo.–Fr. 9.15–18.00, Sa. 9.15–15.00 Uhr).

Die Kathedrale gliedert sich in fünf Schiffe. Ihr gotisches Rippengewölbe wird von schlanken Säulen getragen. Zu der kostbaren Ausstattung gehören ein barocker Hochaltar sowie verschiedene Werke von Luján Pérez. Dem kanarischen Dichter und Geschichtsschreiber José de Viera y Clavijo (gest. 1813) wurde in der Krypta ein Denkmal gesetzt. Die Seitenkapellen bergen die sterblichen Überreste verschiedener Inselberühmtheiten, darunter die des Ingenieurs und Hafenausbauers Fernando León y Castillo. Die Kathedrale kann nur im

Imposant: die Catedral de Santa Ana an der gleichnamigen Plaza

Rahmen der Gottesdienste (Mo.–Fr. 8.00–10.00, Sa. und So. 8.00 bis 9.30 und 18.00–20.00 Uhr) oder über das Museo Diocesano de Arte Sacro besucht werden.

In einem Seitenschiff der Kathedrale (Eingang über Calle Espíritu Santo) wurde das Museo Diocesano de Arte Sacro eingerichtet. Zu den Schätzen des Kirchenmuseums gehören Heiligenstatuen, u. a. auch von Luján Pérez, eine kleine Gemäldegalerie mit Werken flämischer Maler aus dem 16. Jh. sowie Bilder kanarischer Künstler aus dem 17. und 18. Jh., ferner zahlreiche Kultgegenstände aus Gold und Silber. Über das Museo Diocesano de Arte Sacro hat man Zugang zum stillen Innenhof der Kathedrale und zur Kathedrale selbst (geöffnet: Mo.–Fr. 10.00–17.00, Sa. 10.00–14.00 Uhr).

Museo Diocesano de Arte Sacro

Die Hauptfassade der Kathedrale ist der von Palmen umstandenen Plaza de Santa Ana zugewandt. Sie wird von repräsentativen Verwaltungsbauten und Bürgerhäusern eingerahmt und von bronzenen **Hundestatuen** geschmückt, die daran erinnern sollen, wem die Insel angeblich ihren Namen verdankt (►S. 15). Mit kanarischen Hunden haben diese Tierchen jedoch wenig gemein. Sie sind englischen Vorbildern nachempfunden und wurden etwa vor 100 Jahren aufgestellt. Im Rahmen der Fronleichnamsfeierlichkeiten wird die Plaza de Santa Ana mit einem kunstvollen Blumenteppich ausgelegt.

Plaza de Santa Ana

Casa Consistorial Der Kathedrale gegenüber steht das **Rathaus**, die Casa Consistorial. Der heutige Bau entstand Mitte des 19. Jh.s. Eine Balustrade bildet den oberen Abschluss der Hauptfassade. Die auf den Eckpfeilern stehenden Figuren stellen Altkanarier und Spanier dar. Der Mittelteil des Baus wird vom Stadtwappen überragt.

Casa Regental In der Casa Regental, an der Nordseite des Platzes gleich neben dem Rathaus, residierte der Oberbefehlshaber der Streitkräfte. Der Mitte des 17. Jh.s errichtete Bau bekam 1805 ein klassizistisches Obergeschoss.

Palacio Episcopal Wenige Meter weiter erhebt sich ebenfalls an der Nordseite des Platzes der Bischofspalast (Palacio Episcopal). Von dem ursprünglichen Bau des 16. Jh.s ist nur noch ein gotisches Portal erhalten.

✱ ✱
Casa de Colón Nahe der Rückfront der Kathedrale befindet sich die Casa de Colón. Das Gebäude, 1777 wieder neu im typisch kanarischen Stil aufgebaut, war einst der Sitz der Inselstatthalter. Seinen Namen verdankt es **Kolumbus**, der bei einem kurzen Aufenthalt auf Gran Canaria (► Berühmte Persönlichkeiten) in dem Vorgängerbau gewohnt haben soll. Anlässlich des 500. Jahrestags der Entdeckung Amerikas 1992 forschte man noch einmal nach und stellte fest, dass Kolumbus,

Die Casa de Colón verdankt ihren Namen Kolumbus – ob er hier wohnte, ist unsicher.

wenn überhaupt, nur im August 1492 für kurze Zeit auf Gran Canaria weilte. Er war den Hafen von Las Palmas angelaufen, um Reparaturen am Ruder der »Pinta« vornehmen zu lassen. Gesichert ist dagegen, dass die Casa Colón das Geburtshaus einer anderen namhaften Person ist. Eine Tafel an der Hausfassade weist darauf hin, dass hier 1927 der Operntenor **Alfredo Kraus** (▶ Berühmte Persönlichkeiten) das Licht der Welt erblickte.
Heute beherbergt das ansehnliche Haus mit den prächtigen Holzbalkonen und den reich verzierten Stuckportalen ein Museum (Zugang über die Calle Colón) mit Exponaten zu den Themen »Vorkolumbianisches Amerika«, »Kolumbus und seine Reisen«, »Die Kanarischen Inseln als Zwischenstation in die Neue Welt« und »Ursprünge und Geschichte von Las Palmas«. Interessant ist vor allem die Nachbildung einer Kajüte des Kolumbusschiffs »La Niña«. Daneben sind u. a. Gemälde aus dem 17. bis 19. Jh. ausgestellt – zum großen Teil Leihgaben des Museo Prado in Madrid. Schön sind die beiden Patios. Im kleineren steht ein gotischer Brunnen (geöffnet: Mo. – Fr. 9.00 bis 19.00, Sa., So. 9.00 – 15.00 Uhr). ⏰

In der etwa 100 m östlich der Casa de Colón stehenden Ermita de San Antonio Abad soll Kolumbus gebetet haben, bevor er zu seiner Fahrt ins Ungewisse aufbrach. Die ursprünglich aus dem 15. Jh. stammende Kapelle, das erste christliche Gotteshaus der Insel, wurde im 18. Jh. von Grund auf restauriert.

Ermita de San Antonio Abad

Nur wenige Schritte vom Kolumbushaus entfernt befindet sich in der Calle de los Balcones 9/11 das Atlantische Zentrum für Moderne Kunst (Centro Atlántico de Arte Moderno, kurz CAAM). Während die Fassade des Baus noch aus dem 18. Jh. stammt, wurde das Innere in den Achtzigerjahren des 20. Jh.s völlig neu gestaltet. Auf fünf Ebenen gruppieren sich um einen überdachten Innenhof Ausstellungsräume und Büros. Man wollte mit diesen Architekturformen einen »Dialog zwischen Tradition und Moderne« herstellen. Gezeigt wird eine Sammlung von Werken zeitgenössischer kanarischer und spanischer Künstler. Daneben werden wechselnde Ausstellungen veranstaltet und parallel dazu Kurse und Vorträge organisiert.
Dem interessierten Besucher stehen ferner eine Bibliothek, eine Videothek sowie eine Zeitschriftensammlung zur Verfügung (geöffnet: Di. – Sa. 10.00 – 21.00, So. 10.00 – 14.00 Uhr). ⏰

Centro Atlántico de Arte Moderno (CAAM)

Das Museo Canario, das bedeutendste Museum des Archipels, hat seinen Sitz in der Calle Dr. Verneau 2, südlich der Plaza de Santa Ana. Das 1880 eröffnete Museo Canario erfuhr Mitte der 1980er-Jahre einen vollständigen Umbau und präsentiert sich seitdem als didaktisch gut aufgebautes, modernes Museum. Es liefert einen hervorragenden Einblick in Lebensweise und **Kultur der altkanarischen Bevölkerung**; die archäologischen Funde und die anthropologischen Exponate werden durch Modelle und Schautafeln ergänzt. So findet

★ ★
Museo Canario

 ◀ weiter auf S. 180

In der Regel bietet er ein friedliches Bild: der Hafen von Las Palmas. Einen schönen Blick über die Kais hat man vom Hotel AC Gran Canaria. Im Vordergrund erhebt sich das neue Einkaufszentrum El Muelle.

UNGLÜCK IM PUERTO DE LA LUZ

Tanker, Fracht- und Kriegsschiffe, kleine bunte Fischerboote, elegante Kreuzfahrtschiffe und Yachten – alljährlich legen ca. 14 000 Schiffe im Puerto de la Luz, im »Hafen des Lichts«, an. Zu Unfällen kam es glücklicherweise selten. Den schwärzesten Tag seiner über hundertjährigen Geschichte erlebte der Puerto de la Luz bereits fünf Jahre nach seiner Inbetriebnahme, als am 13. September 1888 der italienische Passagierdampfer »Sudamèrica« beim Versuch, in das Hafengelände einzulaufen, von einem anderen Dampfer gerammt wurde und binnen weniger Minuten sank.

An diesem Tag, so gegen fünf Uhr morgens, nahmen, jeweils aus verschiedenen Richtungen kommend, drei Schiffe Kurs auf den Hafen von Las Palmas – der 1258 Bruttoregistertonnen schwere italienische Passagierdampfer **Sudamèrica** mit 260 Passagieren und 69 Besatzungsmitgliedern an Bord, der nach seinem Besuch von Buenos Aires und Montevideo gerade den Atlantik überquert hatte, der aus Marseille kommende Dampfer **La France** (4600 Bruttoregis-

tertonnen), der 1300 Passagiere beförderte, und schließlich das spanische Postschiff **Habana**.

Kollision unvermeidlich

Die Sudamèrica tauchte nördlich der Stadt auf und steuerte dann mit kaum nachlassender Geschwindigkeit den Hafen direkt an, während die La France sich vom Süden her näherte und geradewegs auf das italienische Schiff zuschipperte. Nur die Habana hatte ihre Geschwindigkeit gedrosselt

und hielt sich von beiden anderen Dampfern fern. Das Meer war glatt und ruhig; im Osten ging langsam die Sonne auf und nicht eine Wolke bedeckte den Himmel. Die Kollision aber war nicht mehr zu vermeiden.

Panik an Bord

Mit ungeheurer Wucht bohrte sich der Bug des französischen Schiffs in die Backbordseite des italienischen Dampfers. Von dem gewaltigen Aufprall aus dem Schlaf gerissen, versuchten viele Passagiere, obwohl fast unbekleidet, so schnell wie möglich an Deck zu gelangen. Panik breitete sich unter ihnen aus, als sie merkten, dass der Dampfer schon zu sinken begann, und ihre Schreie vermengten sich mit dem schrillen Ton der Schiffssirene, mit der die Besatzung der Sudamèrica andere Boote und Schiffe um Hilfe rief. Einige Barkassen, die die Ankunft des Postschiffs Habana erwarteten und sich ganz in

der Nähe aufhielten, kamen auch umgehend herbei. Da diese Boote aber keine Mittel hatten, die Schiffbrüchigen schnell an Bord zu nehmen, sprangen viele Passagiere von Deck. Wenn sie Glück hatten, wurden sie dann von Matrosen aus dem Wasser gefischt.

Schnelle Hilfe nur für wenige

Etlichen Passagieren jedoch, denen sich keine Zeit mehr bot, ins Wasser zu springen, oder denen der Mut dazu fehlte, konnte nicht mehr geholfen werden: Sie wurden von dem Strudel, den das Schiff beim Sinken verursachte, mit in die Tiefe gerissen. Dasselbe Schicksal ereilte auch diejenigen, die, von der Katastrophe im Schlaf überrascht, keine Möglichkeit mehr hatten, an Deck zu gelangen. Doch immerhin konnten infolge der schnellen Hilfeleistung über 250 Menschen vor dem Ertrinken gerettet werden.

man in einem Raum die Nachbildung eines Wohnraums mit Gebrauchsgegenständen und verschiedenen Keramikartikeln der kanarischen Urbevölkerung. Ferner können mehr als 1000 Schädel – zu den Raritäten gehören jene, an denen Hirnoperationen durchgeführt wurden –, zahlreiche Skelette und einige Mumien besichtigt werden. Einen Eindruck von der Bestattungsweise der Urbevölkerung vermittelt die Rekonstruktion der **Nekropole von La Guancha** (▶ Gáldar). Auch die wegen ihrer Wandmalereien berühmte **Cueva Pintada** von Gáldar wurde im Museo Canario originalgetreu nachgebildet. Unter den zahlreichen Keramikgegenständen, Schmuckstücken und Haushaltsgeräten erfordern insbesondere die steinernen Handmühlen und die sogenannten Pintaderas Beachtung. Von Letzteren kennt man den genauen Verwendungszweck bis heute nicht. Da man bisher jedoch noch nie zwei Gleiche dieser aus Holz oder Keramik gefertigten »Stempel« gefunden hat, nimmt man an, dass sie dazu dienten, Gegenstände mit einer unverwechselbaren Signatur zu versehen. Das bekannteste altkanarische Kunstwerk ist das **Idol von Tara**. Die ca. 30 cm hohe Tonstatue wirkt mit ihren grotesk verdickten Gliedmaßen eher weiblich, obgleich Andeutungen der Brüste fehlen.

Angeschlossen ist dem Museum eine Präsenzbibliothek mit etwa 40 000 Büchern, die sich in irgendeiner Form mit den Kanarischen Inseln beschäftigen oder von kanarischen Autoren stammen (geöffnet: Mo. – Fr. 10.00 – 20.00, Sa., So. 10.00 – 14.00 Uhr; Bibliothek: Mo. – Fr. 10.00 – 20.00 Uhr).

Iglesia de Santo Domingo Wenige Schritte südlich des Museums erreicht man die Plaza Santo Domingo mit der gleichnamigen, im 17./18. Jh. errichteten Kirche. Sie gilt als eine der schönsten der Stadt. Im Innern beeindrucken prächtige Barockaltäre sowie einige Figuren, die von Luján Pérez stammen sollen.

Maspalomas

D 3

Maspalomas bildet zusammen mit Playa del Inglés das Kerngebiet der Costa Canaria genannten Ferienregion im Süden Gran Canarias. Wahrzeichen ist der Leuchtturm von Maspalomas, die einmalige Dünenlandschaft östlich davon gehört zu den größten Attraktionen der Insel.

Im Unterschied zum umtriebigen ▶ Playa del Inglés ist Maspalomas eher eine ruhige Feriendestination der gehobenen Kategorie. Hier konzentrieren sich einige der nobelsten Hotelkomplexe Gran Canarias. Dazu gehört u. a. auch ein exklusiver Golfplatz mit entsprechender Infrastruktur.

Die Keimzelle dieser Hotel- und Bungalowstadt entstand in den 1960er-Jahren westlich vom Mündungsbereich des Barranco de Mas-

palomas, der die Urbanisation durchzieht. Mit einer Handvoll Vier-
und Fünfsternehotels konzentrieren sich hier die nobelsten Resorts
von Gran Canaria, ein prächtiger Palmenhain stellt die Kulisse. Im
Hinterland erstrecken sich die Ortsteile **Campo de Golf**, **Campo Internacional** und **Sonnenland** – der deutsche Name weist unmissver-
ständlich auf die Nationalität der Investoren hin. Zu bedenken ist bei
der Buchung allerdings, dass die Appartementanlagen im Nord-
bereich von Sonnenland fast 4 km vom Strand entfernt sind, was etliche Häuser durch einen kostenlosen Bus-Shuttle ausgleichen.

Sehenswertes in Maspalomas

Eine gewaltige **Dünenlandschaft** erstreckt sich südlich der Touristenmetropole. Nirgendwo sonst auf den Kanaren gibt es ein derart großes Dünengebiet. Mit der Unberührtheit ist es zwar schon lange vorbei – überall sieht man Fußspuren im Sand –, doch bieten die meter-
hohen Wanderdünen aus hellgelbem Sand mit ihren vom Wind
geschaffenen Formen ein eindrucksvolles Bild.
Der Sand besteht fast ausschließlich aus Karbonaten und ist marinen
Ursprungs. Die höchsten Dünenkämme erheben sich nahe der Küste,
einige sind 10 bis 20 m hoch. Landeinwärts sind einige Dünentäler

✶ ✶
**Dunas de
Maspalomas**

Sie macht den Reiz der Costa Canaria aus: die Dünenlandschaft bei Maspalomas.

bewachsen. Von der ursprünglichen Trockenvegetation ist jedoch nur ein kleiner Teil erhalten – der Tourismus forderte seinen Tribut.

Ende der Achtzigerjahre begann man jedoch auch auf Gran Canaria umzudenken. Heute steht immerhin ein 328 ha großes Areal im Westen der Dünenlandschaft unter Naturschutz. Rund um den **Charca de Maspalomas**, einen Lagunensee, bildete sich erneut ein Schilfgürtel, den viele Vögel wieder als Lebensraum entdeckten. Doch das ökologische Gleichgewicht in dieser Region bleibt gefährdet.

? WUSSTEN SIE SCHON …?

■ Die Dünen von Maspalomas wandern … Der stetig wehende Nordostpassat sorgt dafür, dass sich das Sandmeer pro Jahr um 2 bis 5 m in westlicher Richtung vorwärts schiebt.

✶✶
Playa de Maspalomas

Vor den Dünen erstreckt sich ein fast 4 km langer Sandstrand, der sich von der Mündung des Barranco de Maspalomas bis zur Punta de Maspalomas zieht und dort nahtlos in die Playa del Inglés übergeht. Das weitläufige Strandrevier gehört zu den schönsten Badeplätzen der Kanarischen Inseln. Man erreicht die Playa de Maspalomas über den Paseo Marítima Oasis. Hier befindet sich das Balneario Municipal mit Duschen, WC und Schließfächern. Dichtes Gedränge herrscht eigentlich nur direkt im Einzugsbereich der Hotels an dem überwachten Strandabschnitt nahe der Oasis. Weiter östlich schließt sich eine **FKK-Zone** an, und wer es ganz ruhig haben will, zieht sich in die Dünen zurück.

Oasis de Maspalomas

Wahrzeichen der Oasis de Maspalomas am südwestlichen Rand von Maspalomas, an der Mündung des gleichnamigen Barrancos, ist der **Faro de Maspalomas**. Der 56 m hohe Leuchtturm entstand 1885 als erstes Bauwerk in dieser Region. Sein Leuchtfeuer reicht 25 km weit. Nach wie vor gilt die Oasis de Maspalomas als das exklusivste Hotelviertel der Touristenmetropole. Von der ursprünglich reichen Vegetation ist abgesehen von den üppig blühenden Hotelparks wenig geblieben. Nur nördlich der Hotelanlagen haben einige Palmen überlebt. Der parallel zur Küste verlaufende **Paseo del Faro** ist eine schlichte Flaniermeile mit Restaurants und Läden.

Campo Internacional

Das nördlich an den Golfplatz von Maspalomas grenzende Gebiet wird als Campo Internacional bezeichnet. Von ausgedehnten Grünzonen umgebene neuere Bungalowsiedlungen bestimmen das Bild. Zwar sind bis zu den touristischen Zentren und bis zum Strand einige Kilometer zurückzulegen, doch gerade das wissen viele Gäste zu schätzen: Vom sonst üblichen Trubel bekommt man hier relativ wenig mit.

Holiday World

Am Nordrand des Campo Internacional ist Holiday World Anziehungspunkt für Jung und Alt. Die Attraktionen auf dem 14 000 m² großen Gelände sind ein 27 m hohes Riesenrad, eine Achterbahn, diverse Karussells, Autoscooter, ein auf einem künstlich angelegten

Maspalomas Orientierung

Océano Atlántico

500 m

©Baedeker

Übernachten
① Maspalomas Dunas
② Bungalows Green Golf
③ IFA-Hotel Faro
④ Park- und Sporthotel Los Palmitos
⑤ Maspalomas Oasis
⑥ Palm Beach
⑦ Gran Hotel Costa Meloneras

Essen
① El Labrador
② Amaiur
③ Royal
④ L'Orangerie

▶ MASPALOMAS ERLEBEN

AUSKUNFT

Zuständig ist die Touristeninformation in Playa del Inglés (▶ S. 194).

EINKAUFEN

Die verschiedensten Läden findet man in den Shoppingcentern Faro II sowie im Varadero an der Costa Meloneras.

AUSGEHEN

Maspalomas ist nicht unbedingt etwas für Nachtschwärmer. Wer diesbezüglich etwas erleben will, muss ins nahe Playa del Inglés ausweichen. Eine Alternative ist das Beethoven im Obergeschoss des Einkaufszentrums Varadero: Hier gibt es abends Livemusik.

ESSEN

▶ Fein & teuer

④ *L'Orangerie*
Avenide del Oasis
im Hotel Palm Beach
Tel. 928 14 08 06
Ambiente, Service und Speisen sind vom Feinsten. Der Preis ist entsprechend. Die Küche des anerkannten Gourmettempels ist französisch inspiriert und die Weinkarte schlichtweg exzellent (geöffnet: Mo., Mi., Fr. und Sa. ab 19.30 Uhr, Reservierung empfohlen).

▶ Erschwinglich

② *Amaiur*
Avenida de Neckermann 42
Tel. 928 76 44 14
Das baskische Fischlokal in der Bungalowanlage Campo Golf ist schon seit Jahren eine feste Größe in Maspalomas. Man genießt Meeresfrüchte und blickt dabei auf den Pool.

③ *Royal*
Einkaufszentrum Faro 2
Campo Internacional

Tel. 928 76 94 80
Chinesische Küche in ihrer üblichen Vielfalt; freundlicher, schneller Service; speisen kann man auch auf der Terrasse.

▶ Preiswert

① *El Labrador*
Montaña la Data Alta
Richtung Monte Leon
Tel. 928 14 12 88
Rustikales Restaurant mit Terrasse, in dem auch Einheimische gerne essen. Bekannt für seine Grillgerichte.

ÜBERNACHTEN

▶ Luxus

⑤ *Maspalomas Oasis*
Plaza de las Palmeras
Tel. 928 14 14 48
Fax 928 14 11 92
www.riu.com
Der Name ist Programm: Man fühlt sich in dem nach Landeskategorie als Fünfsternehotel eingruppierten Haus der RIU-Gruppe ein bisschen wie in einer Oase. Der zugehörige großzügige Park mit altem Palmenbestand steht nur Hotelgästen offen. Man trifft sich tagsüber am großen Swimmingpool oder an der Poolbar, abends im edlen Restaurant oder auf einen Drink an der Bar, Livemusik oder Shows stehen regelmäßig auf dem Programm.

⑥ *Palm Beach*
Avenida del Oasis
Tel. 928 14 08 06
Fax 928 14 51 08
www.hotel-palm-beach.com
Von außen wirkt das siebenstöckige, im Halbrund gebaute Viersternehotel nicht allzu attraktiv, innen darf man sich jedoch nach dem Umbau durch den namhaften Architekten Alberto Pinto auf edles Design freuen. Ein

neuer luxuriöser Spa & Wellness-
bereich sorgt für Entspannung.

⑦ *Gran Hotel Costa Meloneras*
Calle Mar Mediterraneo 1
Tel. 928 12 81 00
Fax 928 12 81 22
www.ghcmeloneras.com
Lage, Größe und Architektur machen
das 2001 eröffnete Gran Hotel zu
einem imposanten Beispiel der neuen
Hotelgeneration auf den Kanaren.
Insgesamt 1136 Zimmer und Suiten,
fünf Restaurants und eine Laden-
galerie verteilen sich auf 20 Gebäude,
umgeben von einer 76 000 m² großen
Außenanlage mit mehreren Pools. Zu
den Extras gehören ein großzügiges
Spa-Center und eine Tennisschule.

▶ Komfortabel
③ *IFA-Hotel Faro*
Tel. 928 14 22 14
Fax 928 14 19 40
www.ifa-hotels.de
Das fünfstöckige Hotel am Leuchtturm von Maspalomas hat helle
freundliche Zimmer. Der umliegende
Garten ist recht klein, hier finden
nicht immer alle Sonnenanbeter Platz.

④ *Park- und Sporthotel Los Palmitos*
Barranco de los Palmitos 22
Tel. 928 14 21 00
Fax 928 14 11 14
www.lospalmitos.com
Nur 12 km liegt das Park- und
Sporthotel vom Touristenzentrum
Maspalomas entfernt und doch glaubt
man hier in einer anderen Welt zu
sein. Die 47 elegant ausgestatteten
Zimmer haben Terrasse mit Blick auf
den Palmitos Park. Für Tennisspieler
stehen 6 Plätze zur Verfügung, man
kann Einzelstunden und Kurse bu-
chen. Ebenfalls angeboten werden
Golf, Reiten und Wandern sowie ein
Spa- und Fitness-Center.

▶ Günstig
① *Maspalomas Dunas*
Avenida Jahn Reisen
Campo Internacional
Tel. 928 14 09 12
Fax 928 14 07 90
www.hotelesdunas.com
262 zweckmäßig eingerichtete Bungalows verteilen sich über ein hübsch
begrüntes, weitläufiges Gelände. Die
nächste Durchgangsstraße ist weit
entfernt. Zum prächtigen Dünen-
strand von Maspalomas ist ca. 1 km
zurückzulegen, dreimal täglich verkehrt ein Pendelbus dorthin. Schön
sonnen kann man sich jedoch auch an
einem der drei Pools der Anlage.

② *Bungalows Green Golf*
Avenida Tjaereborg 2
Campo Internacional
Tel. 928 76 04 21
Fax 928 76 74 09
Die Bungalowanlage grenzt unmittel-
bar an den Golfplatz von Maspalo-
mas. Sie ist für Gäste geeignet, denen
Ruhe ein wichtiges Gut im Urlaub ist.
Jedes Appartement ist für drei Per-
sonen ausgestattet, allzu viel Platz ist
allerdings nicht vorhanden.

Gran Hotel Costa Meloneras

🕐 See schwimmender Mississippidampfer sowie eine allabendlich veranstaltete Papageienshow. Meterhohe Palmen, Kakteen und Agaven sowie blühende Pflanzen, ferner ein Biotop und Fontänen sorgen für einen ansprechenden Rahmen, diverse Restaurants und Kneipen für das leibliche Wohl (geöffnet: Di. – So. 18.00 – 1.00 Uhr).

Ocean Park,
Aqua Sur
🕐 Ein Hit für Kinder ist **Ocean Park** (geöffnet: tgl. 10.00 – 17.00, im Sommer bis 18.00 Uhr) am Nordostrand von Campo Internacional. Die nicht ganz billige Alternative zum Strand verfügt über eine große Poollandschaft mit Wasserrutschen, Wellenschwimmbad und anderen Attraktionen. Noch ein gutes Stück größer, aber auch ein paar Euro teurer ist **Aqua Sur** (geöffnet: tgl. 10.00 – 17.00 Uhr), nördlich der Autobahn an der Carretera Los Palmitos.

Umgebung von Maspalomas

Costa Meloneras Ein noch relativ junges Ferienzentrum an der Costa Canaria erstreckt sich westlich der Oasis de Maspalomas entlang der teils steinigen **Playa de Meloneras**. Mit der Erschließung des bis dato brach liegenden Areals wurde Mitte der 1990er-Jahre begonnen. Direkt an die Promenade grenzt das Riu Palace Meloneras, ein architektonisch ansprechendes Viersternehotel. Das Flaggschiff dieserUrbanisation ist jedoch das Gran Hotel Costa Meloneras, dem ein exklusives Spa-Center angeschlossen ist. In der Nachbarschaft sind bereits weitere Großhotels der gehobenen Kategorie und Einkaufszentren fertiggestellt und in absehbarer Zeit werden in diesem Komplex insgesamt 7000 Gästebetten zur Verfügung stehen. Kultureller Anlaufpunkt der Costa Meloneras ist das auf 900 Besucher ausgelegte **Auditorio Las Tirajanas** an der Plaza de las Convenciones.

! *Baedeker* TIPP

Casa de los Músicos

Im Hinterland von Maspalomas hat sich in aussichtsreicher Lage der bekannte Pianist und Dirigent Justus Frantz ein kleines Paradies geschaffen. Das Schöne daran: Man kann sich darin einmieten. Im zentralen Haupthaus des Anwesens stehen zwei Doppelzimmer und zwei Suiten zur Verfügung. Sauna, Pool und Tennisplatz können von den Gästen mitbenutzt werden. Die Finca ist von einer biologisch bewirtschafteten Obstplantage und Weinbergen umgeben. Info und Buchung über Senator Reisen, Raboisen 5, 20095 Hamburg, Tel. 040/ 32 32 07 11, Fax 040/33 13 47.

Sie sind die Lieblinge der Besucher im Palmitos Park.

Pasito Blanco

Eine Stichstraße führt 4 km westlich von Maspalomas hinab zum **Yachthafen** Pasito Blanco. Normalerweise versperrt zwar eine Schranke die Zufahrt, doch dürfen Besucher in der Regel passieren. Der weitere touristische Ausbau ist vorprogrammiert: Eine Meerespromenade soll die Playa de Meloneras mit Pasito Blanco verbinden.

El Tablero

Durch die Autobahn von der Urlauberzone getrennt, erreicht man 4 km nördlich von Sonnenland El Tablero. Das recht gesichtslos wirkende Dorf entwickelte sich parallel zum wachsenden Fremdenverkehr an der Südküste und ist in erster Linie Schlafstadt für die Beschäftigten der Tourismusindustrie.

Banana Park

Nicht nur über Bananen erfährt man auf dieser Finca im Barranco de Palmitos (Anfahrt über GC 503, bei km 6 links abbiegen) Interessantes. Auch Mangos, Avocados, Papayas und viele andere exotische Pflanzen gedeihen auf dem Gelände. Kinder begeistern sich für Esel, Kamele und Strauße (geöffnet: tgl. 9.30 – 17.00 Uhr).

🕐

★ ★
Palmitos Park

Man erreicht den Palmitos Park, wenn man kurz vor dem westlichen Ortsende von Maspalomas der nordwärts in die Gebirgslandschaft hineinführenden GC 503 folgt (von Maspalomas ca. 10 km). In dem von hohen Bergwänden gesäumten Tal wurde eine über 200 000 m² große Gartenlandschaft angelegt, die von den Waldbränden 2007 zwar nicht verschont blieb, inzwischen aber wieder hergestellt ist. In dem Park wachsen ca. 50 verschiedene Palmenarten, unzählige Kakteen und Agaven. Neben einigen Gibbons bevölkern 230 verschiedene Vogelarten diese Oase. Während der im Mittelpunkt des Gartengeländes gelegene Teich der Lebensraum von Enten und Schwänen ist, stolzieren auf den umliegenden Rasenflächen Flamingos und

Pfauen frei umher. Hauptattraktion sind aber die zahlreichen Papageien, von denen etliche in einer Show viermal täglich ihre Kunststücke vorführen. Im **Schmetterlingshaus** kann man Hunderte von Schmetterlingen aus aller Welt frei fliegend beobachten. Im **Aquarium** tummeln sich neben in kanarischen Gewässern heimischen Arten auch tropische Fische und Bewohner von Süßwasserseen (geöffnet: tgl. 10.00 – 18.00 Uhr). Von diversen Haltestellen in Maspalomas, San Agustín und Puerto Rico gibt es regelmäßige Busverbindungen zum Palmitos Park; von Maspalomas verkehren die Busse mindestens alle 30 Minuten.

Monte León   Auf dem Monte León, dem Löwenberg, ca. 7 km nordwestlich von Maspalomas, liegt das Nobelviertel der Touristenmetropole. Hier stehen prächtige Villen, von denen einige prominenten Persönlichkeiten gehören. Zu ihnen zählt der Pianist und Dirigent Justus Frantz, der in seiner exklusiven Finca schon illustre Gäste wie Leonard Bernstein und Helmut Schmidt begrüßte.

Mogán

C 2

Höhe: 250 m ü. d. M.   **Einwohnerzahl:** 13 000 (ges. Bezirk)

Von Mogán am oberen Ende des gleichnamigen Barrancos wird der ganze Küstenabschnitt zwischen Arguineguín und Puerto de Mogán verwaltet. Nicht zu knapp fließende Steuereinnahmen aus den Ferienresorts machen die Gemeinde zu einer der reichsten Gran Canarias – und das, obgleich Mogán bis vor wenigen Jahren ein abgeschiedenes Bergdorf war.

! Baedeker TIPP

Abstecher ins Landesinnere

Rund 2 km oberhalb von Mogán führt ein Sträßchen zu mehreren Stauseen im Landesinnern und weiter nach Ayacata (ca. 20 km). Auf ihm gelangt man in eine wildromantische Berglandschaft. Immer wieder ergeben sich prächtige Rückblicke auf den Barranco de Mogán. Nach unzähligen Kurven und Kehren gelangt man in eines der größten zusammenhängenden Kiefernwaldgebiete Gran Canarias. Der relativ lichte Wald erstreckt sich zwischen dem Inagua (1426 m ü.d.M.) im Westen und dem Roque Nublo, dem Wolkenfels, im Osten.

Der lang gestreckte Ort mit gerade einmal ca. 700 Einwohnern duckt sich am Fuß hoher Bergwände und ist von fruchtbarem Kulturland mit kleinen Feldern eingerahmt. Dank des Wasserreichtums konnten viele Einwohner ihre Häuschen mit üppig wuchernden Gärten umgeben. Hier reifen Zitronen, Mangos, Auberginen, Papayas und andere tropische Früchte. In Gewächshäusern werden für den Export bestimmte Blumen gezüchtet.

An etlichen Häusern sieht man Schilder, die auf die Vermietung von Zimmern oder Appartements hinweisen.

● MOGÁN ERLEBEN

ESSEN
► Preiswert

Acaymo
Barrio del Tostador 14
Tel. 928 56 92 63
Die Anfahrt lohnt sich: vorzügliche
kanarische Gerichte und ein
prächtiger Blick über das Tal von der
Terrasse aus (Mo. geschl.).

Meson Stephane
im Zentrum
Tel. 928 56 93 16
Zu leckeren Spezialitäten gibt es selbst
gebackenes Brot aus dem Holzofen.
Sehr schön sitzt man auf der Terrasse.
Mi. ist Ruhetag.

ÜBERNACHTEN
► Günstig

Baedeker-Empfehlung

Casa El Siroco
Calle San Antonio de Padua 8
Tel. und Fax 928 56 93 01
www.costa-mogan.com/clients/siroco
Die einfache Frühstückspension befindet
sich im Ortszentrum neben der Kirche in
einem liebevoll restaurierten Haus. Die vier
schlichten Zimmer, zwei davon mit eigenem
Bad, gehen vom Patio ab. Am besten mietet
man sich im Turmzimmer mit aussichtsreicher Terasse ein.

Umgebung von Mogán

Von der Hauptstraße aus, die Mogán mit ►San Nicolás de Tolentino   **Azulejos**
verbindet, sieht man gut 10 km hinter Mogán eine in mehreren
Farbschattierungen leuchtende Felswand. Sie wird als »Azulejos«
(= Kacheln) bezeichnet. Eisenhydrat und andere Eisenverbindungen
bewirkten die vorwiegend grünlichen Färbungen im Gestein.

Moya

B 3

Höhe: 488 m ü.d.M.   **Einwohnerzahl:** 8600 (ges. Bezirk)

**Das etwa 30 km westlich von Las Palmas, in den Ausläufern des
zentralen Bergmassivs thronende Moya ist Hauptort des gleichnamigen Bezirks. Hier wurde der kanarische Arzt und Dichter Tomás
Morales (1883–1921) geboren. Aus botanischer Sicht sind bei Moya
die unter strengen Naturschutz gestellten Reste eines urtümlichen
Lorbeerwalds interessant.**

Moya ist ein recht malerisch auf einem Felsplateau gelegenes Dorf.
Den schönsten Blick auf das Bergstädtchen hat man von der GC 700,
die Moya mit Santa María de Guía verbindet. Das Zentrum des Orts
bildet die schattige Plaza mit der Pfarrkirche.

Sehenswertes in Moya

Iglesia del Pilar Die Iglesia del Pilar wurde erst Mitte des 20. Jh.s errichtet. Sie birgt im Innern beachtenswerte Heiligenfiguren und Holzschnitzereien. Vom Platz hinter der Kirche hat man einen prächtigen Blick in den Barranco de Moya.

Museo Casa Morales In unmittelbarer Nähe steht das Geburtshaus von **Tomás Morales.** Das Gebäude beherbergt neben einem kleinen Museum mit Gegenständen aus dem Privatbesitz von Morales eine Bibliothek, zudem werden die Räumlichkeiten für öffentliche Veranstaltungen genutzt. Morales verlebte nur seine Kindheit und Jugend in Moya, sein Medizinstudium absolvierte er in Cádiz und Madrid. Als Arzt war er später in Agaete tätig. In seinen Gedichten verherrlicht Morales in klangvollen Versen das Meer (geöffnet: Mo. – Fr. 9.00 – 20.00, Sa. 10.00 – 14.00 und 17.00 – 20.00, So. 10.00 – 14.00 Uhr; Eintritt frei).

Umgebung von Moya

Los Tilos de Moya Die meisten Besucher kommen nach Moya, um im gleichnamigen Barranco die unter Naturschutz stehenden Reste des Lorbeerwalds (Los Tilos de Moya) zu besichtigen, der einst große Teile Gran Canarias bedeckte. Man erreicht das Waldstück, indem man von Moya der Hauptstraße in Richtung Santa María de Guía folgt; von dieser biegt links der Weg in das mit »Los Tilos« beschilderte Tal ab. Im Talgrund erstreckt sich auf einer Länge von etwa 200 m entlang der Straße der **Lorbeerwald**. Die dunkelgrünen, ledrigen Blätter der Lorbeergewächse lassen wenig Licht auf den Waldboden fallen, es riecht leicht modrig – man ahnt, wie üppig die Vegetation hier einst war.

San Bartolomé de Fontanales Der schmale Fahrweg (nur für sehr gute Fahrer geeignet!) schlängelt sich durch den Tilos de Moya und weiter durch den **Barranco del Laurel** (span. = Lorbeerbaum). Am oberen Ende des Barrancos folgt das Dörfchen San Bartolomé de Fontanales – eingebettet in üppiges Grün – in einem der niederschlagsreichsten Gebiete der Insel.

⌄ Playa del Inglés

D 3

Höhe: Meereshöhe

Die zusammengewachsenen Hotelstädte Playa del Inglés und ▶ Maspalomas im Süden Gran Canarias bilden mit Abstand das größte Touristenzentrum der Insel. Nach Osten und Westen schließen sich weitere Urlauberstädte an und alle zusammen werden als Costa Canaria bezeichnet.

Playa del Inglés Orientierung

Übernachten
1. Residencia San Fernando
2. Sun Club
3. Aparthotel Barbacan
4. Riu Don Miguel
5. Seaside Sandy Beach
6. Riu Palace

Essen
1. Bali
2. El Asador Criollo
3. Rias Bajas
4. La Casa Vieja

Playa del Inglés verdankt seine Beliebtheit dem breiten Sandstrand, der sich nach Süden über 4 km Länge bis zur Punta de Maspalomas hinzieht. Mit Bussen erreicht man auch von abgelegeneren Hotels das Strandgebiet. Überhaupt ist das öffentliche Verkehrsnetz an der **Costa Canaria** gut ausgebaut. Mit dem Auto sind die gut 50 km nach Las Palmas auf der Autobahn in etwa 30 Min. zurückgelegt.

Entstehung   Don Alejandro del Castillo, Conde de la Vega Grande, dem dieser Landstrich gehörte, kam Ende der 1950er-Jahre auf die Idee, auf seinem ansonsten kaum verwertbaren Grund und Boden eine Touristensiedlung entstehen zu lassen. Bis zu dieser Zeit gab es in der Region nicht einmal einen Fischerort und nur ein schmaler asphaltierter Feldweg führte in den südlichen Inselteil. Doch der Aufschwung setzte schnell ein. Der Graf, der seinen Stammbaum bis zu Maciot de Béthencourt (▶ Geschichte) zurückverfolgen kann, gründete diverse Hoch- und Tiefbaufirmen und sicherte sich das Monopol über die Wasserversorgung. Ende der Sechzigerjahre begannen sich seine Investitionen zu lohnen: Touristen strömten in großer Zahl in die neuen Hotels und Appartements. Heute gibt es in Playa del Inglés und den angrenzenden Urbanisationen annähernd 150 000 Hotelbetten – damit ist es das größte »Touristendorf« Spaniens –, doch noch immer entstehen neue Urbanisationen.

> **! Baedeker TIPP**
>
> **Sightseeing im Minizug**
>
> Etwa im Halbstundenrhythmus fährt der Nachbau einer Miniatur-Westernbahn von 1864 durch die Straßen des Ferienzentrums (tgl. 10.00 bis 12.00 und 16.00 – 20.00 Uhr). Eine gute Möglichkeit, einen ersten oder auch zweiten Eindruck von Playa del Inglés zu erhalten.

Künstliche Ferienstadt   Auf den ersten Blick ist erkennbar, dass Playa del Inglés kein gewachsener Ort ist. Die Stadt besteht nur aus großen Hotels, Bungalow- und Appartementsiedlungen, riesigen Einkaufszentren, unzähligen Restaurants, Cafés und Discos und könnte überall in der Welt errichtet worden sein. Je nach Saison reichen die breiten, vierspurigen Straßen und überdimensional erscheinenden Kreisel für den Verkehrsfluss entweder kaum aus oder wirken geradezu ausgestorben. Befindet man sich in einer der kleinen Seitenstraßen von Playa del Inglés, fällt die Orientierung nicht leicht, so sehr gleichen sich die von blühenden Parkanlagen umgebenen Hotelkomplexe. Das nördlich an Playa del Inglés grenzende **San Fernando** ist das Wohngebiet der Einheimischen.

Playa del Inglés mag man – oder man mag es ganz entschieden nicht. Auf jeden Fall kann sich insbesondere der deutsche Urlauber sicher sein, dass er seine Lebensgewohnheiten hier kaum umstellen muss. Erste Verkehrssprache ist Deutsch, in den Supermärkten werden selbstverständlich deutsche Produkte verkauft, etliche Restaurants bieten Schwarzwälderkirschtorte und »Eisbein mit Sauerkraut« an.

Playa del Inglés   Der unangefochtene Dreh- und Angelpunkt in Playa del Inglés ist der gleichnamige Strand. Der »Strand des Engländers« ist nach britischen Feriengästen benannt, die bereits vor mehr als hundert Jahren auf Gran Canaria Entspannung suchten, angesichts der damals noch unerschlossenen Südküste allerdings im Raum von Las Palmas. Heute sind zumindest im Winterhalbjahr Badegäste aus Deutschland in

Allein ist man an schönen Tagen an der Playa del Inglés nicht.

der Überzahl. An sonnigen Tagen, und davon gibt es an der Costa Canaria im Schnitt mehr als 300 im Jahr, tummeln sich mehrere Zehntausend Badegäste gleichzeitig an dem fast 4 km langen Superstrand. Gut, dass das feinsandige Badeparadies an manchen Stellen bis zu 300 m breit ist.

Oberhalb des Strands verläuft in Playa del Inglés der Paseo Costa Canaria. Von der **Strandpromenade** ergibt sich insbesondere in den Abendstunden ein prächtiger Blick auf die Dünenlandschaft. Man kann auf dem Paseo Costa Canaria ostwärts bis nach ▶San Agustín schlendern, in westlicher Richtung bis zur Costa Meloneras.

Paseo Costa Canaria

Entsprechend seiner Rolle als größte Touristenmetropole Spaniens ist das Sport- und Unterhaltungsangebot an der Costa Canaria unüberschaubar groß. Ddiverse Gerätschaften für Wassersport aller Art können am Strand von Playa del Inglés gemietet werden.

Sport und Spaß

Umgebung von Playa del Inglés

Über den Ortsteil San Fernando fährt man von Playa del Inglés nordwärts Richtung Fataga und erreicht nach ca. 6 km das Gelände des Freizeitparks bzw. Freilichtmuseums Mundo Aborigen. Auf einer Fläche von 110 000 m² wird hier versucht, das Leben der altkanarischen Bevölkerung auf anschauliche Weise zu erhellen. Einfache steinerne Rundhäuser, die Residenz des Guanarteme, des Königs, Ställe und Werkstätten, Begräbnisanlagen – kurz, ein ganzes **Dorf der Altkanarier** wurde nachgebaut. Lebensgroße Puppen stellen Szenen

✴

Mundo Aborigen

▶ PLAYA DEL INGLÉS ERLEBEN

AUSKUNFT

Centro Insular de Turismo
Yumbo Center
Avenida España
Tel. 928 76 25 91
Geöffnet: Mo. – Fr. 9.00 – 21.00,
Sa. 9.00 – 13.00 Uhr

BUS FAHREN

Die weitläufigen Ortsteile an der Costa
Canaria sind durch ein engmaschiges
Nahverkehrsnetz gut miteinander
verbunden. Die Busgesellschaft Global
unterhält im Yumbo Center einen
Infoschalter.

EINKAUFEN

Shopping Center
Es gibt mehrere große Einkaufszentren (u. a. Kasbah und Yumbo). In
diesen ausgedehnten Shoppingzonen
findet man nicht nur riesige Supermärkte, sondern auch verschiedene
Einzelhandelsgeschäfte und vor allem
eine Menge von Restaurants. Die
Preise sind von Laden zu Laden sehr
unterschiedlich. Am preisgünstigsten
sind die Lebensmittel in den Supermärkten des Ortsteils San Fernando –
hier kaufen auch die Einheimischen
gerne ein.

Mercado
San Fernando
Auch auf dem Wochenmarkt erhält
man frische Lebensmittel relativ
preisgünstig und gönnt sich zudem
einen lockeren Bummel (mittwochs
und samstags 8.00 – 14.00 Uhr).

Absolut »in« ist in Playa del Inglés die Beckham Bar.

Shoppingcenter in der Touristenmetropole

AUSGEHEN

Playa del Inglés ist für seine ausschweifende Disco- und Clubszene kanarenweit bekannt. Das Nachtleben konzentriert sich vornehmlich um das Einkaufszentrum Kasbah. Nicht mehr ganz so junges Publikum bevorzugt die Lokale im Centro Comerciales Cita. Zu fortgeschrittener Stunde wandelt sich das Yumbo Center zum größten Homosexuellentreff der Kanarischen Inseln. In den oberen Eta-gen öffnen dann rund 30 Nachtbars, Pubs, Sex Shops und Dark Rooms.

ESSEN

► Erschwinglich

② *El Asador Criollo*
Avenida de Italia 30
beim Minizug
Tel. 928 77 80 62
Wer ein Faible für Fleisch, Fleisch und nochmals Fleisch hat, möglichst vom offenen Grill, ist hier genau richtig. Das Lokal ist täglich geöffnet.

③ *Rias Bajas*
Avenida Tirajana
neben dem Yumbo Center
Tel. 928 76 40 33
Auch bei Einheimischen beliebtes Restaurant. Fisch und Meeresfrüchte werden auf galizische Art zubereitet.

④ *La Casa Vieja*
an der Straße nach Fataga
San Fernando
Tel. 928 76 27 36
Beliebtes Gartenrestaurant mit Grillspezialitäten.

► Preiswert

① *Bali*
Avenida de Tirajana/Ecke Avenida de Bonn
Tel. 928 76 32 61
Sucht man Abwechslung zu kanarischer und internationaler Kost, empfiehlt sich dieses gut eingeführte indonesische Lokal. Ein Klassiker sind die Sate-Spießchen mit Erdnusssauce.

ÜBERNACHTEN

► Luxus

⑥ *Riu Palace*
Plaza de Fuerteventura 1
Tel. 928 76 95 00
Fax 928 76 98 00
www.riu.com
Der schönste Blick über die Dünenlandschaft von Maspalomas bietet sich vom Riu Palace. Die Zimmer haben luxuriöse Bäder. Im gepflegten Garten lässt es sich gut verweilen und erholen. Die beiden Tennisplätze sind mit Flutlicht ausgestattet, ferner gehören ein Fitnessraum und ein schön angelegter Saunabereich zu den Annehmlichkeiten des Hauses.

► Komfortabel

③ *Aparthotel Barbacan*
Avenida Tirajana 97
Tel. 928 77 20 30
Fax 928 76 18 52

www.barbacan.es
Das fünfstöckige Appartementhaus zieht sich um einen üppig begrünten Innenhof mit Pool. Manch einen wird die Lage des Hauses stören. Zwar sind alle Zimmer zum ruhigen Innenhof ausgerichtet, sobald man aber sein Appartement verlässt, befindet man sich mitten im trubeligen Playa del Inglés. Mitunter würde hier der Verkehrslärm selbst einer Großstadt alle Ehre machen. Dafür sind aber die Appartements gut ausgestattet und haben ein oder zwei Schlafräume. Das Essen ist hervorragend. Besondere Erwähnung verdient das äußerst reichhaltige und vielseitige Frühstücksbuffet.

④ *Riu Don Miguel*
Avenida Tirajana 36
Tel. 928 76 15 08
Fax 928 77 19 04
www.riu.com
Zentraler geht's kaum, ruhiger allerdings schon! Das muss man einkalkulieren. Die Balkons der meisten Zimmer zeigen in den Innenhof mit zwei Pools. Zum Strand fährt regelmäßig ein Pendelbus. Es wird ausschließlich mit Halbpension vermietet, auf Restaurantsuche muss man sich also nicht machen.

⑤ *Seaside Sandy Beach*
Calle Los Menceyes 1
Tel. 928 77 27 26
Fax 928 77 40 08

www.seaside-hotels.com
Eine gute Adresse (nicht nur) für Eltern. Kinderspielplatz, Animationsprogramme für die Kleinen und professionelle Kinderbetreuung sind im Angebot, sodass die ganze Familie auf ihre Kosten kommt. Die 256 Zimmer sind ansprechend ausgestattet und haben Balkon und Marmorbad.

▶ **Günstig**
① *Residencia San Fernando*
Calle La Palma 1 6
Tel. und Fax 928 76 39 06
In der mit Abstand günstigsten Unterkunft an der Costa Canaria darf man weder viel Komfort noch eine schöne Aussicht erwarten. Die Pension liegt am nördlichen Rand der Ferienstadt und verfügt über 60 saubere Zimmer mit Etagenbad. Besonders bei Jüngeren sehr beliebt.

② *Sun Club*
Avenida de Francia 13
Tel. 928 76 28 70
Fax 928 76 28 78
sunclub@idecmet.com
Sun Club ist eine der älteren Ferienanlagen mit üppiger Pflanzenpracht zwischen den 318 netten Bungalowhäuschen. Die Bungalows selber sind recht geräumig und bieten Platz für maximal vier Personen. Sofern tatsächlich zu viert gebucht wird, sind sie recht preisgünstig. Zu der Anlage, die durch eine Straße in zwei Teile gegliedert wird, gehören auch vier Ten-

aus dem täglichen Leben nach. Man sieht Männer und Frauen beim Bestellen der Felder, Priesterinnen bei ihren Kulthandlungen und man erlebt eine Hinrichtung mit. Ein kleines archäologisches Museum zeigt Originalfunde. Die Lage des Freilichtmuseums ist grandios. Von verschiedenen Aussichtspunkten hat man einen hervorragenden Blick auf die atemberaubende Bergwelt und in den Barranco de Fataga (geöffnet: tgl. 9.00 – 18.00 Uhr).

✹ ✹ Pozo de las Nieves

C 3

Höhe : 1949 m ü.d.M.

Der höchste Berg Gran Canarias, der Pozo de las Nieves (= Schnee-brunnen) oder Pico de las Nieves (= Schneegipfel), nimmt das Zentrum der Insel ein. Schnee liegt auf dem Berg nur an wenigen Tagen im Jahr – und dann auch immer nur für kurze Zeit.

Der Gipfel des Pozo de las Nieves, auf dem eine Radar- sowie eine Fernsehsendestation stehen, ist über drei Straßen, die beim Cruz de Tejeda, bei der Ortschaft Ayacata bzw. in Telde ihren Ausgang nehmen, leicht erreichbar. Aus Richtung Ayacata kommend, passiert man zunächst die **Presa de los Hornos**, das höchstgelegene Staubecken der Insel (1550 m ü.d.M.), biegt dann rechts Richtung Telde ab und erreicht nach 3 km die Abzweigung nach rechts zum Pozo de las Nieves. Die Straße führt um ein militärisches Sperrgebiet herum zu einem **Aussichtspunkt**, von dem aus man einen prächtigen Blick zum ▶ Roque Nublo hat. Rund 2 km weiter östlich – und ebenfalls mit dem Auto erreichbar – liegt ein zweiter Aussichtspunkt.

An der Weggabelung zu den beiden Aussichtspunkten wurde ein »Schneebrunnen« (Pozo de las Nieves) aus dem Jahr 1699 rekonstruiert. In früheren Zeiten füllten die Inselbewohner den 10 m tiefen und 5 bis 7 m breiten Schacht im Winter mit gepresstem Schnee. Bis in den Sommer hielt sich das Eis, wurde nach Las Palmas transportiert und konnte dort beispielsweise zur Kühlung bei Operationen verwendet werden. Ehemals gab es drei solcher Schneebrunnen im Gipfelbereich.

Schneebrunnen

✹ Puerto de las Nieves

B 2

Höhe: Meereshöhe   **Einwohnerzahl:** 800

Nähert man sich Puerto de las Nieves über die abenteuerliche Straße entlang der Westküste, dann genießt man sogleich das imposante Panorama auf den Ort am Fuß der Steilküste. Der »Schneehafen« konnte einst mit zwei Wahrzeichen aufwarten, zum einen mit der aus dem Wasser ragenden Felsnadel Deo de Dios, die vor wenigen Jahren zum großen Teil einem Sturm zum Opfer fiel, zum anderen mit einer der »Jungfrau vom Schnee« geweihten Kapelle.

In der Vergangenheit war Puerto de las Nieves ein bedeutsamer Hafenort. Die in der Umgebung erzeugten landwirtschaftlichen Produk-

Fährhafen im Nordwesten

te wurden hier verschifft, zudem machten meist die zwischen Las Palmas (Gran Canaria) und Santa Cruz (Teneriffa) verkehrenden Schiffe Station. Später sank der Hafen jahrzehntelang in einen Dornröschenschlaf. Heute hat er wieder Bedeutung als Anlegestelle für die **Personen- und Autofähre**, die Puerto de las Nieves (Agaete) mehrmals täglich mit Santa Cruz de Tenerife verbindet (Fahrtdauer etwa 1 Std.). Ein neues Hafenbecken für Yachten wurde angelegt und immer dümpeln bunte Fischerboote im Wasser. Innerhalb weniger Jahre hat sich Puerto de las Nieves zu einem kleinen Touristenzentrum gemausert. Rund um den Ortskern sind Appartementsiedlungen entstanden. Eine hübsche **Promenade** zieht sich vom Hafen am kurzen Strand entlang und lädt zum Bummeln und Schauen ein.

Ausländische Touristen kommen nach wie vor nur für einen kurzen Zwischenstopp hierher. Am Wochenende gesellen sich viele einheimische Tagesausflügler dazu – angezogen von den zahlreichen vorzüglichen Fischrestaurants. Mitunter ist es dann schwierig, überhaupt einen Parkplatz in Puerto de las Nieves zu bekommen.

Sehenswertes in Puerto de las Nieves

Ermita de la Virgen de las Nieves An der Hauptstraße steht die von Mauern umgebene Ermita de la Virgen de las Nieves. Bedeutung hat die leuchtend weiße Kapelle vor allem wegen eines Triptychons, das von dem flämischen Maler Joos van Cleve (gest. 1541) stammen soll. Es gelangte im 16. Jh. nach Gran Canaria. Der Mittelteil der dreiteiligen Bildtafel zeigt Maria mit dem Kind unter einem Baldachin sitzend. Bei der **Bajada de la Rama** (4. – 7. August) wird das Altarbild unter großer Beteiligung der Bevölkerung von der Kapelle zur Pfarrkirche in Agaete getragen. Beachtenswert ist daneben die schöne Mudejardecke der Kapelle. Die Schiffsmodelle an den Wänden sind Dankesgaben von Seeleuten an die Virgen de las Nieves, die Schneejungfrau.

Bei der Bajada de la Rama vor der Ermita de la Virgen de las Nieves

Einige Hundert Meter südlich von Puerto de las Nieves ragt der **Dedo de Dios** (= Finger Gottes) nahe der Küste aus dem Meer auf. Die obere Teil des etwa 30 m hohen, seltsam geformten Monoliths brach allerdings bei einem heftigen Sturm Ende 2005 ab.

⏵ PUERTO DE LAS NIEVES ERLEBEN

AUSKUNFT
Oficina de Información Turística
Calle Nuestra Señora de las Nieves 1
Tel. 928 55 43 82

ESSEN
▶ Erschwinglich
La Palmita
an der Straße Puerto
de las Nieves–Agaete
Tel. 928 89 87 04
Angenehmes Restaurant mit hübscher Terrasse, am Wochenende kommen viele Ausflügler hierher. Die kleineren Gäste können sich zwischenzeitlich auf dem zugehörigen Spielplatz vergnügen.

▶ Preiswert
El Dedo de Dios
am Hafen
Tel. 928 89 80 00
Typisch kanarische Einrichtung, ein

riesiges Fenster gibt den Blick aufs Meer frei. Spezialität: Meeresgetier aller Art.

ÜBERNACHTEN

Baedeker-Empfehlung

▶ Komfortabel
Puerto de las Nieves
Avenida Alcalde José de Armas
Tel. 928 88 62 56
Fax 928 88 62 57
www.hotelpuertodelasnieves.net
Das Viersternehotel gehört zu den wenigen komfortablen Unterkünften im touristisch kaum erschlossenen Nordwesten Gran Canarias. Es liegt am Ortseingang und verfügt über 30 modern eingerichtete Zimmer. Überzeugend ist die Wellnessoase mit Hallenbad, Sauna, Massagen und diversen Therapieangeboten.

✶ ✶ Puerto de Mogán ✓

D 2

Höhe: Meereshöhe   **Einwohnerzahl:** 1000

Den westlichen Randposten des Touristenzentrums im Süden von Gran Canaria bildet Puerto de Mogán. Der kleine Ort liegt im Mündungsbereich des Barranco de Mogán (►Mogán), einem der fruchtbarsten Täler der Insel. In den vergangenen Jahrzehnten machte Puerto de Mogán eine rasante Entwicklung durch: Noch zu Beginn der Achtzigerjahre lebten hier lediglich einige Fischer mit ihren Familien, heute bilden eine exklusive Urbanisation und ein eleganter Jachthafen den Ortsmittelpunkt.

Puerto de Mogán präsentiert sich äußerst stilvoll. Zweistöckige weiße Häuschen mit farblich abgesetzten Fenster- und Türrahmen säumen die autofreien Gässchen. Üppiger Blumenschmuck, hübsch gestaltete Plätze und zahlreiche Cafés und Restaurants laden zum Bummeln

✶ ✶
Klein-Venedig

Puerto de Mogán: gilt als Gran Canarias »Vorzeigetouristenresort«.

und Verweilen ein. Auf Gran Canaria ist man stolz auf dieses »Klein-Venedig« – beweist hier doch ein ganzer Ort, dass man auf der Insel erfolgreich versucht, vom Negativimage »Massenreiseziel« wegzukommen. Viele Tagesgäste verlassen Puerto de Mogán wieder, ohne einen Rundgang durch den alten Ortskern unternommen zu haben. Man sollte sich jedoch auch dazu Zeit nehmen: Geweißte Häuser und kopfsteingepflasterte Gassen erinnern an vergangene Zeiten.

Playa de Mogán Die ca. 400 m lange Playa de Mogán neben der Feriensiedlung wurde mit hellem Sand aufgeschüttet. Ein Wellenbrecher sorgt dafür, dass hier auch für Kinder gefahrloses Baden möglich ist, behindert andererseits aber den Wasseraustausch!

Lomo Quiebre Den Ortsteil einen Kilometer vom Strand barrancoeinwärts gab es schon lange vor der Ära des Tourismus. In den schlichten Häusern gibt es etliche preiswerte Pensionen, die vornehmlich von Rucksacktouristen belegt sind.

Umgebung von Puerto de Mogán

Playa del Taurito Die 4 km östlich gelegene Playa del Taurito (oder Playa del Diablo) ist ebenfalls von Touristikanlagen umgeben. Das Zentrum bildet eine große Poollandschaft mit Palmen, Blumen und Wasserrutschen (gegen Eintrittsgebühr zugänglich).

Einen kleinen, allerdings dunklen und mit Steinen durchsetzten Sandstrand gibt es westlich von Puerto de Mogán: die Playa de Veneguera. Man erreicht diesen Flecken zu Fuß auf einer für den Autoverkehr gesperrten Piste. Mit dem Auto gelangt man nur über Mogán und Casas de Veneguera dorthin (einfache Strecke 25 km, nur mit **Playa de Veneguera**

 ## PUERTO DE MOGÁN ERLEBEN

EINKAUFEN

Mercado
Die meisten Tagesgäste kommen am Freitag, denn dann wird zwischen 8.00 und 14.00 Uhr rund um den Hafen ein Wochenmarkt abgehalten.

BOOTSTOUREN

Die »Yellow Submarine«, ein U-Boot, startet vom Hafen aus zu 40-minütigen Erkundungsfahrten in die Unterwasserwelt (diese ist allerdings in dieser Meeresregion nicht allzu beeindruckend!). Äußerst reizvoll sind Bootsausflüge entlang der kaum erschlossenen Küstenzone westlich von Puerto de Mogán. Man kann an Segeltörns teilnehmen oder auch ohne Vorkenntnisse auf Hochseefischfang gehen (unter Anleitung). Wem das zu aufwendig ist, der fährt einfach mit regelmäßig verkehrenden Schiffen in die östlichen Nachbarorte Puerto Rico oder Arguineguín.

ESSEN

▶ **Erschwinglich**
Bodeguilla Juanana
Promenade am Hafen
Tel. 928 56 50 44
Rustikales Lokal, man sitzt auf alten Weinfässern und hat viel Trödel um sich herum. Aber eine gute Adresse, um kanarische Spezialitäten zu kosten (Achtung die Meeresfrüchte sind recht teuer!).

Tu Casa
Avenida de las Artes
Tel. 928 56 50 78
Das hübsche alte Haus mit Terrasse direkt am Strand überzeugt mit guter italienischer Küche.

Baedeker-Empfehlung

▶ **Fein & teuer**
La Caracola
am Hafen
Tel. 928 56 54 86
Die »Seemuschel« gilt als einer der Gourmettempel auf Gran Canaria und hat entsprechende Preise! Bekannt ist das Restaurant – der Name sagt es schon – für seine Fischgerichte, vor allem Hai und Schwertfisch werden in diversen leckeren Zubereitungsarten serviert. Bei nur 20 Plätzen ist eine Reservierung dringend erforderlich (Sommerpause von Mitte Mai bis Ende Juli).

ÜBERNACHTEN

▶ **Komfortabel**
Taurito Princess
Urbanización Taurito
Tel. 928 56 54 00
Fax 928 56 55 66
www.princess-hotels.com
Das All-inclusive Resort verfügt über alle Annehmlichkeiten, die man von einem modernen Hotel dieser Kate-

gorie erwarten darf. Alle 400 Zimmer haben Meerblick. Besondere Attraktion ist der riesige Meerwasserpool inmitten eines üppig begrünten Geländes (er ist gegen Eintritt auch für Nicht-Hotelgäste zugänglich).

Club de Mar
Tel. 928 56 50 66
Fax 928 56 54 38
www.clubdemar.com
Das zweigeschossige Haus gefällt durch die im Mogán-Stil gehaltene Architektur und die Lage direkt am Yachthafen. Die hellen Zimmer haben alle Meer- oder Hafenblick, auf dem Dach befindet sich eine Aussichtsterrasse. Von dem Swimmingpool kann man über Stufen direkt ins Meer hinabsteigen. Zum Hotel gehören mehrere Appartements, einige davon mit zwei Schlafzimmern. Dem Hotel ist eine Tauchbasis angeschlossen.

▶ **Günstig**
Pensión Lumy
Lomo Quiebre 35
Tel. 928 56 52 35
Die einfache Backpackerherberge liegt im Ortsteil Lomo Quiebre. Vermietet werden zehn schlichte saubere Zimmer für wenig Geld.

Geländewagen!). An der Playa de Veneguera soll eine weitere Urbanisation mit 20 000 Betten entstehen, bisher konnten Umweltschützer den Baubeginn jedoch erfolgreich verzögern.

Playa de Güigüí Der schönste Sandstrand der Region, ja vielleicht der gesamten Insel, die Playa de Güigüí, liegt weiter westlich (▶Baedeker Special S. 204).

Puerto Rico

D 2

Höhe: Meereshöhe   **Einwohnerzahl:** 1000

Das an der Südwestküste von Gran Canaria gelegene Puerto Rico ist eine reine Urlauberstadt. Hierher kommen Gäste, denen nächtliche Unterhaltungsmöglichkeiten weniger wichtig sind als ein umfangreiches Sportangebot. Mit gleich zwei Yachthäfen dreht sich in Puerto Rico (fast) alles um den Wassersport.

Puerto Rico, der »Reiche Hafen«, wurde in einer geschützten Bucht angelegt, die von etwa 100 m hohen Felswänden umgeben ist. Die Appartementgebäude ziehen sich bis an den oberen Rand der Gebirgshänge hinauf. Mit rund 30 000 Gästebetten ist Puerto Rico die **zweitgrößte Ferienstadt** Gran Canarias.
Auf den ersten Blick kann man es sich vielleicht kaum vorstellen, hier Urlaub zu machen; auf den zweiten wird man jedoch an den vielen grünen Parkanlagen Gefallen finden, die die Betonwüste auflockern. Einen Nachteil hat der Ferienort allerdings: An dem kleinen künstlich aufgeschütteten Sandstrand herrscht bei schönem Wetter

Vielleicht nicht schön, aber aussichtsreich: Ferienanlagen an der Playa de Tauro

meist eine drangvolle Enge und auch im Wasser müssen Schwimmer, Segler und Surfer achtgeben, um Kollisionen zu vermeiden.

Wasserspaß für die ganze Familie verspricht der Aguapark am Nordrand der Ferienstadt. Wasserrutschen und ein Kamikazetunnel sind die Attraktionen (geöffnet: tgl. 10.00 – 18.00 Uhr).

Aguapark

Umgebung von Puerto Rico

Eine aussichtsreiche Promenade verbindet Puerto Rico mit der nordwestlich anschließenden, äußerst gepflegten Playa de los Amadores. Der 400 m lange sichelförmige Strand gilt als einer der schönsten der Insel. Er wurde erst vor wenigen Jahren künstlich angelegt und mit weißem Sand aufgeschüttet. Ins Meer hinaus gebaute Molen schützen vor der Brandung und machen das Baden so auch für Kinder ideal. Oberhalb der Playa de los Amadores ist ein neues Ferienresort an die Steilküste gesetzt worden – ausschließlich mit Hotels der gehobenen Kategorie. Die Bebauung ist allerdings noch nicht abgeschlossen.

Playa de los Amadores

> ! ***Baedeker* TIPP**
>
> ### Segeln und Surfen
>
> Im Südwesten Gran Canarias bietet seit über 25 Jahren Sail & Surf Overschmidt (www.segelschule-grancanaria.de; Tel. 928 56 52 92) Segel- und Surfkurse an. Sie können hier auch den Sportbootführerschein machen, wahlweise in Puerto de Mogán oder Puerto Rico.

ZUM SCHÖNSTEN STRAND DER INSEL

Die Playa de Güigüí an der Westküste ist für viele der schönste Sandstrand Gran Canarias. Da diese reizvolle Küstenlandschaft teilweise unter Naturschutz steht, bleibt sie zumindest in der näheren Zukunft wohl von einer touristischen Erschließung verschont. Erreichbar ist die Playa de Güigüí nur per Schiff oder nach einer recht anstrengenden Wanderung.

Wer sich für die **Bootsfahrt** entscheidet, kann in Puerto de Mogán eine Yacht oder ein Fischerboot anheuern. Der Preis ist Verhandlungssache, dürfte aber kaum unter 75 Euro liegen. Zu bedenken ist, dass es keinen Anlegesteg gibt, man also an Land schwimmen bzw. sich in einem kleinen Gummiboot übersetzen lassen muss.

Eine anstrengende Tour

Die 12 km lange Wanderung beginnt in dem Weiler **Tasartico,** den man nur mit dem Auto erreicht. Für den Weg hin und zurück zum Strand sind mindestens fünf Stunden Wanderzeit zu veranschlagen. Der Höhenunterschied (Auf- und Abstieg) beträgt rund 970 m. Die Wanderroute führt größtenteils über steile, oft rutschige und geröllbedeckte Pfade; unterwegs gibt es keinen Schatten, daher müssen Sie unbedingt genügend Wasser mitnehmen! Nur bei Ebbe kann man von der Meeresbucht El Puerto zur größeren Nachbarbucht Playa de Güigüí weitergehen. Angaben über die tägli-

chen Gezeiten (bajamar = Ebbe, pleamar = Flut) finden sich in lokalen Tageszeitungen. Achtung: Man muss unbedingt darauf achten, rechtzeitig wieder zum Ausgangspunkt El Puerto zurückzukehren. Der Weg zwischen beiden Buchten wird bereits bei einsetzender Flut völlig abgeschnitten; bis zur nächsten Ebbe gibt es dann keine Rückkehrmöglichkeit!

Los geht's

Ausgangspunkt unserer Wanderung ist der abgeschiedene Weiler Tasartico, im gleichnamigen Barranco gelegen. Die wenigen Häuser scharen sich um ein kleines, unscheinbares Kirchlein. Wir folgen dem Fahrweg, der im Anschluss an die Asphaltstraße in den Barranco hinabführt. Im Talgrund wird Gemüse angebaut, teilweise in einfachen Gewächshäusern. Nach etwa zehn Minuten zweigen wir hinter einem Gewächshaus rechts ab und folgen einem deutlich erkennbaren Pfad hangaufwärts. In der Trockenvegetation, die den Hang bedeckt, kommen Tabaiba und Säulen-

Nur ausdauernden Wanderern zu empfehlen: die Tour zur Playa de Güigüí

Euphorbien vor. Unser Pfad führt nach einigen Kehren allmählich in den Seitenbarranco Cañada de Aguas Sabinas hinein. Nach einer Viertelstunde durchqueren wir das Barranco-Bett nach links. Es folgt der anhaltende, steile und recht beschwerliche Aufstieg auf dem teils grob mit Steinen befestigten, teils mit losem Geröll übersäten Pfad. Wir steigen über lange Zeit in Kehren an, passieren schließlich ein kleines Marmorkreuz und erreichen kurz danach einen Pass. Er bildet den tiefsten Einschnitt des Bergrückens, der den Barranco de Tasartico vom Barranco de Güigüí Grande trennt. Unvermittelt öffnet sich hier über wildes Bergland hinweg ein hinreißender Blick auf das blau schimmernde Meer; das ferne Grollen der Brandung dringt zu uns empor. Nach wohlverdienter Verschnaufpause beginnt unser Abstieg. Der alte Fußweg hier ist in etwas besserem Zustand; zudem lockt das noch ferne Ziel. Teils in steilen Kehren, teils geradlinig entlang dem Hang wandern wir bergab. Nach etwa 45 Minuten erreichen wir eine Gabelung: Geradeaus führt ein Pfad auf gleichbleibender Höhe am Hang entlang weiter, wir jedoch steigen links in den Barranco hinab (weiter unten ist ein kleines Gehöft erkennbar). Zehn Minuten später mündet unser Pfad in das Barranco-Bett. Im felsigen Geröllbett wandern wir nun bergab und lassen den Pfad unbeachtet, der alsbald rechts herausführt. Wir unterqueren eine Rohrleitung, die den Barranco kreuzt. Bald danach folgen wir einem Pfad nach links in den Barranco de Güigüí Grande hinab und durchqueren ihn. Auf der rechten Seite des dicht mit Spanischem Rohr bewachsenen Geröllbetts wandern wir bergab, unterhalb eines kleinen Gehöfts vorbei. Ein teils sandiger Pfad führt über Felsstufen steil in die Sand- und Kiesbucht **El Puerto** hinab, wo der Barranco de Güigüí Grande ins Meer tritt.

Der Traumstrand lockt

Bei Ebbe können wir nach rechts am Strand entlang zur sandigen Nachbarbucht **Playa de Güigüí** weitergehen; hier öffnet sich der Barranco de Güigüí Chico zum Meer. Dazu müssen wir an einigen vorspringenden Felsen die Schuhe ausziehen, denn selbst bei Ebbe ist diese Stelle nicht trockenen Fußes zu umgehen. Achtung: an die rechtzeitige Rückkehr vor Einsetzen der Flut denken! Wir kehren auf demselben Weg zurück, haben aber nun einen anstrengenden Aufstieg vor uns.

Die Tourenbeschreibung ist dem in der Reihe Kompass Wanderführer erschienenen Band »Gran Canaria« entnommen.

Playa de Tauro	Etwa 4 km nordwestlich von Puerto Rico erstreckt sich die Playa de Tauro (hinter dem Campingplatz links abbiegen). Der Strand ist ca. 400 m lang. Am schönsten präsentiert er sich in seinem östlichen Abschnitt.
Playa de Cura	In der Nachbarbucht von Tauro hält bereits seit den 1970er-Jahren direkt am Wasser das unter deutscher Leitung stehende Strandhotel Riviera die Stellung. Zumindest in der Hauptsaison herrscht an dem nur rund 150 m langen Strand großes Gedränge.
Playa del Medio Almud	Bevorzugtes Ausflugsziel der Kanarier ist die dann folgende, nur zu Fuß erreichbare Playa del Medio Almud. Von der Küstenstraße zweigt bei Km 78 ein Weg dorthin ab. Allzu gepflegt ist der Strand-

▶ PUERTO RICO ERLEBEN

AUSKUNFT

Oficina de Turismo
Avenida de Mogán
Tel. 928 56 00 29

BOOTSTOUREN

Ein regelmäßiger Bootsverkehr (Lineas Salmon) verbindet Puerto Rico mit Puerto de Mogán und Arguineguín. Fahrtdauer jeweils ca. 30 Minuten. Die Schiffe verkehren mehrmals täglich. Aquarium Cat ist ein Glasboden-Katamaran, der Einblicke in die Unterwasserwelt zulässt. Reizvoll sind daneben Touren mit dem Windjammer oder Katamaranexkursionen.

AUSGEHEN

Das abendliche Unterhaltungsangebot in Puerto Rico ist begrenzt. Im Restaurant »El Pirata« an der Promenade treten mehrmals wöchentlich Livebands auf, ab und an steht auch eine Flamencoshow auf dem Programm. Die Jugend trifft sich in den Diskotheken im Centro Comercial.

ESSEN

▶ **Erschwinglich**
① *Don Quichote*
Edificio Porto Novo 12

Tel. 928 56 09 01
Das Restaurant direkt am Hafen wartet mit Fisch und Meeresfrüchten, Paëlla und flambierten Fleischgerichten auf. An den Wänden des kleinen Lokals hängende Porzellanteller erinnern an den berühmten »Ritter der Windmühlen«. Sehr beliebt, Reservierung empfohlen (So. und Mo. geschl.).

② *Zamora*
2 km außerhalb, an der Straße in den Barranco de Puerto Rico
Tel. 928 56 05 17
Nur abends geöffnetes Lokal in dem Ortsteil, in dem auch die Einheimischen ihre Wohnungen haben. Gute spanisch-kanarische Küche zu angemessenen Preisen (So. geschl.).

ÜBERNACHTEN

▶ **Komfortabel**
③ *Gloria Palace Amadores*
Avenida de la Cornisa
Tel. 928 12 85 10
Fax 928 12 85 14
www.hotelgloriapalace.com
Das Viersternehotel thront imposant über der Playa de los Amadores. Ein Lift bringt die Gäste zur Promenade, von der man in 10 Min. nach Puerto

Puerto Rico Orientierung

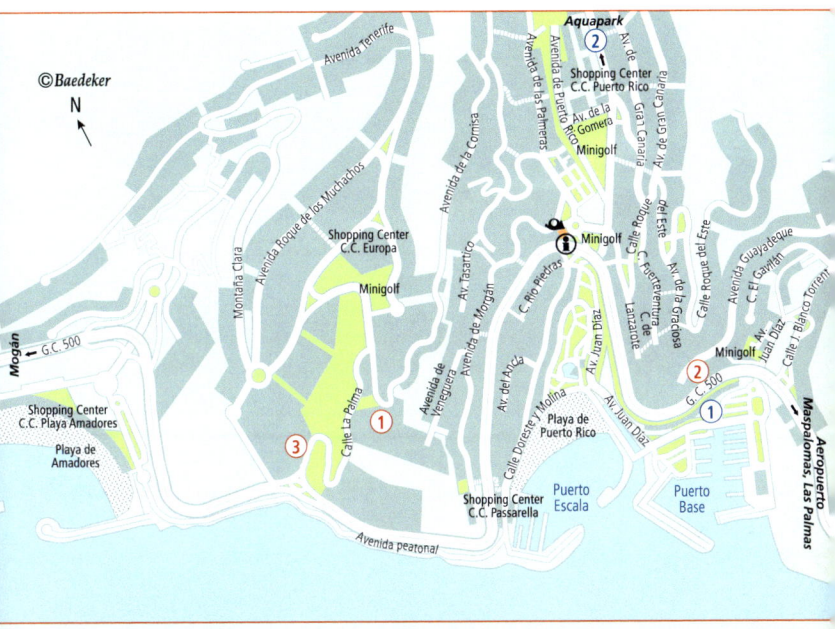

©Baedeker
N

Avenida Tenerife

Aquapark

Av. de Puerto Rico
C.C. Puerto Rico
Shopping Center

Av. de las Palmeras

Avenida de la Cornisa

Av. de la Gomera

Gran Canaria

Minigolf

Avenida Roque de los Muchachos

Shopping Center
C.C. Europa

Montaña Clara

Minigolf

Minigolf
(i)

Av. de Roque

C. de Fuerteventura

C. de Lanzarote

Av. de la Graciosa

Calle Roque del Este

Avenida El Gaviah

Av. Guayadeque

Mogán
G.C. 500

Calle La Palma

Av. Txartico

C. Río Piedras

Av. del Arca

Av. de Veneguera

Avenida de Morgán

Calle Doramas y Molina

Av. Juan Díaz

Av. de la Graciosa

Minigolf

G.C. 500

Av. Juan Díaz

Calle El Blanco Torrent

Aeropuerto Maspalomas, Las Palmas

Shopping Center
C.C. Playa Amadores

Playa de
Amadores

③

①

Playa de
Puerto Rico

②

①

Shopping Center
C.C. Passarella

Puerto
Escala

Puerto
Base

Avenida peatonal

Übernachten
① Puerto Azul   ② Ipanema Park   ③ Gloria Palace Amadores

Essen
① Don Quichote   ② Zamora

Rico bzw. in 15 Min. zur Playa de los Amadores kommt. Die Zimmer sind attraktiv ausgestattet, für Kinder gibt es Miniclub und Spielplatz.

► Günstig

① Puerto Azul
Cornisa Puerto Rico
Tel. 928 56 05 91
Fax 928 56 10 28
www.hotelpuertoazul.net
Das Hotel liegt nicht in unmittelbarer Strandnähe, ein Shuttle-Service sorgt jedoch dafür, dass die Hotelgäste innerhalb weniger Minuten ans Meer gelangen. Die Zimmer sind extrem geräumig und haben alle eine große Terrasse mit Meerblick. Eine Kitche-

nette ist vorhanden, sodass man sich auch selbst verpflegen kann. Ein Swimmingpool, zwei Tennisplätze, Kinderspielplatz und Animationsprogramme sorgen für Kurzweil.

② Ipanema Park
Barranco Agua la Perra
Tel. und Fax 928 56 03 00
ollaes@sadocon.com
Die 114 Appartements sind modern und zweckmäßig ausgestattet; von allen hat man einen herrlichen Blick über die Bucht Puerto Ricos. Der Weg zum Strand ist recht weit und viele Stufen müssen bewältigt werden, bis man ihn endlich erreicht. Mehrmals täglich verkehrt ein Bus ins Zentrum.

abschnitt nicht, dennoch geht es hier bei Strandfeten mitunter hoch her. Mit dem unberührten Idyll ist es allerdings wohl bald vorbei, denn die Baumaschinen stehen schon bereit. Die benachbarte **Playa de Tritaña** hat dagegen bislang noch keinen Investor gefunden. Der an der Küstenstraße beginnende Fußweg führt 600 m abwärts zu dem schmalen, feinsandigen Strand.

✶✶ Roque Nublo

C 3

Höhe: 1813 m ü.d.M.

Der Roque Nublo, der Wolkenfels, liegt im Zentrum von Gran Canaria, nur wenige Kilometer westlich des Pozo de las Nieves. Wegen seiner bizarren Form gilt er als das Wahrzeichen der Insel.

Der Roque Nublo ist ein Monolith, der sich 80 m über einem Tafelberg erhebt. Es handelt sich bei der markanten »Felsnadel« um den Erosionsrest einer ehemals geschlossenen Gesteinsdecke. Den Altkanariern war dieser merkwürdige Felsen heilig.

Grandioser Blick hinüber zum Roque Nublo

Man erreicht den inmitten einer wildromantischen Landschaft gele- **Aufstieg**
genen Roque Nublo nur zu Fuß. Ausgangspunkt für die kleine **Wanderung** (hin und zurück ca. 4 km, Höhenunterschied 150 m) ist ein
Parkplatz an der Ayacata mit Cueva Grande verbindenden Straße.
Vom Parkplatz führt ein angelegter Weg zur bereits sichtbaren markanten Felsformation. Der »Wolkenfels« macht seinem Namen häufig alle Ehre: Die größte Chance, ihn im Sonnenlicht zu erleben, hat
man in den frühen Morgenstunden.

San Agustín

D 3

Höhe: Meereshöhe

**Die Hotelstadt San Agustín im Süden Gran Canarias grenzt nach
Westen hin an ► Playa del Inglés. Allerdings wirkt hier alles etwas
gediegener als in dem benachbarten großen Touristenzentrum.**

Auch in San Agustín gibt es keinen alten Ortskern. Ausschließlich
Hotels und andere touristische Einrichtungen bestimmen das Bild.
Aufgelockert wird die Szenerie durch zahlreiche kleine Gartenanla-
gen, in denen es üppig grünt und
blüht. Als Trennlinie erweist sich
die mitten durch San Agustín verlaufende GC 500. Wer nördlich der
Schnellstraße wohnt, gelangt über
die Fußgängerüberführungen zum
Strand.

Reizvoll ist ein Bummel auf der
Strandpromenade (in westlicher
Richtung gehend, erreicht man
nach 4 km Playa del Inglés). Davor
erstreckt sich die **Playa de San
Agustín**. Der ca. 600 m lange Sandstrand gilt als einer der gepflegtes-
ten der Insel. Die östliche Begren-
zung bildet die Punta Morro Besu-
do, und diese Felsnase sorgt dafür,
dass der Strand gegen den Nord-

! _Baedeker_ TIPP

Thalasso & Wellness
Beim Hotel Gloria Palace befindet sich Talaso-
terapia Canarias, das größte Wellnesszentrum
der Insel. Auf einer Fläche von rund 7000 m²
dreht sich alles um Entspannung und Erholung.
Zur Verfügung stehen mehrere Meerwasserpools,
eine Sauna, verschiedene Therapie- und Beauty-
behandlungen, ein Fitnesscenter und eine große
Ruhezone. Die Pools sind tgl. von 10.00 bis
21.00 Uhr zugänglich, man kann aber auch
mehrtägige Wellness- und Anti-Stress-Kuren
buchen.

ostpassat relativ gut geschützt ist. Der Wellengang in der Bucht ist
meist niedrig und da der Strand zudem noch sanft ins Meer abfällt,
ist auch für Kinder gefahrloses Baden möglich.

Umgebung von San Agustín

An die Playa de San Agustín schließen sich nach Osten hin weitere **Bahía Feliz**
kleine Sandbuchten an. Schön präsentiert sich die 500 m lange (teil-

⏵ SAN AGUSTÍN ERLEBEN

AUSGEHEN

Spielcasino
im Hotel Meliá Tamarindos
Roulette und Black Jack tgl. zwischen
20.00 und 4.00 Uhr. Auch ein Saal mit
Spielautomaten ist vorhanden.

Show im Casino Palace
Calle Las Retamas 3
Tel. 928 76 27 24
www.casino-palace.net
Allabendlich wird im Casino Palace
gegenüber dem Spielcasino eine auf-
wendige Dinnershow gezeigt (man hat
die Wahl zwischen einem einfachen
Menü, einem Gourmetmenü und einem vegetarischen Menü).

ESSEN

▶ Erschwinglich
El Puente
Calle las Dalias 3
Tel. 679 77 10 36
Nur abends geöffnetes Lokal mit
traumhafter Aussicht über die Küste.
Mo. ist Ruhetag.

▶ Preiswert
Loopy's Tavern
Calle Las Retamas 7
Tel. 928 76 28 92
Internationale Küche (Hühnchen,
Pizza, Steaks etc.) gibt's den ganzen
Tag über. Beliebt ist das einfache Lokal
nicht zuletzt bei Familien mit Kindern.

ÜBERNACHTEN

▶ Luxus
Meliá Tamarindos
Calle Retama 3
Tel. 928 76 26 00
Fax 928 76 22 64
www.solmelia.com
Schon auf den ersten Blick erkennbar:
Das siebenstöckige Fünfsternehotel
mit seinem weithin sichtbaren Turm
wurde bereits in den 1970er-Jahren
errichtet. Die Zimmer sind ver-
gleichsweise klein, bieten aber den
ansonsten üblichen Standard in dieser
Kategorie. Großes Plus sind die
abendlichen Unterhaltungsmöglichkeiten, das Revue-Programm hat
Klasse und das Spielcasino zieht
natürlich nicht nur die Gäste des
Hauses an.

▶ Komfortabel
Dunas Don Gregory
Tel. 928 77 38 77
Fax 928 44 53 20
www.hotelesdunas.com
Das Don Gregory ist ein ebenfalls von
außen nicht sehr ansprechender neun-
stöckiger Bau mit fast 250 Zimmern.
Toll ist dafür die Lage: Nur die
Promenade trennt das Hotelareal vom
Strand. Mehr Platz als die üblichen
Standard-Zimmer bieten die Maiso-
nette-Appartements im achten Stock-
werk.

weise von Steinen durchsetzte) **Playa del Águila**. Sie geht in die
Playa de Tarajalillo über. Letztere gehört zu der Urbanisation Bahía
Feliz (glückliche Bucht), ein komfortables Bungalowdorf in mauri-
schem Stil und vorläufig das östlichste Glied der Badeorte an der
Costa Canaria. In der recht ruhigen Urbanisation urlauben vor-
nehmlich Skandinavier und Windsurfer. Der renommierte Club
Mistral unterhält hier eine Surfstation.

Sioux City

Wenige Kilometer nordwestlich von San Agustín wurde im Barranco de Aguila eine **Westernstadt** nachgebildet. Sioux City lieferte mit seinen Saloons, der Kirche, der Bank, dem Gefängnis sowie vielen anderen Bauten schon die Kulisse für Fernsehaufnahmen. Mehrmals täglich finden Show mit Lasso- und Schießkunststücken, Messertricks u. Ä. statt (geöffnet: Di. – So. 10.00 – 17.00 Uhr).

Castillo del Romeral

Über das 10 km nordöstlich von San Agustín gelegene **Juan Grande** erreicht man das Fischerdorf Castillo del Romeral. Der Name geht auf eine nicht mehr existente Festungsanlage zurück, die einst zum Schutz der nahe gelegenen Salinen errichtet worden war. An der Mole dümpeln ein paar Fischerboote im Wasser, ein Meerwasserbecken ersetzt den nicht vorhandenen Sandstrand. Preiswerte Fischgerichte gibt es in der Cofradía de Pescadores nahe dem kleinen Hafen, das Angebot richtet sich nach dem Fang des Tages.

> ❗ *Baedeker* **TIPP**
>
> ### Gran Canaria aus der Luft
>
> Wer die Insel einmal aus der Vogelperspektive erkunden möchte, dem sei ein Helikopterflug empfohlen. Vom Aerodrom El Berrial bei San Agustín startet ein Pilot zu Inselrundflügen (ca. 30 Min.): Blue Canarias Helicopters, Tel. 928 77 47 48, www.bluecanarias.com.

Pozo Izquierdo

Dem normalen Badeurlauber dürfte die improvisiert wirkende Küstensiedlung, 16 km nordöstlich von **San Agustín**, kaum bekannt sein, in der Surferszenc gehört der Ort jedoch zu den klangvollsten Namen weltweit. Der bislang kaum erschlossene Küstenstrich ist eines der besten Starkwindreviere im Archipel. Seit Jahren tragen hier die Surfprofis jeden Sommer ein Weltcuprennen aus. Einzig nennenswerte Infrastruktur sind zwei Surfbars, eine Handvoll einfachster Unterkünfte sowie das von der Gemeinde unterhaltene Centro Internacional de Windsurfing (CIW), in dem vornehmlich für den einhimischen Nachwuchs Surf- und Tauchkurse angeboten werden.
Ganz in der Nähe liegen die größte Windkraftanlage der Insel und eine Saline.

San Nicolás de Tolentino

C 2

Höhe: 64 m ü.d.M.   **Einwohnerzahl:** 10 000 (ges. Bezirk)

San Nicolás de Tolentino liegt in einem fruchtbaren Tal, daher lebt hier noch ein hoher Prozentsatz der Einwohner von der Landwirtschaft. Mehrere Staubecken im Hinterland, in dem sich die Passatwinde bevorzugt abregnen, versorgen die Ortschaft mit Wasser. Neben Tomaten, Kartoffeln und Bananen werden auch Papayas, Avocados und Mangos angebaut.

Die Anfahrt in das im Westen von Gran Canaria, 5 km vom Meer entfernt gelegene San Nicolás de Tolentino ist auch heute noch relativ langwierig. In der Vergangenheit lief der Kontakt zur Außenwelt fast ausschließlich über den Hafen (Puerto de la Aldea) ab.

San Nicolás de Tolentino ist eine lang gestreckte Ortschaft ohne eigentliches Zentrum. Vereinzelt stehen zwischen den meist weiß getünchten Häusern noch Windmühlen, mit denen das Grundwasser an die Oberfläche gepumpt wurde, für die meisten Kulturpflanzen ist es inzwischen jedoch zu salzhaltig.

Umgebung von San Nicolás de Tolentino

Puerto de San Nicolás
San Nicolás de Tolentino bietet dem Besucher wenig Interessantes. Reizvoller ist dagegen ein Stopp in Puerto de San Nicolás bzw. **Puerto de la Aldea**. In dem noch recht ursprünglichen **Fischerort** gibt es einige einfache Lokale, die fangfrische Meeresfrüchte anbieten. Das Preis-Leistungs-Verhältnis scheint zu stimmen, anders sind die vielen einheimischen Besucher am Wochenende nicht zu erklären.

Der Strand bei Puerto de San Nicolás ist ca. 500 m lang, relativ steinig und wird von Steilfelsen gesäumt. Es ist mit einer starken Brandung zu rechnen. Vor allem Angler kommen hierher.

✱
Barranco de la Aldea
Zu den schönsten Landschaftseindrücken auf Gran Canaria gehört eine Fahrt durch den Barranco de la Aldea. Eine durchgehend asphaltierte, allerdings sehr schmale und serpentinenreiche (!) Straße folgt von San Nicolás dem Barranco in östlicher Richtung.

Zunächst geht es an Gehöften und Feldern vorbei, später passiert man mehrere Staubecken, die von steilen Felshängen eingefasst werden. Nach rund 20 km trifft die Gebirgsroute auf die Straße, die ▶ Artenara mit dem Pinar de Tamadaba verbindet. Da das Sträßchen nur wenig befahren ist, können auch Mountainbiker sie benutzen. Die sollten allerdings wissen, dass auf dieser Strecke ein Höhenunterschied von rund 1300 m zu bewältigen ist.

In seinem unteren Verlauf, im Gebiet des heutigen San Nicolás, war der Barranco in vorspanischer Zeit bevorzugtes Siedlungsgebiet. Man fand hier zahlreiche Keramikgegenstände sowie Mauerreste von Wohnhäusern der Altkanarier. Die einzelnen Stätten sind nicht ausgewiesen und daher ohne kompetenten Führer nicht zu finden.

> **!** *Baedeker* TIPP
>
> ### Gaudi im Schlamm
>
> Immer am 10. September feiert San Nicolás de Tolentino die Fiesta del Charco, das »Tümpelfest«. Es geht auf ein Ereignis des Jahres 1766 zurück. Der damalige Bischof besuchte die Ortschaft und kam äußerst ungelegen: Er sah Männer und Frauen, die fast nackt in einem Tümpel badeten. Strafe musste sein: Die Dorfbewohner wurden exkommuniziert. Heute geht es bei dem Fest züchtiger zu, man badet bekleidet, aber es ist dennoch ein Mordsspaß! Nebenbei findet noch ein Wettbewerb statt: Wer die meisten Fische aus dem Teich holt, hat gewonnen.

Rund 4 km südöstlich von San Nicolás de Tolentino liegt an der nach Mogán führenden Straße das Gelände von Cactualdea. Der Name ist Programm: Alles dreht sich um **Kakteen**. Rund 100 000 Pflanzen wachsen auf dem sehr gepflegten Gelände, in dem man auch eine rekonstruierte Guanchenhöhle besichtigen oder sich im Amphitheater eine Vorführung von **Lucha canaria** ansehen kann. Im angeschlossenen Souvenirladen werden kleine Kakteen verkauft, ein Restaurant sorgt für das leibliche Wohl (geöffnet: tgl. 10.00 – 18.00 Uhr).

Cactualdea

⊙

Allein die aufwendig in die Westküste gebaute Straße verlangt Anerkennung. Sozusagen das Filetstück der GC 200 verläuft von San Nicolás de Tolentino nach Agaete. Die beiden spektakulärsten Stopps: **Mirador de Balcón** und **Anden Verde**. Von beiden Aussichtspunkten ergibt sich ein grandioses Panorama auf den wildromantischen Küstenstrich.

Panoramaküste

Santa Brígida

B 3

Höhe: 509 m ü.d.M.   **Einwohnerzahl:** 18 000 (ges. Bezirk)

Santa Brígida, gut 15 km südwestlich von Las Palmas, ist der Villenvorort der Inselhauptstadt. Die Höhenlage – hier ist es immer ein wenig kühler als in Las Palmas – und die hübsche Landschaft machen den Ort zum bevorzugten Wohnsitz reicher Geschäftsleute.

Ein guter Tropfen kommt aus der Umgebung von Santa Brígida.

▶ SANTA BRÍGIDA ERLEBEN

EINKAUFEN

Im Parque Municipal findet jeden Samstagvormittag ein Floh- und Kunstmarkt statt, auf dem man manches Schnäppchen machen kann.

ESSEN

▶ Fein & teuer

Las Grutas de Artiles
im Ortsteil Las Meleguinas
Tel. 928 64 05 75
Schon seit Jahrzehnten gibt es dieses Restaurant in Santa Brígida. Geboten wird exzellente kanarische Küche, besonders verführerisch sind die Desserts. Das Ambiente ist äußerst stimmungsvoll: Eingerichtet ist das Restaurant in mehreren Höhlenräumen.

▶ Erschwinglich

El Martell
El Madroñal
(an der Straße nach Vega de San Mateo)
Tel. 928 64 12 83
Ein typisch kanarisches Restaurant, das rustikal eingerichtet ist. Breite Auswahl kanarischer Weine. Verkauft wird hier auch auf der Insel erzeugter Rotwein. Vor allem am Wochenende ist das Restaurant ein sehr beliebtes Ausflugsziel, dann sollte man unbedingt vorher reservieren (geöffnet: tgl. 12.00 – 17.00 und 20.00 – 24.00 Uhr).

ÜBERNACHTEN

▶ Komfortabel

Santa Brígida
Calle Real de Coello 2
Monte Letiscal
Tel. 928 35 55 11
Fax 828 01 04 01
www.hecansa.com
Das Santa Brígida blickt auf eine lange Tradition zurück: Bereits 1898 öffnete das Haus seine Pforten. Heute ist ihm eine staatliche Hotelfachschule angeschlossen. Das Personal ist daher äußerst motiviert und freundlich, wenngleich natürlich noch nicht perfekt! Den Gästen in den 41 Doppelzimmern stehen der obligatorische Swimmingpool, ein Fitnessraum und Konferenzeinrichtungen zur Verfügung.

Baedeker-Empfehlung

Villa del Monte
Calle Castaño Bajo 9
Tel. 928 64 43 89
Fax 928 64 15 88
www.hotelvilladelmonte.com
Die Finca mit ihren sieben Zimmern liegt inmitten eines herrlichen Gartens in 800 m Höhe. Alle Zimmer sind individuell ausgestattet, abends wird auf Wunsch ein dreigängiges Menü serviert. Ein hübsches Domizil nicht nur für Biker und Wanderer!

Die Gegend um Santa Brígida und Tafira ist das **Hauptweinanbaugebiet** Gran Canarias. Als bester Rotwein der Insel gilt »Vino del Monte«. Man kann ihn in Bars und Restaurants probieren.
Die Häuser von Santa Brígida liegen weit über die Hänge verstreut, einige Villen sind von großen Gärten umgeben. Hohe Eukalyptusbäume lockern das Ortsbild auf.

Umgebung von Santa Brígida

Das Dorf La Atalaya, etwa 5 km südöstlich von Santa Brígida, ist we- **La Atalaya**
gen seiner **Töpferwaren** bekannt. Nach althergebrachter Art ohne
Töpferscheibe werden sie heute jedoch kaum noch geformt. Da der
Ort im Rahmen vieler organisierter Inselrundfahrten angesteuert
wird, sind die meisten Betriebe inzwischen zur Massenproduktion
übergegangen.

Am Ortsrand leben einige Einwohner nach wie vor in Höhlen. Die
meisten sind als solche jedoch gar nicht erkennbar, da ihnen regelrechte Häuserfassaden vorgebaut wurden. Innen sind sie mit modernen elektrischen Geräten und bequemen Möbeln ausgestattet.

Santa Lucía

C 3

Höhe: 701 m ü.d.M.   **Einwohnerzahl:** 45 000 (ges. Bezirk)

Santa Lucía liegt wenige Kilometer östlich von Tunte (San Bartolo-
mé de Tirajana) ebenfalls am Rand der Caldera de Tirajana. Das
malerische Dorf ist ein beliebtes Ziel bei Inselrundfahrten. Weithin
sichtbar ist die moscheeartige Kuppelkirche von Santa Lucía. Um
sie herum gruppieren sich weiße Häuser und viele Palmen.

Sehenswertes in Santa Lucía

Die Attraktion dieses Orts ist das
Museum bei dem Restaurant Hao
(**Museo Castillo de la Fortaleza**;
von der Durchgangsstraße rund
50 m entfernt, Beschilderung). In
der »Pseudo-Burg« können Fossilien und Gebrauchsgegenstände
der Altkanarier besichtigt werden.
In einem der Räume wurde ein typisch kanarisches Zimmer aus dem
17. Jh. nachgebildet. Zu den besonderen Schätzen der liebevoll zu-
sammengestellten Privatsammlung
gehört eine römische Amphore aus
dem 3. Jh. n. Chr.; man fand sie
auf dem Meeresgrund vor Lanzarote. Auch der an das Museum und
das Restaurant grenzende Garten
dient Ausstellungszwecken, einige alte Kanonen sind hier aufgereiht
(geöffnet: tgl. 9.00 – 15.00 Uhr).

 **SANTA LUCÍA**

ESSEN

► **Preiswert**

Hao
Tel. 928 79 80 07
Demselben Besitzer wie das Privat-
museum gehört das rustikale, auch von
Ausflugsbussen angesteuerte Garten-
lokal Hao. Man bekommt hier
köstliche papas arrugadas mit Mojo-
Saucen, aber auch gekochtes Kaninchen oder Zicklein vom Grill.

Umgebung von Santa Lucía

※
Fortaleza Grande
Als Fortaleza Grande oder **Ansite** wird eine den Altkanariern heilige Felsgruppe südlich von Santa Lucía bezeichnet. Von Santa Lucía kommend, verlässt man 2 km hinter dem Ortsende die GC 65 und biegt rechts nach La Sorrueda ab. Nach Durchfahren des von Palmen umgebenen Weilers erreicht man auf dieser Straße nach knapp 3 km eine große, freie Fläche. Von hier führt ein Weg aufwärts zum etwa 100 m entfernten Höhleneingang in der Fortaleza Grande. Nach nur ca. 20 m gelangt man am Ende der Höhle wieder zu einer großen Felsöffnung.

In dieser Höhle hatten sich im Zuge der spanischen Eroberung im April 1483 die Altkanarier verschanzt. Zur Aufgabe und damit zur vollständigen Einnahme Gran Canarias durch die Spanier konnten die 1600 Männer, Frauen und Kinder nur durch Zuspruch ihres ehemaligen, bereits zum Christentum bekehrten Guanarteme Tenesor Semidan (▶Gáldar) gebracht werden. Noch heute gedenkt man alljährlich am 29. April auf dem Versammlungsplatz unterhalb der Höhle mit verschiedenen Feierlichkeiten dieses Ereignisses.

Santa María de Guía

B 3

Höhe: 186 m ü.d.M. **Einwohnerzahl:** 14 000 (ges. Bezirk)

Santa María de Guía, kurz Guía genannt, ist Nachbarort von ▶Gáldar im Nordwesten der Insel. Auf der Fahrt zum Cenobio de Valerón kann man hier einen Stopp einlegen – vor allem, um den in Guía hergestellten aromatischen »Queso de flor« zu probieren.

! *Baedeker* TIPP

Unbedingt probieren!

Einen besonderen Ruf hat sich Guía wegen des Queso de flor erworben. So genannt wird der Käse, weil der Schafsmilch, aus der er hergestellt wird, ein aus den Blüten von Artischocken gewonnener Saft hinzugefügt wird. Er verleiht dem Käse einen besonders aromatischen Geschmack und lässt ihn bei längerer Lagerung nicht hart werden. Man bekommt den »Blumenkäse« in vielen Läden in Guía (z. B. bei Santiago Gil, Calle Marqués del Muni 34, nahe dem Stadtpark), aber auch auf Bauernmärkten und in den Markthallen von Las Palmas.

Gegründet wurde Guía Ende des 15. Jh.s als »Vorort« von Gáldar. Hier ließen sich die neu zugewanderten Spanier nieder. 1526 wurde Guía dann ein selbstständiger Ort. In den Gassen von Santa María de Guía geht es lebhaft zu. Die Pfarrkirche (Iglesia de la Asunción) zeigt neoklassizistische Einflüsse. Einige der Standbilder im Innern – das bedeutendste ist die Nuestra Señora de las Mercedes – stammen von Luján Pérez (1756 – 1815), der in Guía geboren wurde und dessen Heiligenstandbilder in allen bedeutenden Kirchen des Archipels zu finden sind.

Queso de flor: Der Saft von Artischockenblüten sorgt für das besondere Aroma.

Tafira

Höhe : 300 – 400 m ü.d.M.   **Einwohnerzahl :** 3000 (ges. Bezirk)

Tafira liegt etwa 8 km südwestlich von Las Palmas und ist ebenso wie ▶ Santa Brigida ein Villenvorort der Inselhauptstadt. Die Ortschaft besteht aus den beiden Ortsteilen Tafira Baja und Tafira Alta. Besuchen sollte man sie wegen des Jardin Canario.

Über ca. 3 km zieht sich die Ortschaft Tafira an der von Las Palmas nach Vega de San Mateo hinaufführenden, vierspurigen Straße entlang. Viele der Häuser machen augenfällig, dass ihre Besitzer wohlhabend sind.

Umgebung von Tafira

Der Jardín Canario (Kanarischer Garten; offiziell Jardín Botánico Canario Viera y Clavijo) befindet sich bei der Ansiedlung **La Calzada**, unterhalb von Tafira Alta. Zugänglich ist die von der Inselregierung unterhaltene, herrliche Parkanlage über zwei Eingänge. Einer liegt an der von Las Palmas nach Santa Brígida hinaufführenden Straße (GC 15), der andere an der Straße Tamaraceite–Santa Brígida (GC 308). Der Park erstreckt sich in einem Teil des Barranco de Guiniguada, teils im Talgrund, teils am östlichen Steilhang des Barrancos. Zahlreiche kleine Pfade und Treppen führen durch das etwas verwirrende Gelände. Wer sich das Treppensteigen ersparen möchte, wählt den unteren Eingang, aber der andere ist viel schöner.

Jardin Canario

TAFIRA

ESSEN

► Erschwinglich

Restaurante Jardín Canario
Carretera de las Palmas
Tel. 928 43 09 39
Das Restaurant am oberen Eingang des Jardín Canario ist neben seiner guten kanarisch-internationalen Küche für den prächtigen Ausblick bekannt, den man von hier über das Gelände hat (geöffnet: tgl. 12.00 – 16.00 und 20.00 – 23.30 Uhr).

Gegründet wurde der Jardín Canario 1952 von dem schwedischen Botaniker Eric R. Sventenius, seit 1959 ist er der Öffentlichkeit zugänglich. Sein offizieller Name erinnert an **José de Viera y Clavijo** (1731 – 1813), der u. a. das »Wörterbuch der kanarischen Naturgeschichte« verfasste.

Man pflanzte in dem Park ausschließlich Gewächse an, die auf den Kanarischen bzw. Makaronesischen Inseln beheimatet sind, also endemische Pflanzen. Die Gartenanlage sollte weitgehend dem natürlichen Lebensraum der Pflanzen entsprechen. Die Verwirklichung dieser Konzeption gelang glänzend: In dem weitläufigen Areal wechseln Palmen-, Lorbeer- und Drachenbaumhaine mit ausgedehnten Grünflächen und kleineren Anpflanzungen ab. Man sieht hier zahlreiche endemische Pflanzen, die in der freien Natur nur schwer zu finden sind. Mit einer systematischen Zucht will man zudem das Überleben der unmittelbar vom Aussterben bedrohten Arten gewährleisten.

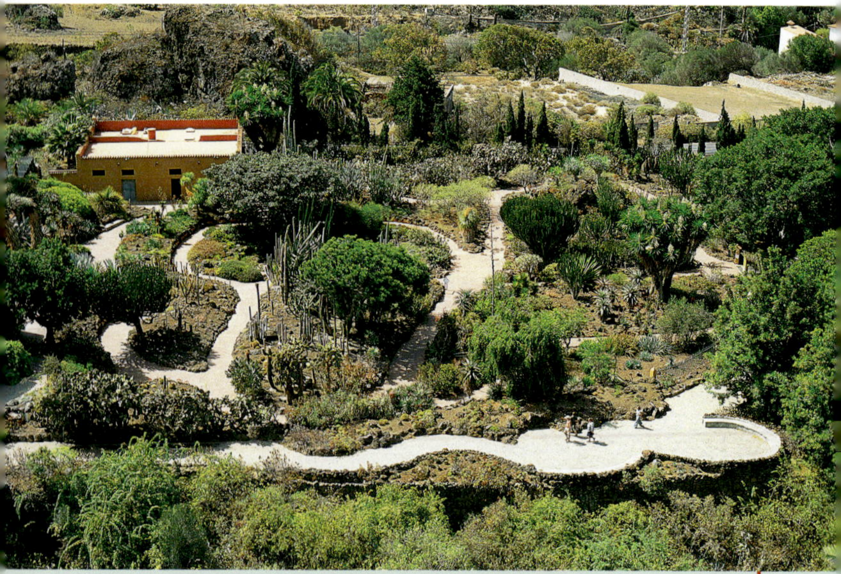

Gewundene Pfade führen durch den wunderschönen Jardín Canario.

Dem Garten angeschlossen ist eine umfangreiche **Sukkulentensammlung** mit seltenen Arten aus Afrika, Mittel- und Südamerika. In unseren Breiten gedeihen sie nur in Gewächshäusern und bleiben selbst dann meist winzig, im Jardín Canario haben es etliche Exemplare zu beachtlicher Größe gebracht. Dank der üppigen Pflanzenbestände und des Wasserangebots hat sich im Park überdies eine reiche Vogelwelt etabliert. Man hört den heimischen Kanarengirlitz, den Stieglitz und das kanarische Rotkehlchen, um nur einige der Arten zu nennen (geöffnet: tgl. 9.00 – 18.00 Uhr; Eintritt frei).

✷ Tejeda ✓

C 3

Höhe: 1049 m ü.d.M.   **Einwohnerzahl:** 2600 (ges. Bezirk)

Fast jeder Gran-Canaria-Urlauber durchfährt zumindest einmal das Dorf Tejeda im Zentrum der Insel. Es liegt äußerst malerisch zwischen den Bergen und ist ein beliebtes Fotomotiv. Dennoch hält sich der Touristenandrang in Grenzen, denn die meisten Rundfahrtbusse legen nicht hier, sondern am höchsten Punkt der Passstraße, am ►Cruz de Tejeda, einen Zwischenstopp ein.

Zwar hat das Bergdorf Tejeda keine außergewöhnlichen Sehenswürdigkeiten zu bieten, ist aber wegen der prächtigen Lage ein lohnendes Ziel. Besonders schön ist es hier zur Zeit der **Mandelbaumblüte** Ende Februar. Dann feiert man auch ein großes Mandelblütenfest, dessen Termin sich nach dem Stand der Baumblüte richtet. Am besten fragt man in den Touristenbüros nach. Die staatliche Paradores-Kette hat hier ein komfortables Hotel eröffnet (www.paradores.es).

Umgebung von Tejeda

Überragt wird Tejeda von dem 1412 m hohen **Roque Bentaiga**. Um ihn zu erreichen, fährt man von Tejeda ca. 4 km auf der Hauptstraße in südlicher Richtung und biegt rechts (beschildert) zu dem Berg ab. Nach ca. 500 m hält man sich links. Vom Parkplatz vor dem Centro Interpretación Roque Bentaiga (meist geschlossen) folgt man dem Weg rechts bergauf. Er geht bald in einen felsigen Pfad über, der hinauf zum Plateau unterhalb des Basaltmonolithen führt. Über in den Fels gehauene Stufen gelangt man schließlich zu einem

 TEJEDA

ESSEN
► **Erschwinglich/Preiswert**
Labrador
Tel. 928 66 60 45
Der einfache Dorfgasthof gegenüber der Kirche fühlt sich der kanarischen Küche verpflichtet. Der Renner ist Kaninchen, das mit viel Knoblauch zubereitet wird. Bei schönem Wetter kann man auch draußen sitzen.

Immer gut für einen Fotostopp: Tejeda

Kultplatz der Altkanarier. Der Roque de Bentaiga war ihnen heilig. Sie versammelten sich hier zu Opferzeremonien – man erkennt in den Fels gehauene Vertiefungen für Trank-Opfer – und mehrtägigem Fasten. Gelebt haben sie während dieser Zeit wohl in den Höhlen, deren Eingänge man an den Berghängen ausmachen kann.

Cueva del Rey Eine besonders große Höhle, 11 m lang, 7 m breit und 2,50 m hoch, westlich des Roque de Bentaiga und oberhalb vom Weiler El Roque wird als Cueva del Rey (Königshöhle) bezeichnet. In den Boden der Höhle sind ähnliche Mulden eingefügt, wie man sie am Fuß des Roque de Bentaiga finden kann. Die Höhle ist nicht beschildert – man findet sie nur mithilfe eines Ortskundigen.

Von El Roque windet sich ein überaus kurviges, schmales Sträßchen zu den entlegenen Weilern **La Solana** und **El Chorillo** hinab. Das malerische Tal mit den terrassierten Feldern und kleinen Obstgärten gehört zu den unberührtesten Winkeln Gran Canarias.

> **! Baedeker TIPP**
>
> ### Süße Sachen
>
> Im Bergdorf Tejeda ist die Dulcería Nublo (Calle Dr. Hernández Guerra 15) eine bekannte Anlaufstelle für Leckermäuler. Die kleine Konditorei offeriert lokale Spezialitäten aus Mandeln und Marzipan. Probieren Sie mal die Piñones oder das aus Süßkartoffeln gemachte Pan de Batatas.

El Chorillo ist durch einen gepflasterten Weg mit dem benachbarten Weiler El Carrizal verbunden. Vom Straßenende in El Chorillo steigt man den Treppenweg ins Dorf hoch und weiter auf dem alten Pflasterweg zu einem Holzkreuz hinauf. Von dem alten Dorfverbindungsweg ergeben sich wunderschöne Ausblicke auf den Tafelberg Mesa de Acusa. Das letzte Stück bis El Carrizal geht man auf einer Piste. Nach einer Stärkung in einer der beiden Bars von El Carrizal geht es auf demselben Weg zurück (Gesamtgehzeit ca. 2 Stunden).

Wanderung von El Chorillo nach El Carrizal

Telde

B/C 4

Höhe: 116 m ü.d.M.   **Einwohnerzahl:** 89 000 (ges. Bezirk)

Das 15 km südlich von Las Palmas gelegene Telde ist die zweitgrößte Stadt Gran Canarias. Rund um Telde haben sich verschiedene Industriebetriebe angesiedelt. Daneben kommt aber auch der Landwirtschaft eine gewisse Bedeutung zu; in erster Linie werden Zitrusfrüchte und Zuckerrohr angebaut.

Große Einkaufszentren, Lagerhallen und Fabrikgebäude bestimmen das Bild der Randbezirke. Das Ortsinnere präsentiert sich als hektische Kleinstadt mit meist völlig überlasteten Straßen. Zu den ältesten Stadtteilen gehören der Barrio San Francisco im Norden und der Barrio Los Llanos im Süden von Telde. Während in San Francisco einst die angesehenen Bürger lebten, war Los Llanos das Viertel der schwarzen Sklaven, die auf den umliegenden Zuckerrohrplantagen arbeiten mussten. So verwundert es nicht, dass vor allem der **Stadtteil San Francisco** mit seinen verwinkelten Gassen und reizvollen Hausfassaden als positives Beispiel einer kanarischen Altstadt gilt.

Ein Rundgang durch das Städtchen könnte an der von hübschen alten Häusern umgebenen Plaza de San Juan mit der gleichnamigen Kirche seinen Ausgang nehmen. Eine Gasse führt aufwärts zur Plaza de San Francisco. Hier scheint die Zeit stehen geblieben zu sein. Die schlichte kleine Kirche war bis zur Vertreibung der Franziskaner 1836 der Mittelpunkt des Bettelordens.

Telde kann auf eine lange Vergangenheit zurückblicken. In altkanarischer Zeit war diese Gegend Sitz des Guanarteme, der den östlichen Inselteil beherrschte. Die Vielzahl

TELDE

AUSKUNFT

Oficina de Turismo
Plaza de San Juan 2
Tel. 928 13 90 55

ESSEN

► **Preiswert**
Bar Alameda
Plaza de San Juan 12
Tel. 928 68 51 08
In der kleinen Bar vis-à-vis der Kirche kann man sich mit einem kanarischen Eintopf stärken.

der hier gefundenen Keramikscherben und die Berichte des Italieners Leonardo Torriani weisen darauf hin, dass das Gebiet damals dicht besiedelt war. Hier haben die ehemaligen Ortschaften Tara und Cendro gelegen. Tara ist bekannt als Fundstelle des wohl berühmtesten altkanarischen Kunstwerks, des Idols von Tara (▶ S. 38). Nach der spanischen Eroberung wurde in Telde mit Zuckerrohranbau und dem Zuckerhandel Geld verdient. Bekannt war Telde daneben wegen seines Sklavenmarkts.

Sehenswertes in Telde

Iglesia de San Juan Bautista Die sehenswerte Iglesia de San Juan Bautista, im nördlichen Stadtbereich von Telde, wurde aus verschiedenfarbigem Vulkangestein errichtet. Mit dem Bau der dreischiffigen Kirche begann man um 1520. Noch aus dem 16. Jh. stammt die gotische Hauptfassade. Bauliche Veränderungen wurden im 17. und 18. Jh. vorgenommen, das Mittelschiff wurde im 19. Jh. erneuert. Die beiden Glockentürme sind Zutaten des 20. Jahrhunderts.

Im Innern beherbergt die Johannes dem Täufer geweihte Kirche einen flämischen, um 1500 geschaffenen **Altaraufsatz**. Das kunstvoll geschnitzte Retabel stellt sechs Szenen aus dem Leben Marias dar. Das zentrale Bild (oben Mitte) zeigt die Geburt von Jesus, die weiteren Szenen Marias Hochzeit mit Joseph, die Verkündigung durch

Die Iglesia de San Juan Bautista birgt zahlreiche Kunstschätze.

Erzengel Gabriel, die Heimsuchung Marias, die Beschneidung des Jesuskinds und die Anbetung der Heiligen Drei Könige. Über dem Altaraufsatz erhebt sich eine aus Mexiko stammende **Christusfigur**. Die etwa lebensgroße und dennoch nur 7 kg schwere Figur wurde im 16. Jh. aus Maismark gefertigt. Zu den Kunstschätzen gehören ferner eine Darstellung des hl. Bernhard von Vicente Carducci (1578 – 1638) sowie einige Skulpturen von Luján Pérez.

Ein kleines Museum ist den Brüdern Fernando und Juan León y Castillo gewidmet (Calle León y Castillo 43 – 45). Fernando wirkte als Minister in Madrid und setzte sich dort für seine Heimatinsel ein. Von ihm stammt der Gedanke, in Las Palmas einen neuen großen Handelshafen anzulegen. Sein 1843 in diesem Haus geborener Bruder Juan leitete als Ingenieur die Durchführung des Projekts. Neben Möbeln und Erinnerungsstücken sind in dem typisch kanarischen Haus mit Holzbalkonen und Innenhof auch Bilder und Pläne vom Hafen ausgestellt (geöffnet: Mo. – Fr. 8.00 – 20.00, Sa., So. 10.00 bis 13.00 Uhr).

Museo León y Castillo

🕐

Umgebung von Telde

Die Montaña de las Cuatro Puertas (= Berg der vier Tore; 319 m ü.d.M.) liegt etwa 5 km südlich von Telde erreichbar über die nach Ingenio führende Straße. Auf dem Berggipfel – man kann bis auf etwa 200 m heranfahren – sind vier Öffnungen in den Fels hineingehauen. Sie führen in einen Höhleninnenraum, der bei den Altkanariern die Funktion einer Kultstätte hatte. Der Platz vor der Höhle diente den Altkanariern als **Tagoror**, als Versammlungsplatz. Auf der südlichen Bergseite befinden sich weitere, zum Teil natürliche, zum Teil künstlich ausgeschachtete Wohnhöhlen der altkanarischen Bevölkerung. Deutlich erkennbar sind in den Böden einiger Höhlen hineingehauene Stufen.

Montaña de las Cuatro Puertas

✴ ✴ Teror

B 3

Höhe: 543 m ü.d.M.   **Einwohnerzahl:** 13 000 (ges. Bezirk)

Teror gilt als die typischste kanarische Stadt der Insel. Im Ortskern faszinieren alte Häuser mit kunstvollen Holzbalkonen und schönen Patios, etliche Häuserfassaden sind mit Wappen geschmückt. Ein besonderer Anziehungspunkt ist der sonntägliche Markt.

In der Basilika des Ortes wird die Statue der Virgen del Pino, der Schutzpatronin von Gran Canaria, aufbewahrt. Die jährlich um den 8. September stattfindende Fiesta de Virgen del Pino ist das Inselereignis überhaupt, zu dem die Kanarier von nah und fern kommen.

TEROR ERLEBEN

AUSKUNFT

Oficina de Turismo
Calle Padre Cueto 2
Tel. 928 61 36 09

EINKAUFEN

Markt am Sonntag
Rund um die Basilika findet jeden
Sonntagvormittag ein Markt statt.
Hier kann man leckere Lebensmittel
ganz frisch einkaufen, und es macht
Spaß, zwischen Trödel und Kunst-
handwerk zu stöbern.

ESSEN

▶ **Erschwinglich**
El Secuestro
Avenida Cabildo Insular
Tel. 928 63 02 31
Fleisch vom Grill, rustikales Ambiente.
Das Lokal hat nur Do.–So. geöffnet,
am Wochenende ist es gut besucht!

Mirador de Zamora
an der GC 21, 1 km vor Valleseco
Tel. 928 61 80 42
An sonnigen Wochenenden wird sich
nur schwerlich ein freier Tisch in dem
beliebten Panoramalokal finden. Auf
der Karte stehen Klassiker der kanarischen Küche, etwa Kaninchenfleisch
oder herzhafter Potaje (Eintopf).

ÜBERNACHTEN

▶ **Günstig**
Cortijo San Isidro
San Isidro
Buchung über Turismo rural
Tel. 928 39 01 69
Fax 928 39 01 70
Zwei komplett ausgestattete Ferien-
wohnungen für vier bzw. fünf Per-
sonen werden in diesem aufwendig
restaurierten Landhaus einige Kilo-
meter südlich von Teror vermietet.

Sehenswertes in Teror

✶ ✶
Basílica de
Nuestra Señora
del Pino

Wichtigstes Bauwerk von Teror ist die Basílica de Nuestra Señora del
Pino. Sie steht an der Stelle, wo einigen Hirten die Jungfrau Maria
erschienen sein soll. Das »Wunder« hat sich der Legende nach am
8. September 1481 ereignet. Die Hirten sahen die Gottesmutter im
Geäst einer riesigen Kiefer, die 1684 einem Sturm zum Opfer fiel.
Juan Frías, dem ersten Bischof der Kanaren, muss diese Erscheinung
sehr gelegen gekommen sein, gab sie der Christianisierung auf den
Inseln doch erheblichen Auftrieb. Auf seine Anordnung hin wurde
an dem Platz des Wunders eine Kapelle gebaut, die 1692 einem größeren Gotteshaus weichen musste. Dieses wiederum wurde durch
eine Explosion 1718 fast völlig zerstört, nur der Turm hielt stand. Er
ist in den Bau der heutigen Basilika, die in den Jahren 1760–1767
errichtet wurde, integriert.
Auch die ca. 1 m große Statue der **Virgen del Pino** überstand die Explosion von 1718 unversehrt. Untergebracht ist die aus dem 15. Jh.
stammende Figur in einer silbernen Sänfte, die im 18. Jh. in La Lagu-
na (Teneriffa) gefertigt wurde. Interessant sind die beiden unterschiedlich gestalteten Gesichtshälften der Virgen del Pino: Während

die eine erfahrenes Leid ausdrückt, scheint die andere sanft zu lächeln. Wer sich davon aus der Nähe überzeugen möchte, kann über eine Treppe an der Rückseite der Kirche in die Nähe der Madonnenfigur gelangen (zugänglich: Mo. – Fr. 14.00 – 18.00, So. 10.30 – 14.00 und 15.30 – 18.00 Uhr). Schutzpatronin der Insel ist die Virgen del Pino erst seit 1914: Damals wurde sie vom Papst offiziell dazu ernannt. Bis dahin war die Virgen de la Candelaria, die Schutzpatronin von Teneriffa, auch für Gran Canaria zuständig gewesen. Zu militärischen Ehren kam die Virgen del Pino 1929. König Alfonso XIII. erklärte sie zum Capitan General. Am Wallfahrtstag erklingen daher neben Kirchen- und Volksmusik auch Militärmärsche und Soldaten salutieren vor der Inselpatronin. Eine weitere kostbare Reliquie in der Basilika ist ein unter Glas aufbewahrtes Kreuz, das aus dem Holz der legendären Kiefer geschnitzt wurde.

Die schräg gegenüber stehende Casa Museo de los Patrones de la Virgen (Plaza Nuestra Señora del Pino 3) ist ein gut erhaltenes Beispiel für den altkanarischen Baustil. Das um 1600 errichtete Palais diente der Familie Manrique de Lara, die Schutzherren für die Virgen del Pino waren, als Sommersitz. Heute beherbergt es ein Museum. Die zahlreichen Exponate (Gemälde, Waffen, Geschirr u. a.) sowie der

Casa Museo de los Patrones de la Virgen

Altarbild in der Basílica de Nuestra Señora del Pino

Das Inselereignis überhaupt: Fiesta de la Virgen del Pino

hübsche Patio vermitteln einen anschaulichen Eindruck vom Leben auf den Kanaren in den vergangenen Jahrhunderten (geöffnet: Mo. bis Do. 11.00 – 18.00, So. 10.30 – 14.00 Uhr).

Atelier Georg Hedrich Ausgestellt sind im Museum auch einige Bilder des deutschen Malers Georg Hedrich. Er lebt bereits seit 1957 auf Gran Canaria und hat ganz in der Nähe der Kirche sein Atelier und Galerie (Plaza Nuestra Señora del Pino; geöffnet: Di., Mi., Do. 11.00 – 15.30 Uhr).

Plaza Teresa de Bolivar Die kleine, an den Kirchplatz grenzende Plaza ist nach Teresa de Bolívar benannt, der Ehefrau des Anführers der lateinamerikanischen Unabhängigkeitsbewegung, **Simón de Bolivar** (1783 – 1830). Eine Büste erinnert an den venezolanischen Freiheitskämpfer. Teresas Urgroßvater soll in der heutigen Casa de los Patrones zur Welt gekommen sein.

Umgebung von Teror

Valleseco Viele Kurven und Kehren müssen bewältigt werden, bevor man von Teror aus das 8 km westlich gelegene Dorf Valleseco erreicht. Der Ortsname »Trockenes Tal« ist verwirrend, grünt und blüht es doch, wohin man schaut. Angebaut werden neben Kartoffeln vor allem Obst und Gemüse. Das 950 m ü.d.M. gelegene Dorf wird beherrscht von der Pfarrkirche mit dem weißen, maurisch wirkenden Dach.

Der Aussichtspunkt einen Kilometer vor Valleseco bietet das schöns- **Balcón de**
te Panorama zurück auf Teror und das zersiedelte nördliche Berg- **Zamora**
land. Genau an der richtigen Stelle befindet sich ein großes Ausflugslokal, das die Besucherströme am Wochenende allerdings kaum fas-
sen kann.

Tunte (San Bartolomé de Tirajana)

C 3

Höhe: 887 m ü. d. M.   **Einwohnerzahl:** 40 000 (ges. Bezirk)

**Die Ortschaft Tunte oder San Bartolomé de Tirajana, wie sie bis
vor einigen Jahren hieß, liegt am Rand der Caldera de Tirajana, die
südlich an das Zentralmassiv der Insel grenzt. Sie ist ein guter Ausgangspunkt für die Erkundung des Berglands, bietet aber selbst
keine herausragenden Sehenswürdigkeiten und auch kaum touristische Infrastruktur.**

Tunte ist der Hauptort des Gemeindebezirks San Bartolomé de Tirajana und mit 334,5 km² der größte Municipio Gran Canarias. Da zu
diesem Bezirk auch die Touristenzentren Maspalomas, Playa del Inglés und San Agustín gehören, erlebte der Verwaltungsbereich in den
letzten Jahrzehnten einen enormen Aufschwung. Die Einwohnerzahl
stieg sprunghaft: 1950 lebten hier erst knapp 9000 Menschen.
Im Ortsbereich von Tunte – der Name stammt noch aus altkanarischer Zeit – selbst wohnen auch heute nur ca. 3500 Menschen. So
hat Tunte den Charakter eines ursprünglichen Bergdorfs. Die Einwohner erwirtschaften ihren Lebensunterhalt vor allem mit dem
Obstanbau (Mandel-, Pflaumen-, Aprikosen- und Kirschbäume). Die
Früchte finden vorwiegend für Schnaps- und Likörherstellung Verwendung. Eine Spezialität ist der hier erzeugte Sauerkirschlikör
»Guindilla«.

Sehenswertes in Tunte

Die Kirche ist Jakobus geweiht (span. Santiago), dem spanischen Na- **Iglesia de**
tionalheiligen. Im Innern des im 18. Jh. errichteten Baus sind die **Santiago**
Mudejardecke und einige Heiligenfiguren sehenswert.

Umgebung von Tunte

Erkunden kann man die Caldera de Tirajana, jenes nahezu halbrun- **Caldera de**
de, von hohen Bergen eingefasste Tal, an dessen Südrand Tunte liegt, **Tirajana**
auf einer Nebenstraße, die 2 km nördlich von Tunte von der GC 60
in östlicher Richtung abzweigt und eindrucksvolle Ausblicke eröffnet.
Man passiert die Ansiedlungen Agualalente, La Culata und **Risco
Blanco** (= weißer Fels). Letzere verdankt ihren Namen den hell

Hübsche Häuschen mit Blumenschmuck gibt es in Tunte in großer Zahl.

leuchtenden Felswänden der Umgebung. Nach Durchfahren der Ortschaft Taidia trifft man nach gut 10 km auf die GC 65, die Santa Lucía mit Tunte verbindet.

Embalse de Chira Von der GC 60 zweigt 7 km nordwestlich von Tunte nach links die Straße zum Chira-Stausee ab. Wegen der vielen Ausflügler sollte man diese Strecke am Wochenende jedoch meiden. Die Tour führt zunächst zum Weiler **Los Cercados**. Jeepfahrer wählen von hier die unbefestigte Piste am Südufer des Stausees entlang. Direkt am See kann man in der Finca El Oso einkehren oder auch übernachten. Vom Ende des Embalse de Chira windet sich ein kurvenreicher Weg südwärts. Auf ihm gelangt man schließlich nach Playa del Inglés.

Ayacata Das Dorf Ayacata liegt 10 km nordwestlich von Tunte recht malerisch in einem Tal, umgeben von hohen Felswänden. Hier zweigen touristisch bedeutsame Straßenstrecken ab zum Pozo de las Nieves und zu den Stauseen Cueva de las Niñas und Soria. Viele Ausflügler nutzen die Gelegenheit zu einem Zwischenstopp im Restaurant.

Wanderung von Cruz Grande zum Pico de las Nieves Von Tunte aus erreicht man bei der Fahrt auf der GC 60 in Richtung Tejeda nach knapp 5 km Cruz Grande auf 1250 m Höhe. Der markante Felsdurchbruch ist Ausgangspunkt einer spektakulären Bergtour hinauf zur **Degollada de los Gatos** (Katzenpass) und weiter zum Pico de las Nieves. 50 m vor dem Felsdurchbruch zeigt das Schild »Riscos de Tirajana« den Wegeinstieg an. Schon bald windet sich ein atemberaubender Pflasterweg in engen Spitzkehren durch eine Steilwand zum Pass hoch. An einer Einsattelung nach knapp zwei Stunden hält man sich auf einem mit Steinmännchen markierten Pfad rechts zum nur noch wenige Minuten entfernten Katzenpass. Wer von hier noch weiter will, folgt dem Kammweg weitere 45 Minuten in Richtung der beiden Radarkuppeln auf dem Pico de las Nieves bis zum Mirador Pico de las Nieves (1940 m ü.d.M.). Für den Hin- und Rückweg der ziemlich anstrengenden Bergtour sollte man

? WUSSTEN SIE SCHON …?

■ »Caldera« ist der geowissenschaftliche Fachbegriff für einen durch Einsturz oder Erosion kesselförmig erweiterten Krater. Es fehlt jedoch bisher jeder Hinweis dafür, dass die Caldera de Tirajana tatsächlich vulkanischen Ursprungs ist. Wahrscheinlich entstand das Halbrund durch gewaltige Erdrutsche.

fünf bis sechs Stunden einplanen. Der Ausgangspunkt Cruz Grande ist übrigens von Maspalomas aus mit dem Bus erreichbar.

Vega de San Mateo

B 3

Höhe: 836 m ü.d.M.   **Einwohnerzahl:** 7000 (ges. Bezirk)

Vega de San Mateo ist ein typisches Bergdorf, gut 20 km südwestlich von Las Palmas gelegen. Vielfach wird es nur kurz San Mateo genannt. Attraktion ist der sonntags stattfindende Viehmarkt.

Ziegen, Schweine, Kühe und etliches Kleinvieh sollen dabei neue Besitzer finden. Ferner kann man diverse Käseprodukte, Gemüse und Früchte erstehen. Die Erzeugnisse kommen allesamt direkt aus dem Umland, da wegen des Wasserreichtums in dieser Gegend intensive Landwirtschaft möglich ist.

Sehenswertes in Vega de San Mateo

Die Iglesia de San Mateo beherbergt ein Standbild des hl. Matthäus, des Schutzpatrons der Bauern und Viehzüchter, aus dem Jahr 1652.

Iglesia de San Mateo

VERZEICHNIS DER KARTEN & GRAFISCHEN DARSTELLUNGEN

BILDNACHWEIS

Borowski: S. 35, 124 (rechts, links oben), 126 (rechts unten), 128 (links unten)
CMA: S. 87
dpa/Picture Alliance: S. 26, 27, 47, 54, 57 (unten), 58
Dumont-Bildarchiv/Widmann: S. 4 (links), 21 (rechts oben, links + rechts unten), 44, 75, 77, 91, 103, 119 (Mitte), 133, 150, 155, 160, 171, 176
Dumont-Bildarchiv/Zaglitsch: S. 3 (links unten), 9, 12 (oben), 38, 41, 50, 69, 115 (rechts oben), 119 (links oben, unten), 122 (links), 126 (links + rechts oben), 128 (links oben), 130/131, 138, 141, 142, 144, 146, 148, 153, 164, 169, 175, 187, 195, 200, 208, 218, 225, 226
Fan & Mross/Friedel: S. 1, 61
Fan & Mross/R. Müller: S. 7, 52, 126 (links unten)
Fan & Mross/Hackenberg: S. 80
Historia Foto: S. 55, 57 (oben)
Huber/Fantuz Olimpio: S. 23
Huber/R. Schmid: S. 71, 128 (rechts unten), 187

IFA Bilderteam: S. 128 (rechts oben)
laif/Dreysse: S. 186
laif/Modrow: S. 119 (rechts oben), 173
laif/Piepenburg: S. 6, 10, 131, 165, 181, 228
laif/Tophoven: S. 8/9, 12 (unten), 18, 83
laif/Zanettini: U 2, S. 4 (rechts), 5 (links), 13 29, 96, 115 (links oben), 156, 158, 179, 185, 198, 217
Look/Friedel: S. 101
Look/B. Müller: S. 20
Look/J. Richter: S. 11 (Mitte, unten), 14, 21 (links oben), 22 (Klappe), 33, 104, 112/113, 204, 220
Schapowalow: S. 124 (links unten)
Storto: S. 5 (rechts)
White Star/M. Gumm: S. 11 (oben), 12 (Mitte), 36, 60/61, 65, 73, 92, 114, 115 (unten), 122 (rechts oben und unten), 135, 193, 194, 203, 213, 222, U 4

Titelbild: image broke / Vario Images
hintere Umschlagklappe: White Star/M. Gumm

IMPRESSUM

Ausstattung:
130 Abbildungen, 20 Karten und grafische Darstellungen, eine große Inselkarte
Text:
Birgit Borowski
Achim Bourmer (Baedeker Specials)
Hans Jürgen Fründt (Knigge)
Bearbeitung: Baedeker Redaktion
(Isolde Bacher)
Kartografie:
Christoph Gallus, Hohberg
MAIRDUMONT GmbH & Co KG, Ostfildern
(Inselkarte)
3D-Illustration:
jangled nerves, Stuttgart
Gestalterisches Konzept:
independent Medien-Design, München
(Kathrin Schemel)

Sprachführer in Zusammenarbeit mit Ernst Klett Sprachen GmbH, Stuttgart, Redaktion PONS Wörterbücher
Chefredaktion:
Rainer Eisenschmid, Baedeker Ostfildern

10. Auflage 2011

Urheberschaft:
Karl Baedeker Verlag, Ostfildern
Nutzungsrecht:
MAIRDUMONT GmbH & Co KG; Ostfildern
Der Name Baedeker ist als Warenzeichen geschützt. Alle Rechte im In- und Ausland sind vorbehalten. Jegliche – auch auszugsweise – Verwertung, Wiedergabe, Vervielfältigung, Übersetzung, Adaption, Mikroverfilmung, Einspeicherung oder Verarbeitung in EDV-Systemen ausnahmslos aller Teile des Werkes bedarf der ausdrücklichen Genehmigung durch den Verlag Karl Baedeker GmbH.

Anzeigenvermarktung:
MAIRDUMONT MEDIA
Tel. 0049 711 4502 333
Fax 0049 711 4502 1012
media@mairdumont.com
http://media.mairdumont.com

Printed in China
Gedruckt auf 100% chlorfrei gebleichtem Papier

i atmosfair

Reisen bereichert und verbindet Menschen und Kulturen. Jedoch wer reist, erzeugt auch CO_2. Dabei trägt der Flugverkehr mit bis zu 10% zur globalen Erwärmung bei. Wer das Klima schützen will, sollte sich somit nach Möglichkeit für die schonendere Reiseform entscheiden (wie z. B. die Bahn). Wenn keine Alternative zum Fliegen besteht, kann man mit atmosfair handeln und klimafördernde Projekte unterstützen.

atmosfair ist eine gemeinnützige Klimaschutzorganisation unter der Schirmherrschaft von Klaus Töpfer. Die Idee: Flugpassagiere spenden einen kilometerabhängigen Beitrag für die von ihnen verursachten

nachdenken · klimabewusst reisen

Emissionen und finanzieren damit Projekte in Entwicklungsländern, die dort den Ausstoß von Klimagasen verringern helfen. Dazu berechnet man mit dem Emissionsrechner auf **www.atmosfair.de** wieviel CO_2 der Flug produziert und was es kostet, eine vergleichbare Menge Klimagase einzusparen (z.B. Berlin – London – Berlin 13 Euro). atmosfair garantiert die sorgfältige Verwendung Ihres Beitrags. Auch der Karl Baedeker Verlag fliegt mit *atmosfair*. Unterstützen auch Sie unser Klima. Alle Informationen dazu auf www.atmosfair.de.

BAEDEKER VERLAGSPROGRAMM

- Ägypten
- Algarve
- Allgäu
- Amsterdam
- Andalusien
- Argentinien
- Athen
- Australien
- Australien • Osten
- Bali
- Baltikum
- Barcelona
- Bayerischer Wald
- Belgien
- Berlin • Potsdam
- Bodensee
- Brasilien
- Bretagne
- Brüssel
- Budapest
- Bulgarien
- Burgund
- Chicago • Große Seen
- China
- Costa Blanca
- Costa Brava
- Dänemark
- Deutsche
  Nordseeküste
- Deutschland
- Deutschland • Osten
- Djerba • Südtunesien
- Dominik. Republik
- Dresden
- Dubai • VAE

- Elba
- Elsass • Vogesen
- Finnland
- Florenz
- Florida
- Franken
- Frankfurt am Main
- Frankreich
- Fuerteventura
- Gardasee
- Golf von Neapel
- Gomera
- Gran Canaria
- Griechenland
- Griechische Inseln
- Großbritannien
- Hamburg
- Harz
- Hongkong • Macao
- Indien
- Irland
- Island
- Israel
- Istanbul
- Istrien •
  Kvarner Bucht
- Italien
- Italien • Norden
- Italien • Süden
- Italienische Adria
- Italienische Riviera
- Japan
- Jordanien
- Kalifornien
- Kanada • Osten

- Kanada • Westen
- Kanalinseln
- Kapstadt •
  Garden Route
- Kenia
- Köln
- Kopenhagen
- Korfu •
  Ionische Inseln
- Korsika
- Kos
- Kreta
- Kroatische Adriaküste
  • Dalmatien
- Kuba
- La Palma
- Lanzarote
- Leipzig • Halle
- Lissabon
- Loire
- London
- Madeira
- Madrid
- Malediven
- Mallorca
- Malta • Gozo •
  Comino
- Marokko
- Mecklenburg-
  Vorpommern
- Menorca
- Mexiko
- Moskau
- München
- Namibia

BAEDEKER ENGLISH

LIEBE LESERINNEN, LIEBE LESER,

ein herzliches Dankeschön, dass Sie sich für einen Baedeker Allianz Reiseführer entschieden haben. Er wird Sie zuverlässig auf Ihrer Reise begleiten und Sie nicht im Stich lassen.
Natürlich beschreibt er die wichtigen Sehenswürdigkeiten, aber er empfiehlt auch die schönsten Strände, die besten Surf- und Tauchmöglichkeiten dazu Hotels für den großen und kleinen Geldbeutel, gibt Tipps für Restaurants, Shopping und für vieles mehr, was eine Reise zum Erlebnis macht. Dafür hat Autorin Birgit Borowski Sorge getragen. Sie ist für Sie regelmäßig nach Gran Canaria gereist und hat all ihre Erfahrungen und Kenntnisse in diesen Reiseführer gepackt.

Trotzdem: Die Erfahrung zeigt, dass Fehler und Änderungen nach Drucklegung, für die der Verlag keine Haftung übernehmen kann, nicht ausgeschlossen werden können. Für Kritik, Berichtigungen und Verbesserungsvorschläge sind wir Ihnen außerordentlich dankbar. Schreiben Sie uns, mailen Sie uns oder rufen Sie an:

▶ **Verlag Karl Baedeker GmbH**
Redaktion
Postfach 3162
D-73751 Ostfildern
Tel. (0711) 4502-262, Fax -343
E-Mail: info@baedeker.com

Besuchen Sie uns auch im Internet unter www. baedeker.com. Hier finden Sie jeden Monat den aktuellen Reisetipp der Redaktion und das gesamte Verlagsprogramm. Hier können Sie auch lesen, wer Karl Baedeker war und wie er seinen ersten Reiseführer geschrieben hat. Mit seinen über 180 Jahren ist der Karl Baedeker Verlag der älteste Reiseführer-Verlag der Welt.

www.baedeker.com

▶ ZU GEWINNEN: STADTREISE NACH LONDON

Unter allen Einsendungen verlost der Verlag am Jahresende – unter Ausschluss des Rechtswegs – eine Städtekurzreise für zwei Personen nach London.
Freuen Sie sich auf ein spannendes Wochenende in London. Natürlich ist ein Baedeker Allianz Reiseführer